ハヤカワ文庫 NF

〈NF607〉

オッペンハイマー

〔下〕

贖罪

カイ・バード&マーティン・J・シャーウィン

山崎詩郎監訳／河邉俊彦訳

早川書房

9028

AMERICAN PROMETHEUS
The Triumph and Tragedy of
J. Robert Oppenheimer
by
Kai Bird and Martin J. Sherwin

Japanese edition translated and supervised by
Shiro Yamazaki
Translated by
Toshihiko Kawanabe
Published 2024 in Japan by
HAYAKAWA PUBLISHING, INC.
This book is published in Japan by
arrangement with
ALFRED A. KNOPF,
an imprint of THE KNOPF DOUBLEDAY GROUP,
a division of PENGUIN RANDOM HOUSE, LLC.
through THE ENGLISH AGENCY (JAPAN) LTD.

1948年11月《タイム》誌はオッペンハイマーを表紙に掲げた

中　オッペンハイマーは原子力委員会（AEC）の一般諮問委員会の議長だった。写真は（左から順に）ジェームズ・コナント、ジェームズ・マコーマック将軍、ハートレー・ロー、ジョン・マンリー、I・I・ラビ、ロジャー・ウォーナーと旅行中のオッペンハイマー（左から２人目）

下　オッペンハイマー（左端）は1947年に、ジョージ・マーシャル将軍、オマール・ブラッドリー将軍他と共にハーバードから名誉博士号を授与された

ニュージャージー州プリンストンにある高等研究所の官舎オールデン・メイナー。1947年にロバートが同研究所所長に任命され、一家で住む

温室でのキティ、トニー、ピーター

オールデン・メイナーの庭で、
ロバートと子供たち

ロバートはキティのために蘭栽培の温室をつくった。パーティーも頻繁に開いた。「彼の作るマティーニはとびきりおいしく、とびきり冷えていた」パット・シャーは語る

数学者ジョン・フォン・ノイマンとオッペンハイマー。ノイマンのつくった初期のコンピュータの前で

プリンストン高等研究所で学生と討議するオッペンハイマー。「研究所は彼の小さな帝国だった」とフリーマン・ダイソンは言う

（左から順に）ハンス・ベーテ、ブライアン・マクマホン上院議員、エリノア・ルーズベルト、デビッド・リリエンソールとオッペンハイマー（右端）

オッペンハイマーは水素爆弾開発の突貫プログラムに反対した。テレビの視聴者に向かって「スーパー爆弾はわれわれの道徳性の根幹に触れる問題だ。このような決定が、秘密にされた事実に基づいて下されるということは、きわめて危険である」と説明した

ある会議に出席したオッペンハイマーと物理学者グレッグ・ブライト。「お互いに知らないことがあれば、お互いに説明し合った」

"Who's Being Walled Off From What?"
—from Herblock's Here and Now (Simon & Schuster, 1955)

1953年12月、アイゼンハワー大統領はオッペンハイマーと政府の核機密の間に「窓も扉もない壁」を設けるよう命じる。これに続くロバートの保安聴聞会は、原子力委員会議長ルイス・ストローズ（上・右）が画策したものだった。ストローズはオッペンハイマーを政府関連の役職から追放しようとする。オッペンハイマーは防衛策として弁護士のロイド・ギャリソン（右）を雇った

1954年4月12日、オッペンハイマーの保安聴聞会が始まった。議長はゴードン・グレイ（右・上）。AEC委員の中で唯一、オッピーの保安許可を剥奪するグレイ委員会案に反対したヘンリー・ドゥウォルフ・スマイス（右・中）。ユージーン・ツッカート（右・下）はオッピーに反対する多数に同調した。ロジャー・ロブ（左・下）はグレイ委員会の検察役を果たした。グレイ委員会のメンバー中、オッペンハイマーの保安許可に賛成したのはウォード・エバンズ（左・上）だけだった。エバンズはこの決定を「わが国旗についた汚点」と呼んだ

馬に乗るトニー・オッペンハイマー。「6、7歳のころから、彼女のおかげで家族は分別と安心を得て、元気づけられた」とバーナ・ホブソンは語る

オッペンハイマーは保安許可を失ったが、高等研究所の所長職は続けた。キティとプリンストンを散歩するオッペンハイマー

ロバートは息子のピーターに「ただ愛情を注ぐ」ことしかできなかった

1954年の保安聴聞会の後、オッペンハイマーは手負いの獣のようだったとフランシス・ファーガソンは回想する。「彼は隠遁して、よりシンプルな生活の仕方に戻った」。家族と共にバージン諸島のセントジョン島にも行った。質素なビーチハウスを建て、毎年数カ月をこの美しい島で過ごす（下）。ロバートもキティもヨット操縦が得意だった

旧友ニールス・ボーアと並んで座る（1955年）

1960年、オッペンハイマーは東京を訪問し、記者に語った（下）。「原子爆弾の技術的な成功に関わりを持ったことは後悔していません。悪いと思っていないわけではなく、ただ昨日の晩よりは今晩のほうが悪く感じていないということです」

プリンストン高等研究所の職務室でのオッペンハイマー

1962年4月、J・F・ケネディ大統領はオッペンハイマーをホワイトハウスに招いた。ジャッキー・ケネディと握手するオッペンハイマー

1969年、サンフランシスコの科学博物館、エクスプロラトリウムでのフランク・オッペンハイマー。この体験型科学教育施設で来館者は物理、化学、その他の分野を身近に体験できる。フランクは妻ジャッキーとこの施設を創設した

1963年、オッペンハイマー（左・キティ、ピーターと）にフェルミ賞と賞金5万ドルを授与するリンドン・B・ジョンソン大統領（中・左）。デビッド・リリエンソールは、これは全部「オッペンハイマーに降りかかった憎悪や醜さに対する罪滅ぼしの儀式」だと思った

1954年の聴聞会でオッペンハイマーに不利な証言をしたエドワード・テラー（右）が、お祝いを言おうと歩み寄る。オッペンハイマーは笑顔で握手したが、夫の傍に立つキティは憮然たる面持ち

1966年夏、セントジョン島の別荘前で、2人の行楽客に挨拶するオッペンハイマー。すでに致命的な喉頭がんを患っていた

別荘で思いにふけるトニー。「みんなが彼女のことを愛したけど、彼女はそれが分からなかった」とジューン・バーラスは語る

幸せな時代、セントジョン島でカクテルを楽しむ。（左から）トニー、インガ・ヒリビルタ、キティ、ドリス・ジェイダン

目次

＊訳者による注は〔 〕で示した。
＊口絵・本文写真クレジットは下巻にまとめて収録した。

【上巻　目次】

第Ⅱ部

【中巻　目次】

第Ⅳ部

オッペンハイマー

〔下〕贖罪

第Ⅳ部（承前）

第28章　なぜ自分がそれをやったか、理解できなかった

ちょうどそのとき神経がやられていた、とわたしに話した。あまりにたくさんのことが押し寄せると、ときどき不合理なことをする傾向が彼にはあった。

デビッド・ボーム

一九四八年の秋に、ロバートはヨーロッパを再訪した。最後に訪欧してから十九年がたっていた。当時の彼は将来を期待された、有望な若手物理学者であった。彼は今、同世代で間違いなく最も有名な物理学者として、アメリカで最高峰の理論物理学の創始者として、そして「原爆の父」として再び欧州にいる。主な旅程として、パリ、コペンハーゲン、ロ

ンドンとブリュッセルを訪問した。どこへ行っても講演をし、あるいは物理学の学会に出席した。青年時代、ゲッチンゲン、チューリッヒ、ライデンで勉強しながら知的に成長した彼は、この旅行を大変心待ちにしていた。しかし九月も末ころになると、彼は弟のフランクに手紙を書いて、今回の旅行での見聞にどうも失望したと漏らしている。「今回の欧州行脚《あんぎゃ》は」と、彼はフランクに伝えた。「昔と同様、知的充電の日々である。物理学者の会議もよかったが、どこへ行っても、コペンハーゲン、英国、パリ、ここブリュッセルでさえ、『ご覧のとおり、われわれは時代遅れになって』というのが決まり文句になっている」。そうしてロバートは次のように結論するのだが、それは切ない気持ちだった。つまり、「われわれの住む世界の生き方を決めているのは、おおむねアメリカである」ということだ。

続いてロバートは手紙の主題に入った。すなわち、「安心させてもらい、力になってもらい、助言をしてもらえるように、良い弁護士に」頼るようにとフランクに強く勧めたのである。HUAC（下院非米活動調査委員会）が、その夏聴聞会を開始したので、ロバートは弟のことが心配だった。いや多分自分のことも心配だったろう。「事態は厳しくなっている」と彼はフランクに書き送っている。「ささいなところまで、自分たちには（J・パーネル・）トーマス委員会の決定に全面的に従う以外にはないのだから」。「ヒス事件でさえ、わたしには恐ろしい兆候のように思われた」

その年の八月、《タイム》誌編集者で元コミュニストのホイッテカー・チェンバーズは、ニュー・ディール派の弁護士で元国務省の高官アルジャー・ヒスが、ワシントンの共産党秘密組織のメンバーであったと、HUACで証言した。ルーズベルトのニュー・ディールはコミュニストが米国の外交政策立案の心臓部まで侵食するのを見過ごしている、とする共和党の訴えの中心に、ヒスに対するチェンバーズの糾弾《きゅうだん》が置かれることになった。一九四八年九月に、ヒスはチェンバーズを名誉毀損《きそん》で訴えたが、その年末にはヒスが偽証罪で告発された。

オッペンハイマーがヒス事件を、「恐ろしい兆候」と考えたのは正しかった。ヒスほどの地位の人がHUACによって狙い撃ちされるということは、同委員会がフランクに何をするか分からないという恐れをオッペンハイマーに抱かせた。フランクの共産党とのかかわりは周知の事実だったからである。一九四七年三月に、《ワシントン・タイムズ－ヘラルド》は、フランクが共産党員であったことを糾弾する記事を載せたことを、ロバートは覚えていた。愚かにもフランクは、記事の真実性を否定した。口には出さないが、フランクが「ここ数年、それについて大変考え込んでいた」のを、ロバートは見てきた。彼がフランクに弁護士を探すようそれとなく提案したのは、このためである。それもただ良い弁護士では駄目だ。「ワシントン、議会、特に報道関係に顔の利く弁護士でなくてはならない。そうだ、ハーブ(ハーバートの愛称)・マークスはどうだ? 彼ならこの条件をすべて備えている」。フランクがHUACの魔女狩りに巻き込まれないことを、ロバートは祈った。しかし明らかに、フランクは準備をする必要があった。

三十六歳のフランク・オッペンハイマーには、洋々たる前途があった。最初はロチェスター大学で、そして現在はミネソタ大学で、粒子物理学の革新的な実験研究をやっている。一九四九年までに、彼は仲間の物理学者の間では、高エネルギー粒子(宇宙線)を研究する、最先端の実験物理学者の一人という評判を得ていた。その年の初め、彼は海軍航空母艦(サイパン号)に乗ってカリブ海に出航した。同空母から、彼のチームは特別設計のカプセルを吊るした一連のヘリウム風船を飛ばした。カプセルには何層かの原子核乳剤写真プレートが入っていた。非常に高高度まで上昇するように設計された風船に内蔵された写真乾板は、重い原子核の痕跡を記録した。このデータは、宇宙線の起源が星の爆発に由来することを示唆した。金属カプセルは地球に落下後、回収する必要があるため、フランク自身キューバのシエラマエストラのジャングルを、落ちたカプセルを捜して歩き回り、一本のマホガニーの木のてっぺんに引っかかっているのを発見して万歳したことがある。しかし、別のカプセルが海底に消えてしまうと、フランクはメロドラマ風に書いた。「心は失望の極みに落ち込んだ」。実際のところ、こういった冒険が好きで、仕事に打ち込んでいたのだ。一九四五年までは兄ロバートの足跡をたどっていたかもしれないが、今やフランクは最先端の実験物理学者として、独自の道を歩き始めていた。

フランクのことを心配していたものの、彼自身の左翼的過去は、現在の名声が中和してくれると、ロバートは信じていた節がある。一九四八年十一月に、彼は《タイム》誌の表紙を飾った。彼の人生と経歴を称えるプロフィルが記事となっていた。《タイム》の編集者は何百万人ものアメリカ人に向けて、原子力時代を生み出したオッペンハイマーは、「まさに現代の英雄である」と語りかけた。《タイム》記者のインタビューの間、オッペンハイマーは自分の急進的なバックグラウンドを隠そうとしなかった。一九三六年までは、「確かに世界で最も非政治的な人間であった」と、彼は平然と説明した。だが、若い失業中の物理学者が「参っている」様子や、ドイツにいる彼の親類がナチ体制を避けて亡命せざるを得ないニュースが彼の目を開いていったと彼は認めた。「わたしは、政治が人生の一部であることに目覚めた。わたしは本当の左翼になり、教職員組合に加わり、たくさんのコミュニストの友人がいた。それは、大部分の人々が、大学またはハイスクールの高学年までに経験することであった。トーマス委員会（HUAC）はこれが気に入らないようだが、わたしはそれを恥じていない。むしろ遅過ぎたことを恥じている。今考えると、当時のわたしの信条はまったくナンセンスだったと思うが、一人前の人間になる不可欠な過程だったのだ。この遅いが、欠くことのできない教育がなかったならば、わたしはロスアラモスでまったく仕事をすることができなかっただろう」

《タイム》の記事が出て直ぐ、オッピーの親友でときどき彼の弁護士も務めるハーブ・マークスが手紙を書いてきて、「とても良い記事だったと思う」と伝えた。左翼活動の過去についてオッピーが述べたことを指すのだろうが、マークスは「あの公判前手続き的タッチ」がすばらしいとコメントした。ロバートは答えた。「わたしが良いと思うのはただ一点、あなたが見つけた論点だ。わたしはこの機会を永いこと探してきたが、今まで見つからなかった」。ハーブの妻で、元オッピーの秘書であったアン・ウィルソンは、《タイム》の記事が反対派の注意を引かないかと心配した。オッペンハイマー自身は、それがどのような結果をもたらすか、まだよく分かっていなかった。

オッペンハイマーは議会調査に対する「予防接種」をしたかったのかもしれないが、一九四九年春になると、HUACはバークレーの放射線研究所で、原子力スパイの調査を大々的に開始した。フランクだけでなくロバート自身も、ターゲットとなる可能性があった。オッペンハイマーの教え子、デビッド・ボーム、ロッシ・ロマニッツ、マックス・フリードマン、ジョセフ・ワインバーグの四人は、召喚令状を受けて議会での証言を求められた。HUACの調査官は、ワインバーグが一九四三年に原子爆弾についてスティーブ・ネルソンと話した内容を、盗聴記録によって知っていた。この証拠によってワインバーグが原子力スパイに関係していると糾弾できるように見えたが、HUACの弁護士は正当な理由のない盗聴が裁判において無効であることを知っていた。一九四九年四月二十六日、HUACはワインバーグを連れてきて、スティーブ・ネルソンと対決させた。ワインバーグは、これまでネルソンに会ったことはないと、きっぱり否定した。HUACの弁護団はワインバーグが偽証していると、はっきり分かっていたが、証明は難しかった。彼らはボーム、フリードマン、ロマニッツの証言で、この裁判を維持しようと望んだ。ボームは証言すべきか否か、またもし証言する場合でも友人について進んで証言すべきか、確信を持てなかった。アインシュタインは彼に、たとえ刑務所に行くことになっても、証言を拒否するよう訴えた。「あなたは、しばらくの間拘束《こうそく》されるかもしれない」と、アインシュタインは話した。ボームは、黙秘権を行使したくなかった。共産党員であることは違法ではない、したがって自分から罪を認める理由は無いと、彼は結論した。彼は直観的に、自身の政治活動について証言することには同意するが、他人についての証言は拒否しようと考えた。ロマニッツも同様の召喚令状を受け取ったことを知ったボームは、当時ナッシュビルで教壇に立っていたロマニッツと連絡を取った。ロマニッツは戦争以来、辛い日々を過ごしていた。彼が適切な仕事を見つけるたびに、FBIは勤務先に彼の共産党員としての前歴を知らせ解雇させた。彼の将来は特に厳しいようだった。しかし、何とか金を工面すると、プリンストンにボームを訪ねた。

プリンストンに到着直後、二人の旧友がナッソー通りを歩いていると、オッペンハイマーが理髪店から出てきた。ロバートは長いことロマニッツに会っていなかったが、連絡だけは取り合っていた。一九四五年の秋に、彼はロマニッツに書いている。「親愛なるロッシ、あなたの非常に長くて非常に憂鬱な手紙を受け取って、嬉しかった。君がアメリカに戻ってきて、時間が許すなら、訪ねて来てほしい。今は大変なときで、特に君には大変な時期だろう。しかし頑張ってほしい。こんな時期は永遠には続かない。いつも君のことを温かく見ている。オッピー」。ボームとロマニッツは、オッピーとおしゃべりをした後、彼らの苦境を説明した。ロマニッツによると、オッペンハイマーは感情をかき立てられて突然叫んだ。「ああ、なんてことだ。何もかもおしまいだ。非米活動調査委員会にはFBIが入っている」

ロマニッツは、これを思い過ごしだと考えたが、オッペンハイマーには心配する十分な理由があったのだ。オッピーも召喚令状を交付されてHUACの前で証言したことがある。

そのとき偶然、一人の委員（イリノイ選出の下院議員ハロルド・ベルデ）が、以前FBIのエージェントで、戦争中はバークレーで放射線研究所を調査していたことを思い出した。後にオッペンハイマーは教え子とのこの出会いを、短い二分程度の会話と記述した。オッペンハイマーによると、彼は二人に「真実を言う」ようにと諭し、彼らは「嘘は言いません」と答えたという。結局ボームは、一九四九年五月と、続いて六月の二回、HUACで証言した。伝説的な民事弁護士クリフォード・デュールのアドバイスに基づき、憲法の言論の自由と黙秘権の条項を盾《たて》に、彼は協力を拒否した。しばらくの間、当時彼が教えていたプリンストン大学は、ボームを支持する声明を出していた。

一九四九年六月七日、今度はオッペンハイマーがHUACの秘密幹部会議に喚問される番であった。彼を尋問するために、六人の議員がそこに待ち構えていた。その中にリチャード・ニクソン下院議員（共和党、カリフォルニア）が含まれていた。オッペンハイマーは、表面上AECの一般諮問委員会議長の資格で出頭した。しかし、これら非情な議員たちは、核兵器政策について彼に質問するためにそこにいたのではない。彼らの知りたかったのは、原子力スパイのことであった。心配してはいたが、防御的に見えるのを望まなかった彼は、個人的な弁護士を同道しないこととした。その代わりに、彼はジョセフ・ボルピーを連れてきて、わざわざ彼をAECの弁護人として紹介することにした。それから二時間、オッペンハイマーは協力的で、積極的であった。

HUACの弁護士は最初に、委員会はオッペンハイマーに迷惑を掛けるつもりはないと主張した。しかし、最初の質問は次のとおりであった。「あなたは、共産党の分子が放射線研究所の何人かの科学者の間に存在していたことを、知っていたか否か?」オッペンハイマーはこれを否定した。それから彼は、教え子の政治活動と見解について話すよう求められた。ワインバーグが共産主義者であることを、戦争前に知っていたことはないと否定した。「彼がバークレーに来たのは戦後です」と、オッペンハイマーは言った。「そして当時彼が表明していた政治的意見は、確かに共産主義の線に沿ったものではありませんでした」

それからHUACの弁護士は、オッペンハイマーに別の教え子バーナード・ピータース博士について質問した。彼の応答は、彼が相変わらずお人よしであることを反映している。彼は執行委員会で証言しているから、自分のコメントは公にならないと考えたようだ。マンハッタン計画の保安担当官に、ピータースは「危険な人物で、まったくの『アカ』である」と、話したのは事実かとHUACの弁護士は尋ねた。ロスアラモスの保安担当将校ピア・デ・シルヴァ大尉に、そのように言ったと、オッペンハイマーは認めた。もっと詳しい説明を求められたオッペンハイマーは、ピータースがドイツ共産党の党員であり、ナチとの市街戦を戦ったことを説明した。その後、彼は強制収容所に送られ、そして、そこから悪知恵を使って奇跡的に脱走した。彼はまた自発的に言った。「ピータースはカリフォルニアに到着したとき、米国政府を力と暴力で倒すことに十分貢献していない、として共産党を激しく非難していた」。ピータースがドイツ共産党のメンバーであったことをどうして知っていたか、と尋ねられたオッペンハイマーは、「いろいろな話の中で、彼がわたしに話した」と言った。

オッペンハイマーはピータースのことで悩んでいたようだった。ちょうど一カ月前の五月、オッピーがアメリカ物理学会の会議に出席している間に、旧友のサミュエル・ハウトシュミットが、ピータースについてオッピーに質問した。AECコンサルタントとしての立場から、ハウトシュミットは時たま保安問題を検討していた。ピータースがハウトシュミットに、自分は何か問題に巻き込まれているような気がするが、なぜだろうと最近尋ねたことがある。そこでハウトシュミットはピータースの保安ファイルを開いて、一九四三年にオッペンハイマーがデ・シルヴァに、「ピータースは危険だ」と言ったのを読んだ。ハウトシュミットがオッピーに、今でもピータースについては同じ意見かと尋ねたとき、オッペンハイマーの答えにハウトシュミットは驚いた。「彼を見てみろよ。信頼できると言えるかい？」

オッペンハイマーは同様に、他の友人についても尋ねられた。旧友ハーコン・シュバリエが共産主義者であったかどうか尋ねられたとき、「彼はサロン的進歩派の見本」のようなものだが、党員であったかどうかは知らないと答えている。「シュバリエ事件」に関してオッペンハイマーは、一九四六年にFBIにしたものと同じ話をしている。つまり、混乱して困り果てたシュバリエが「ソ連政府へ情報を伝える」というエルテントンの考えを伝え、それに対して彼（オッペンハイマー）が大声、かつ激しい言葉で、「頭を冷やして、そんなことにかかわるな」と叱ったというものだ。広島に投下されるまで、シュバリエに原子爆弾の知識はまったくなかったとオッペンハイマーは述べた。同委員会は、彼が一九四三年にパッシュに話したとされるバージョンや、三人の科学者へのアプローチという件について具体的に尋ねることはなかったが、他の個人が原子力の情報を求めて彼に接近したことは一切ないと、オッペンハイマーは否定した。

別の教え子たちについてオッペンハイマーは、ロッシ・ロマニッツが放射線研究所を解雇され、「オッペンハイマーとしては信じがたい不品行」を理由に徴兵されたと、簡潔に述べた。また同時に、ジョー・ワインバーグはロマニッツの友人であったこと、もう一人の物理学の生徒だったアービング・デビッド・フォックス博士は、同研究所内に組合をつくろうと活発に活動していたことを認めた。ケニス・メイについて尋ねられたとき、メイが「自ら認める共産党員」であったことを彼は裏づけた。

オッペンハイマーは心証を良くしようと考えていた。またできる限り実名を挙げた。しかし弟の過去の党歴について尋ねられたとき、ロバートは答えた。「議長、ご質問にお答えします。弟について、これらの質問を強要されないようお願いします。もし内容があなたにとって重要であるならば、本人にお尋ねください」

明らかに恐縮の意を表して、HUACの弁護士は質問を取り下げた。散会に先立ってニクソン議員は、オッペンハイマーが「非常に印象深く」、彼のような人物が「われわれのプログラムで現在のポジションにいることを、きわめて幸せに思う」と、述べた。ジョー・ボルピーは、オッペンハイマーの冷静なパフォーマンスに感嘆した。「ロバートは、これら国会議員を彼の魅力の魔法にかける決心をしたようだった」。その後HUACの六人の議員全員が、この有名な科学者に近づいて握手を求めた。彼の高名が保護膜になっていると、ロバートがおそらく未だに信じていたとしても、驚くにはあたるまい。

オッペンハイマーは無傷で聴聞会を終えられたが、彼の教え子たちはそれほど幸運ではなかった。オッペンハイマーが証言した翌日、バーナード・ピータースは委員会に呼び出され、ほとんど形式的な二十分の尋問を受けた。ピータースは、ドイツまたは米国で共産党員であったこと、妻のハンナ・ピータース博士がかつて党員であったこと、スティーブ・ネルソンと面識があったこと、これらをすべて否定した。

前日オッペンハイマーが委員会で、どんな証言をしたのだろうと不思議に思いつつ、ピータースは委員会を後にした。そこで、ロチェスターに戻る前にプリンストンに立ち寄り、オッペンハイマーに会った。オッピーはからかった。「神が彼らの質問を導いて下さったから、わたしは悪いことは何も言わないで済んだよ」。しかしそれから一週間後、オッペンハイマーの非公開証言の内容が、《ロチェスター・タイムズ・ユニオン》紙にリークされた。見出しは衝撃的だった。「オッペンハイマー博士、かつてピータースを『アカ』と呼ぶ」。これを読んだロチェスター大学のピータースの同僚は、自分たちの同僚が過去にダッハウから悪知恵を使って逃げ出したこと、一度はアメリカの共産党を、武装革命の覚悟なしと批判したことを知らされた。

ピータースが真っ先に感じたのは、自分の職が危険にさらされているということだった。ほんの一年前、類似したHUACでの証言が漏れ、《ロチェスター・タイムズ・ユニオン》が「ロチェスター大学の科学者、スパイ容疑で喚問か」という見出しの記事を掲載し、ピータースは新聞を名誉毀損で訴えたばかりだった。この件は、示談金一ドルで和解が成立した。このような経緯があるため、この嫌疑が蒸し返されたら、何が犠牲になるかピータースには分かっていた。ピータースはすぐにオッペンハイマーの申し立てを否定し、《ロチェスター・タイムズ・ユニオン》に次のように告げた。「わたしは、オッペンハイマー博士または他のだれにも、共産党員であったと話したことはない。なぜなら、共産党員ではなかったからである。しかし、共産党がナチスに対して示した気骨《きこつ》を大いに称賛すると言ったことはある。また、ダッハウの収容所で死んだ英雄たちを称賛すると言ったことはある」。人種差別に対する強い反対や、「社会主義を好ましいとする」気持ちを例に挙げて、ピータースは自分の政治的な見解が、現在も「正統でない」ことを認めた。しかし、彼は共産主義者ではなかった。

その同じ日ピータースは、新聞の切り抜きを同封してオッペンハイマーに手紙を書き、本当にHUACの前でこれらのことを言ったかどうか尋ねた。「わたしがファシスト独裁に対して『直接行動』を主唱した、とおっしゃるのは正当です。しかし国民の多数が、自分の選択した政府を支持している国において、このような直接行動をわたしが支持したときがあったでしょうか？」。質問は続く。「わたしが参加したという勇壮な市街戦の物語を、あなたはいったいどこでお知りになったのですか？　参加していたらよかった、とさえ思います」。ピータースは怒って、「名誉毀損でロバートを告訴」できるか、弁護士に相談までした。

五日後の六月二十日、オッペンハイマーはピータースの弁護士ソール・リノビッツに電話をかけ、ハンナ・ピータースにメッセージを伝えるよう依頼した。彼がバーナードに伝えたかったのは、彼が新聞記事に「とても困惑《こんわく》している」こと、そして記事は自分が同委員会で話したことをゆがめているという主張であった。ぜひバーナードと話をしたいと、ロバートは言った。

程なくオッペンハイマーは、ハンス・ベーテ、ビクター・ワイスコップがそろって、このような方法で友人を攻撃したオッピーに、不快な驚きを表明していると、弟フランクから聞かされた。ワイスコップは、なぜオッピーがピータースについてこのようなことを口にしたか、自分とベーテは理解できないと書いた。そして彼らはオッピーに、「記録を正し、ピータースの解雇を防ぐため、あなたの力でできる限りのことをするよう」迫った。ベーテはオッピーに書いた。「わたしはあなたが、友情あふれる言葉でピータース夫妻のことを話したのを思い出す。また彼らも、あなたのことを友人と思っていたことに間違いはない。彼がダッハウから脱出したことを、死の危険から自らを守る手段としてではなく、むしろ『直接行動』への志向の証拠と理解したのはなぜでしょう?」

ゲッチンゲン時代の友人で、短期間だがロスアラモスで副部長を務めたエドワード・コンドンは、怒りで「表現できないほどショックを受けた」と言う。現在、米国標準局の局長であるコンドンは時折、彼自身が政府部内で右翼からの攻撃の的になることがあった。一九四九年六月二十三日付で、彼は妻のエミリーに手紙を書いている。「わたしはロバート・オッペンハイマーは正気を失っていると、確信している。もしオッピーが本当に取り乱しているとしたら、原子力の国際的な管理についてのアチソン・リリエンソール報告書の草案作成者としての立場を始め、彼の地位からして非常に複雑な影響がある。もし彼が精神的に押しつぶされたら、確かに大きな悲劇だ。わたしは彼があまり多くの人たちを引きずり落とさないことを祈るだけである。ピータースについてのオッピーの証言は、オッピーは真実を知っているはずの事なのに、徹底した嘘で固められているとピータースは言っている」

コンドンはプリンストンの人々から聞いた話として、妻に話している。「オッピーは、ここ数週間きわめて緊張した状態にある。彼は自分自身に攻撃が降りかかることを恐れて、非常に不安な精神状態にある。もちろん彼は、バークレーの友人たちについて明らかにされているいくつかの左翼的活動に関して、自分も前歴があることを分かっている。情報提供者になることによって、彼が攻撃からの個人的な免責を得ようとしているように思える」

落胆したコンドンは、オッピーに手厳しい手紙を書いた。「永らく付き合ってきた人間について、立派な物理学者、立派な市民であることをあなたがよく知っている人間について、あなたがこのように語ることができるのはいったいどうしてか、考え出すと眠れないことが何度もあります。情報提供者になることによって、あなた自身の免責を得ることができると、あなたが愚かにも考えたのではないかと考えざるを得ません。わたしはこれが真実でないと祈ります。よくお分かりだと思いますが、これらの人々があなた自身の関係書類を調べてこれを公開したら、これまでの暴露などたいしたものでなくなってしまいます」

何日か後、フランクはピータースを連れて、ちょうどバークレーにいたロバートを訪ねた。後にピータースは、ワイスコップ宛の手紙の中でそのときの様子を記している。「ロバートとわたしの話し合いは、ひどいものでした。最初ロバートは、新聞記事が本当か嘘か答えることを拒否しました」。ピータースがあくまで真実を知りたいとねばると、オッピーは証言に関する新聞報道を認めた。「それはひどい間違いだと、ロバートは言いました」。ピータースが書いている。オッピーは、これらの質問に答える準備ができていなかった。そして自分の言葉が印刷されたのを見て、初めて言ったことが大きな打撃を与えたと理解した、と説明しようとした。なぜプリンストンで会ったとき、誤解させることを言ったのかと質問されて、オッペンハイマーは「真っ赤になったが」、説明はなかった。

ピータースは、オッピーが彼を誤解していたと主張した。確かにドイツでは共産主義者の屋外集会に出席はしたことをピータースは認めたが、実際に入党した事実はないと誓った。

オッピーは、HUACでの証言を修正する手紙を、一九四九年七月六日に発表された手紙の中で《ロチェスター・タイムズ・ユニオン》紙の編集者宛に書くことに同意した。オッペンハイマーは次のように述べている。ピータース博士は、未だかつて共産党員であった事実はなく、また暴力による米国政府打倒を擁護《ようご》したこともなかったとする、「雄弁なる否定」を最近行った。「わたしはこの否定を信ずる」と、オッペンハイマーは述べた。彼は続けて、言論の自由に関する勇ましい擁護論を展開した。「政治的な意見というものは、どんなに過激なものであれ、またどんなに自由に表現されたものであれ、科学者が高い経歴を維持する不適格条件とはならない」

ピータースはこの手紙を、「曖昧なはぐらかしで、あまり成功していない」と考えた。とは言え、これによって彼はロチェスター大学の職を確保することができた。しかしながら、機密の研究や政府研究プロジェクトへの接近を禁じられるということは、アメリカでの学者生命の行き詰まりを意味すると、彼はまもなく気づくことになる。一九四九年末、彼がインドへ行きたいと考えたとき、国務省はパスポート発給を拒否した。次の年、国務省が折れて、ピータースはボンベイのタータ基礎科学研究所で教職に就くこととなった。

しかし一九五五年、国務省が彼のパスポートの再発行を拒否した後、ピータースはついにドイツの市民権を取った。一九五九年に彼とハンナは、コペンハーゲンのニールス・ボーア研究所に移り、そこで残りの職歴を過ごした。

ピータースの受けた打撃は、ボームやロマニッツに比べれば小さかった。一年以上もってから、彼らは共に議会侮辱罪で起訴された。ボームが一九五〇年十二月四日に逮捕された後(一五〇〇ドル払って保釈)、プリンストンは彼をすべての教職から外し、キャンパスに足を踏み入れることさえ禁止した。その六カ月後、彼は裁判にかけられ、無罪になった。それでもプリンストンは、ボームの教育職契約がその年の六月に切れた後、これを更新しないことを決定した。

ロマニッツの運命は、さらに過酷であった。HUACで証言した後、彼はフィスク大学を解雇された。彼はそれから二年間、日雇い労働者として屋根のタール塗り、麻布袋の積み下ろし、庭木の刈り込みなどをして生活した。一九五一年六月には、議会侮辱罪の容疑で裁判にかけられた。無罪判決を勝ち取った後でさえ、彼が見つけることができたただ一つの仕事は、時給一ドル三五セントの線路補修であった。一九五九年まで教職に就けなかった。特筆すべきことだが、ロマニッツは決してオッペンハイマーに恨みを抱いた様子はなかった。FBIおよび時代の政治風土がなしたこととして、オッペンハイマーを非難しなかった。だが、失望は永く尾を引いた。ロマニッツは、かつてオッペンハイマーを「ほとんど神」と見なしていた。彼はオッペンハイマーに「悪意」があったと思わなかった。しかし何年もたってから、「その人の弱さを考えると、個人的には悲しくなることがあった」と語っている。

教え子を守るためにオッペンハイマーができることはほとんどなかったが、彼らとの付き合いを心から怖がっているような節がときどき見られた。彼らと一緒にいることは、彼の政治的な過去とのつながりを意味し、したがって政治的な将来への脅威であった。彼は、明らかにたじろいでいた。ボームがプリンストン大学を失職した後、アインシュタインは彼を高等研究所に連れてきて、自分のアシスタントとすることを提案した。アインシュタインは今でも量子論の修正に関心があり、「これをやれる人がいるとしたら、ボームしかない」と言っていたそうである。しかし、オッペンハイマーはこのアイデアを拒否した。ボームは、研究所の政治的な重荷になるというのだ。一説によると、オッペンハイマーは秘書のエリノア・レアリーに命じてボームを遠ざけさせたという。レアリーはその後、研究所のスタッフに「デビッド・ボームはオッペンハイマー博士に会うことはないわ」と話しているのを聞かれている。「博士は彼に会わないわ」

功利的に考えれば、オッペンハイマーがボームから距離を置くのはそれなりの理由があった。しかし他方、ボームにブラジルで教える機会が舞い込んだとき、オッペンハイマーは彼のために強力な推薦状を書いた。ボームはその後の教師人生を、ブラジルから始まって、イスラエル、最後は英国とすべて海外で送っている。かつて深くオッペンハイマーを尊敬しており、たとえ長年の間にその感情が複雑な両面性を持つようになったとしても、自分がアメリカから追放された責任がオッピーにあるとは決して考えなかった。「彼はできる範囲で、わたしのために公正に行動してくれた」と、ボームは言った。

ボームは、オッペンハイマーが多くの重圧の下にいることを知っていた。オッペンハイマーがHUACでピータースに不利な証言をした、というニュースが発表された直後、ボームはオッピーと率直な会話を交わしている。ボームはオッピーに、なぜ友人についてそのようなことを言ったのかと尋ねた。以下、ボームの回想である。「そのとき神経が参っていたと、オッピーはわたしに言った。とても自分の手に負えなかったと言う。わたしは彼の正確な言葉は覚えていないが、そのような意味のことを言った。ものごとが重荷になると、ときどき不合理な行動に出る傾向があった。なぜそうしたのか、理解できないと彼は言った」。もちろん、それは以前にもあったことだ。一九四三年のパッシュとのインタビュー然《しか》り、一九四五年のトルーマンとの会談然りである。そして同じことが一九五四年の保安聴聞会で再び起こるのである。しかしバーナード・ピータースがワイスコップに述べたように、「オッペンハイマーがひどく聴聞会を怖がっていたのは確かだ。しかし、それだけでは説明にならない。非常に高く評価している人物が、これほど精神的に絶望しているのを見るのは忍び難かった」。

一九四九年六月HUACでの証言からちょうど六日後、オッペンハイマーは再び国会に出頭し、撮影用の強いライトを浴びて、原子力に関する合同委員会の公開セッションで証言した。当面の問題は、研究目的で放射性同位体を、外国研究所に輸出することの可否であった。議論の末、四対一で、AEC委員会は輸出を承認した。ただ一人反対した委員であるルイス・ストローズは、このような輸出が危険だと確信していた。というのは、放射性同位体が原子力の軍事利用につながる可能性があったからである。その少し前、AECの決定を覆すべくストローズは合同委員会の前で、この輸出に反対する公的な証言をしていたのだ。

したがってオッペンハイマーは上院オフィスビルの特別会室に足を踏み入れたとき、彼はストローズの懸念に気づいていた。しかしオッペンハイマーはこの懸念を共有することはなかった。そして、これらの懸念が愚かなものであることを明らかにした。「これら同位体は原子力に転用できないと、わたしに証言を強要することはできません。シャベルだって原子力のために使えます。嘘ではありません。ビール瓶だって原子力のために使えます。本当です」。彼はこのように証言した。ここで聴衆は笑いでざわめいた。若い記者フィリップ・スターンは、偶然その日聴聞室に座っていた。この皮肉の標的がだれか、スターンにはまったく分からなかった。しかし「オッペンハイマーがだれかをからかっていたのは明らかだった」。

ジョー・ボルピーには、だれがばかにされているか正確に分かっていた。証言者席でオッペンハイマーの隣に座ったボルピーは、ルイス・ストローズをちらっと見て、このAEC委員の顔が怒りで赤くなっているのに気づいたが、別に驚かなかった。笑いが一段と高まり、オッペンハイマーの次の言葉を誘発した。「同位体の重要性を、わたしなりに広義に評価するなら、電子装置よりも下でありますが、たとえばビタミンよりはずっと重要で、これらの中間というところでしょう」

証言が終わってからオッピーはボルピーに気安く訊いた。「どうだった、ジョー?」。弁護士のボルピーは不安げに答えた。「申し分ないよ、ロバート」。オッペンハイマーとしては、ささいな方針の相違と考えており、ストローズに恥をかかせるつもりはなかったかもしれない。しかしオッピーは、ついつい人を見下す態度を取ってしまう。多くの友人が主張するところであった。それは、教室でのレパートリーの一部でもあった。「ロバートは、大の大人を小学生みたいな気にさせることができた」と、ある友人は言う。「彼は巨人をゴキブリのように感じさせることもできた」。しかし、ストローズは学生ではなかった。彼は、権力があり、神経過敏で、傷つきやすく復讐《ふくしゅう》心に駆られる男だった。彼はその日、カンカンに怒って聴聞室を後にした。「ルイスのものすごい表情をはっきり覚えている」と、別のAEC委員であったゴードン・ディーンは言った。何年も後に、デビッド・リリエンソールは鮮やかに思い出す。「男の顔にそれほど頻繁には現れない、憎悪の表情がそこにはあった」

ストローズとオッペンハイマーの関係は、一九四八年前半から悪化の一途をたどった。そのころ、オッピーは高等研究所の所長職に干渉するストローズの試みに抵抗する姿勢を明らかにした。この聴聞会に先立って、彼らはいくつかの他のAEC関連の問題で、意見の相違を乗り越えたところだった。しかしオッペンハイマーは今、彼自身で危険な敵をつくってしまった。この敵はロバートが科学者として活躍するあらゆる局面で、強い影響力を持っていた。

彼らが衝突した合同委員会での証言の後、研究所の理事の一人ジョン・フルトン博士は、ストローズが研究所の理事を辞任するだろうと思っていた。「ストローズ氏が理事として残る限り、ロバート・オッペンハイマーは高等研究所所長としてやりにくいだろうと思う」と、フルトンは他の理事に手紙を書いた。しかし、ストローズには研究所内に気脈を通ずる者がいて、その男は近ごろストローズを理事長に選ぶ際に暗躍した。またストローズは、「科学的問題でオッペンハイマー博士と意見を異にする厚顔さがあるから」と辞任するつもりのないことを明らかにした。ストローズは怒っていた。自分が恨みをはらすまで、この怒りは収まらないことになる。

まさに翌日の一九四九年六月十四日、フランク・オッペンハイマーがＨＵＡＣの前で証言した。その二年前に彼はある新聞記者に対して、かつて共産党員であったことはないと否定した。党員であったことについて嘘を言うつもりはなかったが、《ワシントン・タイムズ＝ヘラルド》の記者はある晩遅く電話をかけてきて、翌日の朝刊にその記事を流すと伝えた。電話で記事を読んで聞かせた後、記者はすぐにコメントをほしいと言った。「記事には間違った申し立てがいっぱいだ」と、フランクが言った。「この中で正しいのは、戦前党員だったことだけだった。新聞はわたしに声明を求めたから、全部が間違っていると言ったまでだ。ばかなことをした。何も言わなければよかった」。記事が出た後、ミネソタ大学当局はフランクに、同様の否定の文書を提出するよう圧力をかけてきた。失職を恐れたフランクは、これまで共産党員であったことはないと誓う声明書の下書きを弁護士に書かせてあった。

しかしジャッキーと徹底的に話し合った結果、フランクは真実を述べるべきだと決心した。その日の午前中、彼は宣誓証言の下に一九三七年早々から、一九四〇年末か一九四一年初めまでの約三年半、彼とジャッキーが共産党員であったと述べた。この期間、党内での彼の偽名は「フランク・フォルサム」であったことを彼は認めた。弁護士クリフォード・デュールのアドバイスに基づき、他の人々の政治信条については証言を拒否した。「わたしは友人について話すことはできません」と、彼は言った。HUACの弁護士と何人かの議員は、名前を挙げるよう何度もフランクに迫った。元FBIのエージェントで下院議員のベルデは、質問に答えることを拒否するフランクに、その理由をしつこく尋ねたが、彼は次のように答えた。「友人の政治的関連について話さないのは、わたしが人生で知り合いになった人々は、節度ある考え方をする人々であり、善意の人々だからです。わが国の憲法その他の法律に照らして好ましくないことを、彼らが考え、議論し、発言したことは一度たりとありませんでした」。兄とは正反対に、フランクは彼の立場を貫いた。彼は名前を挙げなかった。

彼とジャッキーは、この経験すべてが現実のものとは思えなかった。ジャッキーは、もっともな怒りを未だ失っていなかった。下院委員会控え室に座って証言の順番を待っていると、窓の外に連邦議会議事堂の大理石の建物と、手入れの行き届いた庭園、その周りに黒人が住む何列かの掘立小屋が目に入り、その対比にジャッキーは驚いた。子供たちは裸足で、ボロをまとっていた。「彼ら全員がくる病にかかっているように見えた。そして、ほとんどが栄養不足のようだった。彼らの遊び道具は、通りで見つけたガラクタだった。わたしがそこに座って、書類を読んだり、話を聞いたり、外を眺めたりしている間に、この委員会が今後何を仕掛けて来るか、という心配が何度も押し寄せた。そもそもここに召喚されたのは、だれかがわたしの反米行動を詰問するためだったことを思い出すと、ますます怒りが募ってきた」

その後でフランクは記者の質問に答え、「世界で最も生産性の高い国に、失業と貧困がなくならない問題について答えを求め、一九三一年に共産党に加入した」と、述べた。

しかし二人は幻滅を感じ、一九四〇年に党を去った。ロスアラモスでも、バークレーの放射線研究所でも、原子力スパイの活動については知らなかったと彼は述べた。「わたしは共産党員の活動について知らなかったし、情報を得ようとして近づいてきた人もいなかったし、情報を渡したこともない。わたしは一生懸命に働き、価値ある貢献をしたと思っている」。一時間もたたないうちにフランクは、ミネソタ大学が物理学科の助手フランク・オッペンハイマーの辞任を受け入れたと、記者から知らされる。彼は二年前に嘘をついた。大学の観点からすれば、彼を学問の世界から追放する十分な理由だった。身分保証の期限が切れてから完全に三ヵ月間更新されなかった。学長との面談で、最終的に更新はされないことが決まった。フランクは、学長のオフィスを出ながら涙が止まらなかった。フランクは打ちのめされた。事態の本当の意味がフランクを直撃したのは、バークレーへの復職を打診したときだった。単純にもフランクは、ローレンスが彼に避難所を提供してくれると考えていたので、断られたときはショックを受けた。彼はローレンスに次のように書いた。

親愛なるローレンス、

いったい何が起こっているのだ？　二年半前、あなたはわたしの肩を抱いて、元気でと言った。その気になったらいつでも戻ってくるようにと言ってくれた。でももう、わたしに用はないと言う。どっちが変わったのだろう？　あなたか、わたしか？　わたしが国を裏切ったことがあるだろうか？　あなたの研究所を裏切っただろうか？　もちろんそんなことはない。わたしは、何もしなかった。あなたはわたしの政治観に同意しないという。しかし、今までだって同意しなかったじゃないか？　あなたと意見を異にする人間が耐えられない程度に、あなたは気が動転していると思う。わたしは、あなたの行動にまったく仰天すると同時に胸が痛む。

敬具
フランク

一年前にフランクとジャッキーは、コロラド山中パゴサスプリングスの近くに八〇〇エーカーの大牧場を買った。夏の別荘として使う予定だった。一九四九年の秋、友人の多くが驚く中を、彼らはこの荒涼たる土地に引きこもった。「どこからも、仕事の口はかからなかった」と、フランクはバーナード・ピータースに手紙を書いた。「だからここで冬を過ごすのは間違いない。やれやれ。しかし景色はすばらしい。君がここにいるなら、滞在も意味があるのだが」。牧場は八〇〇〇フィートの高地にあり、冬は耐えられないほど寒かった。「ジャッキーは双眼鏡を手にキャビンに座り、雪の中で出産間近い牛を見守っていた」のを、フィリップ・モリソンは覚えている。「子牛が生まれたら、飛び出して凍らないうちに助けなければならなかった」

次の十年間、ロバート・オッペンハイマーの愛すべき才能ある弟は、牧場主として辛うじて生計を立てた。一番近い町でも二〇マイル離れていた。彼らに立場を思い知らせるかのように、FBI捜査官は定期的に顔を出し、彼らの隣人に質問して回った。ときには牧場までやってきて、フランクに共産党員の話をさせようとした。あるとき一人のエージェントは彼に向かって、「大学に就職したいと思わないかね」と具体的な質問をした。「もしそう思うなら、われわれに協力する必要があるよ」。フランクは常に彼らを追い帰した。一九五〇年に、フランクは書いている。「これだけの年月が過ぎて、わたしはようやく賢くなった。FBIはわたしを調査していたのではなく、わたしが住んでいる環境を汚染しようとしていたのだ。友人、隣人、同僚をわたしから離反させ、わたしを疑わせることによって、左翼であったことを罰しようとしているということが分かった」

ロバートはほとんど毎年夏になると牧場を訪れた。そして、フランクが運命に従おうとしているのに、ロバートは弟がこのような人生を送っていることに、胸を痛めるのだった。「わたしは本物の牧場主のような気がしたし、実際それ以外の何ものでもなかった」。フランクは思いを述べる。「しかし兄はわたしが牧場主なんぞに、なれっこないと思っており、学校に戻ることを非常に願っていた。だが、彼にできることは何もなかった」。翌年フランクには、ブラジル、メキシコ、インドなど海外で物理学を教える臨時ポストの申し出があったが、国務省がパスポートの発行を固く拒否した。そして、アメリカ国内から求人はなかった。名前がブラックリストに載っていたからだ。数年のうちに、所蔵のヴァン

・ゴッホのうち、「最初の一歩」（ミレー風）を四万ドルで手離さなければならなくなった。

弟の運命について頭を悩ましたロバートは、最高裁の判事フェリクス・フランクフルター、ハーバード監査委員グレンビル・クラーク、その他法律学者に相談した。フランクや他のオッピーの学生が受けている仕打ちの根拠となっている、トルーマン政権の愛国心政策、保安政策に対して学問的な批判論を展開することによって、研究所として何かできることはないかという相談だった。大統領の忠誠心関連命令、AECの保安許可（機密情報取り扱い許可）手順とHUACの調査、「これらはすべて、多くの個々のケースを保証のない困難に陥れており、質問、意見陳述、講演の自由を抑制するのに使われている」と、オッピーはクラークに訴えた。その後まもなく、オッペンハイマーは旧友マックス・レイディン博士（バークレーの法学部長）を一九四九年から五〇年にかけての一年間招聘し、カリフォルニア州の忠誠心宣誓論争に関する論文を依頼した。

ここ何年もの間、オッペンハイマーは電話が盗聴されていると確信していた。一九四八年のある日、ロスアラモスの同僚で物理学者のラルフ・ラップが、プリンストンのオフィスにオッピーを訪ねてきた。ラップが講義用に取り上げる軍縮問題についてオッピーと議論するためであった。オッピーが突然立ち上がり、外に連れ出されたのでラップは驚いた。オッピーは外に出ながらつぶやいている。「壁に耳あり」

自分が詳細な調査対象であることに、彼は気づいていた。「彼は常に尾行されていることを意識していた」と、ロスアラモス時代からの友人で、よくオールデン・メイナーを訪ねた医者のルイス・ヘンペルマン博士は思い出した。「だれかが実際に尾行していると彼が考えているような印象をわれわれは持った」

彼の電話はロスアラモスではモニターされていたし、バークレーの自宅はFBIにより一九四六年から四七年にかけて盗聴された。彼がプリンストンに引っ越したとき、FBIのニューアーク事務所はオッペンハイマーの行動を監視するよう指示を受けたが、電子機器による情報収集は認めないことになった。しかしながら、「オッペンハイマーの身近なところに秘密裡で目立たぬ情報源を作り上げる」ため、ありとあらゆる努力が払われた。一九四九年までにFBIは少なくとも一人の女性秘密情報提供者を採用したが、その女性は社会的に大学の仕事を通してオッペンハイマーと知り合いであった。一九四九年の春、FBIニューアーク事務所はエドガー・フーバーに、「オッペンハイマー博士について、非愛国心を示すような、さらなる情報は入手または作成されなかった」と報告している。何年か後にオッペンハイマーは、「わたしの電話を盗聴するために政府が使った金は、ロスアラモスでわたしに払った給料より多かったんだよ」と、皮肉を込めて話した。

第29章　彼女がものを投げつけたのは、そのためだ

彼の家族関係は、とてもひどかったようだ。
しかしロバートの口からそれが漏れることはなかっただろう。
プリシラ・ダッフィールド

フランクとジャッキーがコロラドで牧場を軌道に乗せようと苦闘している間、ロバートはといえば、プリンストンにおける自らの知的領地を思う存分治めていた。所長職にすべてのエネルギーを取られていたわけではない。研究所の仕事に時間のおよそ三分の一を、物理学その他の知的な趣味に三分の一、残りの三分の一を旅行、講演、ワシントンでの機密会議に費やしていた。ある日、旧友のハロルド・チャーニスが彼をたしなめた。「ロバート、そろそろ政治はあきらめて、物理学に戻るときだと思うよ」。ロバートが黙って、このアドバイスをかみしめているようだったので、チャーニスは重ねて言った。「君は、

虎の尾を踏んだ男のつもりかい?」これに対してやっとロバートは口を開いた。「そうだよ」

プリンストンを離れて、あるいは妻からも離れてドライブするのは、ときにロバートの息抜きであった。《ライフ》《タイム》、その他一般誌の読者にとって、ロバートの家庭生活は牧歌的に映ったかもしれない。パイプをくわえて二人の子供に本を読んで聞かせている父親、その肩越しにのぞき込んでいるかわいい妻、足元に横たわる飼い犬ジャーマン・シェパードの「バディ」を、写真は紹介した。「彼は夫人と子供たちにとても優しく、子供たちは健康的で、お父さんが大好きである。またオッペンハイマーはだれに対しても礼儀正しい」。《ライフ》誌の記者はオッペンハイマーのカバーストーリーの中で書いている。オッペンハイマーは毎晩、午後六時三十分に歩いて家に帰り、子供たちと遊ぶ、と《ライフ》は書いた。日曜になると、夫妻はピーターとトニーを連れて、四つ葉のクローバーを探しに行った。「オッペンハイマー夫人も考え方がストレートな人で、子供たちが四つ葉のクローバーを家の中で散らかさないよう、摘んだら全部その場で食べさせた」

しかし、オッペンハイマー一家をよく知っている人たちは、オールデン・メイナーでの生活が難しいものであったことを実感していた。「彼の家族関係は、とてもひどいように見えた」と、ロスアラモスでの元秘書で、後にプリンストンでの隣人になったプリシラ・

ダッフィールドは語る。「だが、それをロバートから聞いたことは一度もない」オッペンハイマーの家庭生活は痛々しいほど複雑だった。ロバートは、人生の相当部分をキティに頼っていた。「彼女は、ロバートの最大の親友であると同時にアドバイザーであった」と、バーナ・ホブソンは言う。「彼は彼女に何でも話した。彼は、ものすごく彼女に頼っていた」。研究所の仕事を家に持ち帰り、彼女が彼の意思決定に影響を与えることがしばしばあった。「彼女はとても彼を愛していたし、彼も彼女をとても愛していた」と、ホブソンは主張する。しかし、ホブソン始めプリンストンでの他の親友は、キティが周りにいる人を消耗させるような、容赦ない激しい感情を持っていることを知っていた。「彼女は、まあ何と変わった人であったか。あの怒り、あの苦痛、あの知性、そしてあの機知。彼女の心は常に、ハチの巣のような状態だった。彼女は、常に気が張り詰めていた」

ロバートとキティの両方を理解した人はほとんどいなかったが、ホブソンはその数少ない一人であった。彼女と夫のワイルダー・ホブソンがオッペンハイマー夫妻に会ったのは、共通の友人の小説家ジョン・オハラが、一九五二年に催した大みそかの夕食会であった。まもなく、ホブソンは彼の秘書となり、十三年間付き合うことになる。「彼は部下に対して要求の厳しい人でしたが、キティはオッピーと同じくらい彼の秘書たちに要求しました。

ちょうど二人のうるさいボスに仕えるようなもので、あっと言う間に彼らの生活に巻き込まれ、勤務時間の半分は彼らの家で過ごしました」。

キティは習慣にこだわるタイプで、月曜日の午後には必ずオールデン・メイナーの女性を集めて主人役を務めていた。彼らは何ということなく座って噂話をしていた。そして、何人かは午後ずっと飲み続けた。キティはそれを彼女の「クラブ」と呼び、プリンストン大学のある物理学者の妻は、これらの女性をキティの「翼の破れた鳥の一団」と呼んだ。「傷を負った女性の一団がキティの周りを囲み、全員が多少なりアルコール依存症気味だった」。キティはロスアラモスでも、かなりマティーニを飲んだが、分はわきまえていた。しかし今、彼女の飲酒はときどき恐ろしい場面を展開するようになった。ホブソンは、程々にしか飲まなかったが、当時の様子を思い出して語った。「彼女はときどき倒れるまで酔っぱらい、意味不明なことを言うことがあった。ときどき気絶することもあった。しかし、とてもあり得ないと思うようなときに、彼女が突然しゃきっとする場面に何度も出合った」

キティのロスアラモス時代の友人で、乳飲み子のトニーを三カ月預かったパット・シャーは、飲み仲間の一人だった。シャー夫妻は一九四六年にプリンストンへ移り、オッペンハイマーがオールデン・メイナーに入った直後から、キティは週に二、三回パットの家に立ち寄る習慣ができた。キティは、明らかに孤独だった。「彼女は、午前十一時になると顔を出した」と、シャーは言う。そしてシャーのスコッチを大量に飲み干して、「午後四時にならないと帰らなかった」。しかしある日シャーが、お酒を買うお金がないと宣言した。「あら、わたしとしたことが」と、キティが言った。「今度は家から自分のボトルを持ってくるわ。それをわたし用にキープしておいて頂戴」

キティの友情は、ときに激しく、そして束の間だった。彼女はだれかと親しくなると、激しい勢いで親密さを表した。シャーはキティのこういう状態を繰り返し目にしている。自分の洗いざらいを、性生活まで含めて、新しい友人にぶちまけるのだった。「つまり彼女は、こういった種類の話を絶え間なく話していないと落ち着かなかったのだ」と、シャーは回想する。彼女は良い友人であったかもしれない。しかし、常に良い友人でいようと意識し過ぎた。そして必ずある時点で、彼女は友人に食ってかかり、公然と相手を中傷する。「キティには、人を傷つけるある種のニーズがあった」と、ホブソンは言う。

キティは事故を起こしやすかった。そして彼女の飲酒はそのような一連のエピソードに関連があった。プリンストンでは、しょっちゅう小さな自動車事故を起こしていた。彼女はベッドで喫煙《きつえん》したまま寝入ることがほとんど毎晩で、寝具はタバコの焼け焦げだらけだった。ある晩、部屋が燃えているのに気づき、驚いて飛び起きた。しかし、彼女かロバートのどちらかが賢明にもベッドルームに備えておいた消火器のおかげで、火は消すことができた。奇妙なことに、ロバートはめったに干渉しなかった。その代わり彼は、妻の自滅的な振る舞いに対して、ストイックなまでにあきらめの念で対応した。「彼は、キティの習性を知っていた」と、フランク・オッペンハイマーが言う。「しかしそれを認めたくなかった。これも例によって自分の失敗を認めることができなかったからだろう」

あるときエイブラハム・パイスは、オッペンハイマーのオフィスで彼と話をしていた。二人はキティが明らかにほろ酔いで、オールデン・メイナーから芝生を横切って歩いてくるのを見た。彼女が彼のオフィスのドアに近づくと、ロバートはパイスに向かって言った。「行かないでくれ」。パイスが後に書いたものによると、このようなときに「わたしはロバートのために心が痛んだ」とのことである。ロバートのことをかわいそうと思いながらも、パイスはロバートがなぜこのような女性を我慢しているか理解できなかった。「飲酒とは全然別に、わたしはその残酷さから、彼女のことを今まで会ったこともないひどい女性と見ていた」。パイスはこのように書いている。

ホブソンはキティの欠点の先にあるものを見て、ロバートがなぜ彼女を愛しているかを理解した。彼は彼女をそのまま受け入れており、彼女が自分のやり方を決して本気で変えようとしないことを知っていた。ロバートはかつてホブソンに、プリンストンに来る前、キティのことを精神科医に相談したと告白した。医者は彼女を、少なくともしばらくの間、ある施設に入れるよう勧めたと、驚くべき告白をした。彼には、それはできなかった。その代わりに彼はキティの「医者、看護師、精神医療士」になることにした。これは、「現実を正面から見つめたうえでの決断であり、自分はその結果をすべて引き受ける」と、ロバートはホブソンに話した。

フリーマン・ダイソンも似たような観察をしている。「ロバートはそのままのキティが好きであり、彼女がロバートの生き方を強制しないように、彼女にも別の生き方を強制するつもりはなかった。オッペンハイマー自身が、完全に彼女に依存していたことは確かであり、彼女は、いわば彼が立っている岩のようなものだった。彼が彼女を臨床的な一つのケースとみなして、彼女の人生を立ち直らせようとすることは、彼らしいやり方ではなく、また彼女にとっても彼女らしくないと、わたしは思う」。プリンストンでのもう一人の友人、ジャーナリストのロバート・ストランスキーもこれに同意した。「彼はどんな人間よりも彼女に忠実だった。彼は何よりも彼女を保護したがった。彼は、彼女に対するどんな批判にも憤慨した」

キティの飲酒が深い心の痛みの徴候として常にあることを、彼は分かっていたはずである。彼は決して彼女の飲酒を止めようとしなかったし、彼自身が夕方カクテルを飲む儀式を犠牲にするつもりもなかった。彼のマティーニは強く、彼はそれを楽しんで飲んだ。キティとは異なり、彼は決まった量をゆっくりと飲んだ。パイスはカクテルアワーを「野蛮な習慣」と信じていたが、それでも「ロバートは酒を常にうまくコントロールしている」と思っていた。だがそうであっても、ロバートが明らかにアルコール依存症の妻と並んで飲み続けたという事実は、人目を引かないわけにはいかなかった。シャーに言わせると、「ロバートの振る舞うマティーニは飛び切りうまく、とても冷えていた」。「オッピーは、意識的に人を酔わせていた」。自分用には、ジン・マティーニにベルモットを一滴たらし、冷蔵庫で冷やしておいた脚の長いグラスへ注いだ。ある研究員は、オールデン・メイナーではなく、「バーボン・メイナー」だと言った。

キティの飲酒を目にしながらロバートの受身の態度は、おかしいと思う人もいた。彼女が彼に、または彼女自身にたとえ何をやっても、彼はずっと彼女のためにそこに居続けた。もう一人のロスアラモス時代の旧友ルイス・ヘンペルマン博士は、ロバートの妻への献身を称賛した。ヘンペルマン夫妻のルイスとエリノアは、毎年二回か三回オッペンハイマー家を訪問して、家族をよく知っていると思っていた。キティについて、ロバートは博士の専門的なアドバイスを求めることは決してなかったが、静かに、そして事務的に状況を話すのだった。「彼は彼女にとっては、まさに聖者であった」と、ヘンペルマンが回想する。

「彼は常に同情的で、決していらいらする様子を見せなかった。ぴったり彼女に寄り添っていた。すばらしい夫だった」

しかしあるとき、干渉せざるを得ないことがあった。キティは酒を飲むだけでなく、不眠症と戦うために睡眠薬を飲むことがしばしばあった。ある晩彼女は間違って睡眠薬を過剰に飲み、急遽《きゅうきょ》プリンストン病院に運ばれる羽目になった。その後、オッペンハイマーは鍵つきの箱を買ってくるよう秘書に頼んだ。これからは、睡眠薬を飲むときはロバートに頼んで渡してもらうことにした。この取り決めはしばらく守られたが、時間がたつにつれて挫折した。何年も後にロバート・サーバーは、「キティが通常の人より過度に酒を飲んだことはない」と主張した。キティの振る舞いは、慢性的な医学的状態によって説明できるとサーバーは考えた。「キティは、膵炎《すいえん》で苦しんでいた。それで、非常に強い鎮静剤を飲まなければならないため、酔っているように見えたのだ。わたしはオッペンハイマー夫妻と一緒にいるとき、しばしばそれを目撃した」。サーバーによると、「キティは社交的な集まりに出る直前、自分に気合いを入れようと、鎮痛剤のデメロールを飲むことがよくあった。すると酔っ払ったように見えるのだ。決して酔っ払っていたのではない」。

キティの不幸は、間違いなく彼女自身の精神状態の深いところに根ざしていた。しかし、「所長夫人」の役割を演じるというプレッシャーは、良い方向に働いてくれなかった。公式なレセプションで、ホステスとしてお客の長い行列に挨拶をするようなとき、彼女はパット・シャーにそばにいてくれるよう頼むことがよくあった。どうしてそうするの、とシャーが尋ねたとき、キティは答えた。「わたしが倒れそうになったら、あなたに支えてほしいの」。彼女が「非常に神経質で、自分が心配なのだ」と理解した。キティは彼女のことをよく知らない人々を威圧するところがあった。そして時に、まったく生き生きと見えることもあった。しかし、それはすべて演技であった。パフォーマンスを要求されると、キティは「取り乱しておびえる」とシャーは思っていた。

自由で気まぐれな精神の女性であるキティにとって、プリンストンの形式ばった、田舎町の上流社会に適合するのは不可能だと分かっていた。エイブラハム・パイスのある同僚が、プリンストンについて語った言葉がある。「あなたが独身だったら、あなたは気が変になるだろう。既婚者だったら、奥さんがおかしくなるだろう」。プリンストンはキティをいらいらさせた。

オッペンハイマー夫妻は、プリンストンの社会に順応する努力は一切しなかった。「留守のとき、来客カードを残していっても彼らから連絡が来たことはない」と、ミルドレッド・ゴールドバーガーが思い出した。「彼らはプリンストンのそういう面を、どういうわけか決して大事にしなかった。われわれの経験からすれば、これがプリンストンの一番良いところなのだが」。ゴールドバーガー夫妻は、実際に、オッペンハイマー夫婦に強い嫌悪感を持っていた。ミルドレッドはキティのことを「焦点の定まらない悪意に満ちた」、文字どおり「よこしまな」女性と考えていた。後にカルテックの学長になる彼女の夫、物理学者マーヴィン・ゴールドバーガーは、ロバートを「際立って尊大で、付き合いにくい人物」と見なしていた。「彼は非常に辛辣で、痛烈で、恩着せがましいところがあった。キティに至っては、もうお手上げだった」

キティ・オッペンハイマーは、プリンストンという檻《おり》に入れられた雌の虎のようだった。オッペンハイマー家の夕食に招かれたら、食べ物にはあまり期待しないよう、プリンストンの住人は経験から学んだ。ディナーの質は、もっぱらキティの気分次第であった。まずロバートが、強いマティーニのピッチャーを手に迎えに出る。「キッチンに座ると、延々と世間話をしながら飲み続ける。食べるものはまったく出てこない」。ジャッキー・オッペンハイマーは思い出した。「それから十時ごろになると、キティは何個かの卵と唐辛子をフライパンに放り込む。それと酒ですべてだった」。ロバートもキティも、まるで腹が減っているようには見えない。ある夏の晩、パイスは夕食にと呼ばれた。例によってマティーニの後、キティは、ボウルいっぱいのビシソワーズ・スープを出した。スープは大変おいしかった。ロバートとキティは、「そのすばらしい出来映えを、少々大げさに称え合っていた」。パイスは心の中で、「結構、結構。さあ、夕食にしよう」と考えていた。しかし、いくら待っても食事が出てこないので、腹ぺこのパイスは適度の間をおいた後、礼儀正しく弁解して辞去し車でプリンストンへ向かった。プリンストンでハンバーガーを二個買った。

不幸の中にあって、キティの結婚は、彼女にとって何よりも大切なものであった。彼女は、ロバートにまったく依存していた。彼女は「ロバートの指示で駆け回り、彼のためにすべてを完璧にして」、一生懸命に良い主婦を演じようとした。ある晩のパーティーのとき、オッペンハイマーは居間の隅で何人かのお客と歓談していた。そのとき突然キティが、「あなた、愛しているわ」と口走った。明らかに戸惑ったオッペンハイマーは、うんうんと、頭を縦に振っただけだった。「オッピーはその場で彼女に優しく囁くこともなく、あまり嬉しくないのが見え見えだった。しかし彼女は、よくこういうことを、だしぬけにやった」。パット・シャーの回想である。

シャーはオッペンハイマー夫妻をロスアラモス時代から知っており、プリンストンでも最初の数年は、多分キティの最も親しい友人であっただろう。キティはシャーに、自分の結婚について告白したようだ。「彼女はロバートを崇めていた」とシャーは言う。「それは間違いない」。しかしシャーの厳しい見方によると、ロバートは同じようには感じていなかったようだ。「彼女が妊娠しなかったら、彼は決して彼女と結婚しなかったと思う。彼が愛に報いたと、わたしは思わないし、どんな愛に報いる能力も彼にはなかったとわたしは思う」。これと対照的に、バーナ・ホブソンはロバートがキティを愛していたと常に主張した。「彼はとても彼女に頼っていたと思う」と、ホブソンは言う。「彼は彼女の言うことを必ずしも全部聞いたわけではないけれど、彼女の政治的で知的な能力は尊敬していた」。ホブソンはロバートの側から、二人の結婚を観察する傾向があった。シャーとホブソンがそろって認めているのは、衝突する気質のうちのどちらか一方に、問題があったということだ。キティは情熱の発散が極端だったのに対して、ロバートは驚くほどあっさりしていた。キティは、感情や怒りを表現しないと気が済まないタイプであったが、ロバートはそれに反発することなく、彼女の感情のすべてを無に吸収させてしまった。「彼女が彼にものを投げつけたのは、そのためだとわたしは確信している」と、ホブソンが言った。

これまでに多くの男性と寝たが、ロバートを裏切ったことはないと、キティはシャーに話した。もちろん、同じことはロバートについては言えなかった。キティはロバートとルース・トールマンの関係を多分知らなかったと思われるが、それでもロバートのルースに対する好意には、激しいやきもちを焼いた。別のロスアラモス時代の友人ジーン・バッカーは、ロバートが親密になったどれに対しても、キティは常に憤慨していたと思っている。ホブソンは、ある日ロバート自身が、キティの問題として次のように打ち明けたと語っている。「(オッピーに対して)病的に嫉妬《しっと》深く、彼が時の人であるため、称賛されたり非難されたりするのが我慢できないのだ。彼女は彼のことをうらやんでいた」

キティはまた、シャーにも打ち明けた。「オッピーは、遊び心というものがなく、何にでも過剰に選《え》り好みをした」。ロバートが腹立たしいほど超然としており孤高であったとキティが考えたのは、確かに当たっている。彼の感情生活は内省的であった。この二人は北極と南極くらい正反対であった。しかしそれが、常に彼らを相互に引き付ける力の根源でもあった。彼らの結婚が健全な結びつきでなかったとしても、十年の結婚生活で二人の子供を育てる間に、夫妻は相互依存の絆《きずな》をつくり上げていた。

プリンストンに到着直後、シャーはオールデン・メイナーの戸外パーティーに招かれた。ピクニックが終わった後、メイドの一人が、昼寝から覚めた当時三歳のトニーを連れてきた。かつてオッピーが、養女に引き取ってくれないかと頼んだ赤ん坊を、ロスアラモスで三カ月預かって以来、シャーがこの子に会うのは初めてだった。「とってもかわいい子だった」と、シャーが言った。「この子は、キティに似て頬骨が高く、黒い目と黒い髪の毛をしているけど、オッピーにも似たところがあるわ」。シャーが見ている前でトニーはロバートに駆け寄ると、そのひざによじ登った。「彼女は頭をロバートの胸に付け、ロバートは両腕で彼女を包んだ。そして、彼はわたしの方を見てうなずいた」。シャーは彼が何を言おうとしたか分かって涙があふれた。「われわれの間だけのメッセージであったが、ロバートがトニーを愛しているという、わたしの考えは正しかった」

しかし、彼らの人生には親としての義務を果たすエネルギーは、ほとんど残っていなかったようである。「ロバートとキティ・オッペンハイマーの子供であるということは、世界でも最大のハンディキャップを背負うことだと思う」。このように言うのは、プリンストンでの隣人ロバート・ストランスキーである。シャーは言う。「表面上、彼は子供たちに非常に優しかった。彼がカッとなるのを決して見たことはない」。しかし年がたつにつれて、オッペンハイマーに対する彼女の見方は大きく変わった。六歳のピーターは静かで、極度に内気だとシャーは見ていた。そこでキティに、幼児精神科医へ連れて行くことを勧めた。しかしそれについてロバートと相談した後キティは、彼が幼い息子に精神科医の診察を受けさせる自信がないと言ったと伝えた。それはロバート自身が耐えて、ひどく嫌った経験だからだ。これにはシャーも怒った。オッペンハイマーの態度は、「助けを必要としている息子を持つ父親のものとは思えないものだ」。結局彼女は、ロバートを人間として好きになれないと結論した。「彼に会えば会うほど、彼がひどい父親であるという気持ちになるので、嫌いになった」

これは厳しすぎる見方だろう。ロバートもキティも、息子とのつながりを持とうと努力していた。ある日、ピーターがまだ六歳か七歳のころ、キティは彼が電気のおもちゃを作るのを手伝った。それは四角い板にいろいろなライト、ブザー、ヒューズ、スイッチが載っているものだった。ピーターはこのおもちゃを「仕掛け」と呼んで、二年後も未だにそれで遊ぶのが好きだった。一九四九年のある晩、デビッド・リリエンソールはオッペンハイマー家を訪問しているとき、ピーターと床に座っているキティを観察した。二人は根気よく「仕掛け」を修理していた。ほぼ一時間過ぎて、彼女が夕食を準備するために台所に行くと、「ピーターをかわいがっていた優しい父が、キティが座って配線を直していた場所に交替して座った」。ロバートが床に座り、口からたばこをぶら下げながらワイヤーをいじり始めると、ピーターは台所に駆け寄って、大声でキティに耳打ちした。「ママ、パパは仕掛けを直せるの？」人類究極の「ガジェット（道具）」の製造を指揮した男に、子供の電気玩具を扱う資格があるのか、と聞いてお客は大笑いした。

このような家庭的に温かい時間があったにもかかわらず、絶えず気を配る父であるためには、ロバートは気を取られることが多過ぎたのだろう。フリーマン・ダイソンは、かつて彼に尋ねたことがある。「こんなに問題の多い人間を父に持つのは、ピーターとトニーにとって大変ではないですか?」。ロバートは、例の軽薄さで応じた。「ああ、そんなことはないよ。彼らには想像力がないから」。ダイソンは、後にこの友人について述べた。「彼は、身近な人間に対する感じ方について、温かさと冷たさの間で急に、予測不能な切り替えができる人間だ」。それは、子供たちにとって難しいことであった。「わたしのような部外者にさえ、オッペンハイマーの家庭生活は、この世の地獄のように見えた。最悪な点は、必然的に二人の子供たちが苦しんでいたことだ」。パイスが後年述べている。「仕掛け」や他の遊びを除くと、キティとピーターの間には決してつながりがなく、彼らの間にはしばしば言い争いがあった。ロバートはキティに問題があると感じていた。「ロバートは、キティとの恋愛の発端《ほったん》があまりに熱烈だったため、ピーターが早く生まれすぎたと考えていた。そしてキティはロバートのその考え方に憤慨していた」。ホブソンが言った。十一歳ころ、ピーターは少し幼児肥満だったので、キティは彼の体重についてうるさく言い続けた。決して多くの食物が家にあったわけではないが、キティはピーターに厳しいダイエットを命じた。母と息子は、しばしば争った。「彼女は、がみがみ言い続けてピーターの人生を惨めにした」。ホブソンが言う。シャーも同意見である。「キティは、彼のことで非常にいらいらしていた。彼女には、子供たちを直観的に理解する力が全然なかった」。ロバートは受身で傍観するばかりだった。そして、これらの議論で追い詰められると、きまってキティの味方をした。「ロバートは、非常に優しかった」と、ヘンペルマン博士は思い出して言う。「彼は、子供をしつけなかった。それをやったのはすべてキティだった」

どこから見ても、ピーターはただのやんちゃ坊主だった。幼児のころは、大部分の男の子と同様に、彼は大声を立て、活発で、まったく扱いにくい子だった。しかしキティは、彼の振る舞いを異常であると解釈したのだ。ピーターと彼女の関係は彼が七歳になるまでは問題なかったのに、そこから突然変わってしまったのはなぜか分からないと、あるときキティはボブ・サーバーに話した。ピーターは手先が器用だった。叔父のフランクと同様に、彼は自分の手でものを分解したり再び組み立てたりといった、すばらしいことができた。しかし学校の成績はぱっとせず、キティにはそれが耐えられなかった。「ピーターは、すごく敏感な子で、学校では非常につらい思いをした」と、ハロルド・チャーニスが言う。「しかしそれは彼の能力とは無関係だ」。キティの小言への反応として、ピーターはますます彼自身の中へ引きこもった。サーバーが思い出して言う。「五歳か六歳のころのピーターは愛情に飢えているように見えたが、ティーンエイジャーのときは非常にまじめくさった子だった。オッペンハイマー家の台所に入ると、ピーターはすっと影のように消えてしまう。人に会うのを避けるように人影が消える。あれはピーターだったのだ」

キティは娘を特別扱いした。ホブソンは思い出す。「彼女のトニーへの愛着は深く、純粋に愛し称賛していたようだった。彼女はトニーのためには、美徳と幸せをひたすら願っていた。ピーターにはひどく当たった」。少女のころのトニーは、常に穏やかで、丈夫そうだった。「六歳か七歳のときから、家族が正気を保ってまとまり元気を出すには、彼女が頼りだった。トニーは何の心配もない子だった」と、ホブソンが述べている。

一九五一年末、七歳になったトニーは軽いポリオと診断され、医者はどこか暖かくて湿度のある所に転地するよう勧めた。その年のクリスマス、一家は全長七二フィートの小型縦帆船「コマンチ号」を借り、米領ヴァージン諸島サンクロワ周辺で二週間を過ごした。「コマンチ号」は、所有者のテッド・デイルがキャプテンを務めた。彼は温かく社交的な男性だったので、まもなくロバートの信頼を得ることになる。デイルと船は、一家をセントジョン島まで案内した。真っ白い浜辺とトルコ石のような色の海に囲まれた小さな島だった。トランク湾に錨《いかり》を下すと、彼らは上陸して探検した。この島に魅せられたロバートは、セントジョンを説明する手紙をルース・トールマンへ書いた。「温かな水、色鮮やかな魚、穏やかな貿易風のすべてが、皆さんを歓迎し、回復を助けてくれることでしょう」と、ルースは返事を書いた。セントジョン島は、オッペンハイマー一家に深い印象を残した。トニーはポリオの症状から回復した。

何年か後に、彼女はこの美しい天国のような島に戻り、ここが終生の住まいとなる。

キティがときどき家庭生活を悲惨にすることはあったが、ロバートは超然とした態度と孤立によってこれに耐えることができた。彼は意識的に結婚を継続する方を選んだ。またキティのために公平を期するなら、彼女はその気になれば自分の行動をコントロールすることが完全にできたのである。アルコールが入ろうと入るまいと、彼女は鉄の意志を持っていた。ある日ダイソンの家で突然騒動が起こったとき、キティはブルージーンズのまま駆け込んできた。手は庭仕事で泥だらけだった。「彼女はロバートに向かっても強かったが、われわれにもその力を発揮した。彼女は多くの点でロバートより強く、ある意味ではより堅実であった」と、フリーマン・ダイソンは述べた。「彼女が人の助けを必要とする人間だなんて、少しも感じなかった。確かに彼女は、ときどき酔っぱらうことがあったが、手の付けられないアルコール依存症だと考えたことは決してない」

それに、キティに敵がいたとすれば、同時に友人もいた。エリノア・ヘンペルマンは何度もオッペンハイマー家へ招かれたが、あるとき集まりの後で次のように書いている。「わたしたちは、あなたにお会いしているととても楽しく、お訪ねするのを心待ちにしています」。オッペンハイマー家のロスアラモス時代の友人、「ディーク」とマーサ・パーソンズがオールデン・メイナーを訪問すると、キティはしばしば彼らを楽しいピクニックに誘った。そして、シャンパンに浸したライ麦トーストの上に卵、キャビア、チーズを載せて振る舞うのだった。パーソンズは保守的な海軍軍人で、当時すでに海軍大将になっていたが、オッペンハイマー夫妻の取り留めのない哲学的な会話を大事にしていた。一九五〇年九月、いつものような訪問の後、パーソンズはオッペンハイマーに手紙を書いた。「親愛なるオッピー、いつものことながら、あなた方夫妻と過ごす週末は、われわれの季節最大のイベントです。わたしたちの周りにあるささいな問題も、いや世界にかかわる問題でさえ、このような雰囲気の中で解決することは可能だと思います」

キティは、とんでもない女性でありながら、同時にチャーミングで有能な女性でもあった。彼女には、お茶目なユーモアのセンスがあった。ある晩、彼女は客を送り出しながら、お客の一人チャーリー・タフトの大きな図体を測りながら言った。「お兄さん（非常に細身のロバート・タフト上院議員）みたいでなくて、良かったわ」。ロバートは慌てて手でキティを制した。「キティ!」。彼女はすかさず、「アレン・ダレスにも同じことを言ったの」。これには皆大笑いした。ロバートと同様、キティはいつでも演技をすることができた。したがって、キティには芝居がかった振る舞いのエピソードがある反面、自分とロバートが優雅で知的なカップルを演じる、すばらしいパフォーマンスのお膳立てをすることも何度もあった。

「ある日オッペンハイマー家でのランチのときだった。うららかな春の日、キティは家中にたくさんの水仙を飾っていた」と、一年間の研究所フェローであったラインホルト・ニーバー博士の夫人、ウルスラ・ニーバーが書いている。この日はジョージ・ケナン夫妻も招待されていた。「ロバートは、最高の魅力でお客をもてなしていた」。昼食が済んで、客はコーヒーを飲むため一階下の居間に降りていった。会話の中でロバートは、ケナンが十七世紀の詩人ジョージ・ハーバートをよく知らないことに気づいた。ハーバートはオッピーの大好きな詩人の一人だったので、本棚からすばらしい古書を取り出すと、「彼独特の感情を込めた声で」朗読を始めた。ハーバートの詩は「滑車」というタイトルで、落ち着かない男の心がテーマだった。これこそ、彼自身の特性でもある。

初めに神が男をつくられたとき
天の恵みの杯を持ちつつ立ち……

詩は、次の行で終わる。

彼には続けて休ませよ
しかし彼らをして心安からぬ不満の中に置け
彼をして富ませよ、そして少なくとも疲れさせよ
たとえ神が導かずとも、疲れは彼を
わが胸に投げ込まん

第30章　彼は決して自分の意見を口にしなかった

われわれの核独占は、日なたで解けかかっている一個の氷のかたまりのようなものである。

ロバート・オッペンハイマー
《タイム》誌、一九四八年十一月八日

一九四九年八月二十九日、ソ連はカザフスタンの孤立した実験場で、ひそかに原子爆弾の爆発実験を行った。九日後に、北太平洋を飛行中のアメリカのB29大気検知偵察機は、このような爆発を見つけるための特製濾《ろ》紙に、放射性物質の高い数値を検知した。九月九日、ニュースはトルーマン政府の高官にもたらされた。だれもそれを信じたくなかった。トルーマン自身が疑いを表明した。問題を解決するために、専門家の集団が証拠を分析することになった。国防総省は、バネバー・ブッシュをその集団の議長に選んだ。国防総省に呼ばれたブッシュは、このような技術的なパネルの議長としてはオッペンハイマー博士がより適任だろうと提案した。しかしある空軍将校はブッシュに、議長はあなたにお願いしたいと話した。

ブッシュは受け入れたが、オッペンハイマーをメンバーに加えることを明言した。ブッシュが電話でこのニュースをオッペンハイマーに伝えたとき、彼はちょうどペロカリエンテから帰ったばかりだった。専門家集団は、九月十九日の朝から、五時間にわたって会合した。ブッシュが会議を進行する間に、オッペンハイマーは多くの問題点を明らかにしていった。昼食時までにはだれもが、今回の証拠は圧倒的なものであることに同意した。「ジョー・1」は本当に原子爆弾であり、さらにそれは、マンハッタン計画のプルトニウム爆弾にきわめて類似したコピーであった。

翌日リリエンソールはトルーマン大統領に、検知委員会の結論を説明し、直ちにこれを発表するよう主張した。リリエンソールは日記に、「できる限りの説得を試みたが、目に見える進展はほとんどなかった」と、記している。トルーマンは尻込みし、ソ連が本当に爆弾を持っているかさえ、確かでないと言う。彼はリリエンソールに二、三日ニュースを伏せて考えてみると話した。オッペンハイマーはこれを聞き、耳を疑い仰天した。イニシアティブを取る機会を逃がしていると、リリエンソールに伝えた。

ついに三日後、まだ疑わしい様子のトルーマンだったが、核爆発がソビエト連邦で起こったと、しぶしぶ発表した。それが爆弾であったと発表することを、彼はあからさまに拒否した。ショックを受けたエドワード・テラーはオッペンハイマーに電話をして、「今われわれは何をすべきだろう」と尋ねた。「冷静になれ」。オッペンハイマーはぽつんと答えた。

「オペレーション・ジョーは、単に予想されていたものが実行されただけです」と、オッペンハイマーはその秋、《ライフ》誌の記者に静かに語っている。彼はそれまでも、アメリカの独占があまり長く続くとは思っていなかった。彼はその一年前に《タイム》誌に話した。「われわれの核独占は、日なたで解けかかっている一個の氷のかたまりのようなものです」。彼は今、ソビエトに爆弾の存在することが、トルーマンに路線の変更を受け入れさせ、核技術を国際的管理の下に置こうとした一九四六年の努力を再開させるだろうと期待していた。しかし同時に彼は、政府が過度に反応することも恐れていた。ある人たちの間では、予防的な戦争論が出ているとも聞いた。デビッド・リリエンソールは、ロバートの神経が張り詰め、「気もおかしくならんばかりで、憔悴《しょうすい》している」のが分かった。彼はリリエンソールに話した。「今度こそ、しくじれない。これで秘密主義の毒気を抜くことができるかもしれない」

オッペンハイマーは、トルーマン政権が秘密主義に凝り固まっているのは、不合理であると同時に逆効果であると信じていた。ここ数年間、彼とリリエンソールは、大統領とそのアドバイザーたちを、核問題に関してよりオープンな方向に導こうと努力してきた。ソビエトが原爆を持った今、過度の秘密主義はもはや正当性を失ったと、彼らは結論した。オッペンハイマーはAECの一般諮問委員会の会議で、ソビエトの今回の成果が、「より合理的な安全保障政策の採用」に米国を誘導することを希望すると意見表明した。

まさに、オッペンハイマーがいかなる過激な反応にも警告を発しているとき、連邦議会の議員たちはソビエトの成果に対抗する処置を口にし始めた。数日のうちにトルーマンは、核兵器を増産すべしとする、統合参謀本部の提案に署名した。一九四八年六月にはおよそ五〇個であった米国の核兵器の備蓄が、一九五〇年六月までに三〇〇個近くへと、急速に増加することになる。これは始まりにすぎなかった。AEC委員長ルイス・ストローズは、ソビエトに対する米軍の優勢が必然的に減少する、と主張するメモを回した。ストローズは物理学用語を借りて、アメリカが技術的な「量子跳躍」を遂げることが、絶対優位を回復するただ一つの道であると提案した。国は「スーパー」（熱核兵器）を開発するための、突貫計画を策定しなければならないというのだ。

トルーマンは一九四九年十月まで、「スーパー」の実現性さえ知らなかった。しかしいったんそれを知ると、大統領は興味をそそられた。オッペンハイマーは、常に懐疑的だった。「この哀れなものが役立つかどうか、また牛車にでも積まない限り、目標まで到達できるかどうか、わたしは確信が持てない」。彼はコナントに伝えている。航空機で運ぶには大き過ぎるだろうと言うのである。原子爆弾より数千倍も破壊力のある武器の、倫理的な意味に深く悩んだオッペンハイマーは、「スーパー」が技術的に不可能であると証明されるのを期待した。核分裂爆弾である原爆より恐ろしい、核融合爆弾「スーパー」は、必ずや核兵器開発競争をエスカレートさせるだろう。核融合の物理は、太陽内部の反応を模倣したものである。つまり融合爆発には物理的な限界がないことを意味する。より大きな爆発を得るには、より多くの重水素を加えさえすればよい。「スーパー」爆弾で武装した飛行機は、数分で何百万人も殺すことが可能である。いかなる既知の軍事目標を想定しても、これはあまりに大き過ぎた。これは大量・無差別殺人兵器であった。このような武器の実現性は、オッペンハイマーをぞっとさせたが、その実現性を想像して興奮した人たちもいたのだ。空軍の将官たち、それを支持する議員たち、およびエドワード・テラーの「スーパー」開発の野心をサポートした科学者たちである。

オッペンハイマーは一九四五年九月という早い時期に、彼とアーサー・コンプトン、アーネスト・ローレンス、エンリコ・フェルミから成る特別な科学諮問委員会のために、ある秘密のレポートを書いた。レポートは、そのような（「スーパー」または水素爆弾製造の）努力は、現時点では実行してはならないと忠告している。確かに、そのような武器が開発できる可能性があることは、「忘れられてはならない」。しかし、それは絶対に造らなければならない、ということではない。オッペンハイマーが、公式に倫理的懸念を持ち出したことはなかった。しかしコンプトンは、オッペンハイマー、ローレンス、フェルミの意見としてヘンリー・ウォレスに手紙を書いて、次のように説明した。「われわれはこの（水素爆弾の）開発を実行してはならないと考えています。第一に、本格的に使った場合失われる、膨大な人命の犠牲の下で得られる勝利ならば、むしろ敗北を選びます（この部分は強調されている）」

次の四年で、事情は大きく変わる。ソ連との関係は悪化し、核兵器はアメリカで新しく生まれた封じ込め政策の支えとなり、アメリカの核兵器保有は原子爆弾一〇〇個以上に拡大し、当時製造過程にあった原爆の規模と個数はこれを上回るものであった。懸案は明らかだった。もしこの新しい、巨大な武器が造られた場合、アメリカの国家安全保障にどんな影響を及ぼすだろうか。

一九四九年十月九日、オッペンハイマーはマサチューセッツ州のケンブリッジへ向かった。その春選ばれたハーバード大学監査委員として、同委員会に出席するためであった。

彼はクインシー通りに面したコナント学長の家に泊まり、彼とハーバードの学長は長く難しい議論をした。その月末には、一般諮問委員会の会議で「スーパー」についての勧告案と取り組まなければならないことを、二人は知っていた。彼らが心配をあらわにしたのは自然なことであり、コナントはオッペンハイマーに、「自分は嫌だが」水素爆弾は造られるだろうと話したのは、この時だったと思われる。文明国が、このようなひどい殺人用兵器の使用を考えるだけでも、コナントには憤慨に堪えないことであった。それは大量虐殺用機械以外の何物でもないと、彼は考えた。

同じ月の後半十月二十一日、熱核反応研究の現状に関する説明があった後、オッピーはじっくり腰を据えて「ジムおじさん（コナント）」に長い手紙を書いた。以前この件について話したとき、「わたしはどちらかと言うと、『スーパー』も関連があると考えていた」と彼は認めた。七年前に初めて取り上げたときに比べて「スーパー」が技術的には、「あまり変わっていない、つまり、デザイン、コスト、供給可能性、軍事的価値が未知の武器」と、彼は未だに考えていた。七年の間にただ一つ変わったのは、国の世論であった。彼は次のように指摘した。「二人の経験を積んだプロモーターが、動いています。すなわち、アーネスト・ローレンスとエドワード・テラーです。このプロジェクトは、テラーにとって長い間大切なものでした。そしてローレンスは、ソ連がまもなく『スーパー』に取り掛かること、わが国はこれを打ち負かす方がよいことをオペレーション・ジョー（ソ連の核爆発）から学習すべきだと確信しています」

オッペンハイマーはじめ一般諮問委員会（GAC）のメンバーすべてが、水爆製造に関する技術的問題には未だとてつもなく難しい問題があると信じていた。しかしオッペンハイマーとコナントは、「スーパー」の政治的な意味合いにも、深く頭を悩ましていた。「わたしが心配するのは」と、オッペンハイマーがコナントに書いている。「ロシアの前進（核兵器における）が突きつける問題に対する答えとして、これが議会と軍部両方の想像力をかき立ててしまったことだ。この武器の研究に反対するのはばかげているだろう。研究をしなければならないことは、常に承知している。確かにやらなければならない。しかし、わが国と平和を守る手段として、これを決心したということは、わたしには危険に満ちているように思われる」

統合参謀本部がすでに大統領に対して、水爆の突貫計画を要請していることを述べた後、オッピーは心配していた。「有能な物理学者たちの論調にも、変化の兆候がある」。ハンス・ベーテさえ、ロスアラモスに戻ってフルタイムで「スーパー」に取り組むことを考えている、と彼は書いた。

実際はベーテは未だ決めかねており、その日の午後プリンストンに到着することになっていた。彼はエドワード・テラーと一緒にやってきた。テラーはロスアラモスに戻る物理学者を集めるために、国内を回っていた。テラーの話では、ベーテはすでに承知したという。ベーテはこれに異を唱え、自分はオッピーのアドバイスを得るためにプリンストンに来たと言う。それなのに、オッペンハイマーの態度が「自分と同程度に優柔不断で、どうすべきか迷っている」と、ベーテは見て取った。「わたしは彼から、期待していたアドバイスを得ることができなかった」

オッピーは「スーパー」に関する彼自身の見解は、ほとんど何も明らかにしなかったが、コナントは突貫計画には反対しているとだけ、ベーテとテラーに話した。しかしここに来るまでテラーは、オッピーがこの武器に確実に反対すると考えていたので、彼の態度がはっきりしないのを目にして、意気揚々《ようよう》とプリンストンを後にした。これならベーテがロスアラモスに参加してくれると、彼は期待した。

しかしその週末近くに、ベーテは水爆について友人のビクター・ワイスコップと話し合った。ビクターは、熱核兵器を使った戦争は自殺行為であると主張した。「われわれ二人の意見は一致した」と、ベーテが言った。「このような戦争の後には、たとえ勝ったとしても、われわれが守ろうとした世界は無くなってしまう。戦いの目標であったものを、われわれは失ってしまうだろう。二人はこの点で同意せざるを得なかった。これは二人にとって、非常に長い、非常に難しい対話だった」。数日後ベーテはテラーに電話して、決断について話した。「テラーはがっかりしたが、自分はほっとした」ことを、ベーテは覚えている。しかし、この決断にはワイスコップが重要な役割を果たしているにもかかわらず、気が変わったのはオッペンハイマーのせいだと、テラーは思い込んだ。

一方オッペンハイマー自身は科学的、政策的、倫理的な不安を抱えながら、この問題に関する苦渋《くじゅう》に満ちた、難しい会議を続けていた。GACの議長としての役割を責任をもって引き受けた彼は、自分の本能とか性向を極力抑えるよう努力した。彼は聞き役に回るようにした。しかし、コナントはそのような制約を感じていなかった。十月二十一日付のオッペンハイマーの手紙を受け取ると、コナントは即座に鋭い反応を示した。おそらく電話でだと思われるが、もし「スーパー」が一般諮問委員会の議題に上ったら、「自分は、愚かなこととしてこれに必ず反対する」とオッピーに伝えた。

一九四九年十月二十八日金曜日の午後二時、オッペンハイマーはコンスティチューション通りに面したAEC会議室に、一般諮問委員会第一八回目（一九四一年一月から数えて）のミーティングを招集した。つづく三日間をかけて、イシドール・ラビ、エンリコ・フェルミ、ジェームズ・コナント、オリバー・バックリー（ベル電話研究所の所長）、リー・デュブリッジ、ハートレー・ロー（ユナイテッドフルーツ社役員）、シリル・スミスが、ジョージ・ケナンとオマール・ブラッドリー将軍などの証言者の話を聞いて、「スーパー」のメリットを慎重に討議することになる。AEC理事のルイス・ストローズ、ゴードン・ディーン、デビッド・リリエンソールが、一般諮問委員会のいくつかのセッションにも出席した。出席しただれもが、トルーマン政権はソ連の成果に対応して、何か強く具体的な行動を取っているように見せる必要があることを理解した。リリエンソールはその前日、自分の日記に記した。アーネスト・ローレンスとその他の「スーパー」推進論者は、見通しが変わってきたことで相好を崩しており、「血に飢えている」と言うほかない。「これらの男たちは、何も考える余地はないと思っている」と、彼は書いた。一般諮問委員会が正式に開催される直前に、ただ一人欠席した委員会メンバーである化学者グレン・シーボーグから受け取った手紙を、オッペンハイマーは取り出した。一九五四年に、オッペンハイマーの批判者は、彼がシーボーグの意見を皆に見せなかったと示唆したが、同委員会のメンバーの一人シリル・スミスは、ミーティングが始まる前にオッピーが全員にその手紙を示したことを覚えている。シーボーグはしぶしぶだが、米国が水爆を開発しなければならないと思い始めていた。「わが国がこれに相当な努力を投入するだろうという見通しを、わたしは遺憾《いかん》に思うけれども、残念ながらやってはいけないという結論には達していないと告白せざるを得ない。このような計画を実行しないよう勧告する勇気を持つためには、その前にしっかりした議論を聞く必要がある」と、彼は書いている。

オッペンハイマーは、他の人々が意見を述べるまで自分の意見は表明しないとした。「彼は、ついに自分の意見は述べなかった」と、デュブリッジは回想する。「テーブルの端から順番に全員が意見を述べたが、どれも否定的な答えだった」。リリエンソールは、「透き通るように青ざめた」コナントが次のようにつぶやくのを聞いた。「フランケンシュタインを一つ造ってしまった」。二つ目を造るのは狂気の沙汰と言わんばかりだった。週末の議論の間中、「オッペンハイマーはコナントのリード」に従ったことを、ラビは後に思い出した。ディーンによると、「道徳的な意味合いが、かなり突っ込んで議論された」。リリエンソールは土曜日夜の日記に記した。「コナントは道徳的な根拠から水爆に頭から反対した」。原子爆弾と「スーパー」の間に道徳的な違いはないと、バックリーが提案したとき、「道徳性にも等級がある、としてコナントは同意しなかった」と、リリエンソールは述べている。最終決定は一般投票ではなく、ワシントンで下されるとストローズが指摘したとき、コナントが答えた。「これが行き詰まるか否かは、わが国が道徳の問題をどう見るかに懸かっている」。コナントはさらに尋ねた。「これは機密扱いが解除されるのか。つまり、このような議論はなかったということか？」

日曜日早朝までに、出席した一般諮問委員会メンバー八人全員の間で、同意が出来上がった。彼らは「スーパー」を開発するための突貫計画には、科学的、技術的、道徳的な見地から反対するとした。ラビとフェルミは、彼らが「どの観点からしても凶悪なもの」と呼んだ武器に対する彼らの反対を条件付きとした。それは米国が、「世界中の国に呼びかけて」、この兵器は造らないとする「厳粛な誓約を行う」という条件であった。オッペンハイマーは、このラビ-フェルミの限定条件に署名するのにもたもたしたが、結局は、彼と委員会の大多数は、水爆製造計画の加速には反対を表明した。その根拠は、このような兵器が抑止力として不必要であるばかりでなく、米国の安全保障にとって有益でないことであった。

オッペンハイマーも、『『スーパー』が核分裂型爆弾より、安くできるかそれとも高いか』という、実際的な議論を提供したが、核兵器政策はもはや、道徳性の配慮されない環境で決定すべきではないことを、委員会のレポートは明らかにした。「スーパー」の科学的、技術的研究によって、このような兵器完成のチャンスが五〇パーセントは残っていることを彼らは確信して、これを完成させる突貫計画が、いかに米国の安全保障をむしばむか、という点をまず明らかにした。

しかし問題を技術的、政治的な考慮に限定することは、委員会の失敗であるばかりか、職務怠慢でもあるというのが、委員共通の意見であった。何と言っても彼らは、マンハッタン計画選りすぐりのベテランであり、原子爆弾製造のために必要な科学知識を提供した男たちであった。彼らがあの仕事を引き受けたのは、熱心な愛国者としてであった。彼らは、新しい武器を戦争で使うと固く決心していた政府の指導に従った。オッペンハイマーは、日本にその兵器を使用することに対して、道徳的な異議を唱えたレオ・シラードとロバート・ウィルソンのような科学者を抑えて仕事に取り組んだ。しかしそれは、未だ原子爆弾がまったく新しいものであった時代、そして彼らが国家政策といった問題に経験がなかった時代に、総力戦という文脈の中で起こった議論であった。

しかし今一九四九年は、状況がまったく異なっていた。アメリカは戦争をしておらず、核兵器開発競争はソ連の成功を機に新しく危険な方向に向かいつつあった。そしてGACのメンバーはアメリカで最も深く情報に通じている経験豊かな原子核科学者であった。地球上の生命を絶滅させることができるような武器を、軍の政策的密室の中で議論するわけにいかないと、全員が同意していた。技術的な評価と同程度に道徳的評価も関係していた。

「この武器の使用は、数えきれないほどの人命を奪う」と、オッペンハイマーは書いた。「軍事的または半軍事的目的の物的施設の破壊だけに、選択的に使えるような武器ではない。したがってその使用には、原子爆弾自体以上に、民間人を大量に絶滅させる方針がかかわっている」

オッペンハイマーは「スーパー」が大き過ぎることを恐れていた。言い換えれば、熱核装置のためのどんなに適正な軍事目標を持ってきても、「小さ過ぎる」ということである。広島に投下した原爆が、TNT火薬一万五〇〇〇トン相当の爆発力があるとすれば、熱核爆弾は、もし完成すればだが、TNT一億トンの威力を持つだろう。「スーパー」は単なる都市破壊兵器としては、あまりに大きかった。一五〇から一〇〇〇平方マイル、あるいはそれ以上を簡単に破壊するだろう。GACのレポートが結論として述べているように、「『スーパー』爆弾は、大量虐殺の武器になるかもしれない」。たとえそれが決して使われなかったとしても、米国がこのような大量虐殺兵器を備蓄しているという事実は、最終的には米国の安全保障を損なうだろう。「われわれの兵器庫にそのような兵器が存在することは、世界の世論に計り知れない影響を及ぼすだろう」と、GACレポートは述べている。理性的な考えの持ち主なら、アメリカがハルマゲドンの実行を考えていると結論するかもしれない。「このように、われわれの手にある武器の心理的効果は、われわれの利益にとってマイナスであることを、確信している」

コナント、ラビその他の人たちと同様に、オッペンハイマーは「スーパー」が「決して造られない」こと、そしてその製造を拒否することが、ロシアとの軍縮交渉再開を可能にすると期待していた。『『スーパー』爆弾は決して造ってはいけない、というのがわれわれの信念である。このような兵器の実現可能性を実証しない方が、人類はずっと幸せであろう』と、オッペンハイマーが多数派意見として書いた。

マックジョージ・バンディが後に言ったように、GAC報告の著者は、一九七〇年代に最終的に折衝が始まる軍縮条約の、基本的な論拠を提出していた。しかし、提案が受け入れられなかったら、どうするか？ ソ連が最初に「スーパー」を手にしたらどうなるか？その場合、ソ連は実験を行うだろう。実験せずに水爆を完成できるはずがないし、このような実験が検出されることは保証済みである。「ソ連がこの兵器の開発に成功するかもしれないという議論に対しては、仮にその議論をわれわれが受け入れても、ソ連に対する抑止力にはならないとお答えしたい。彼らが、われわれに対してその兵器を使ったとしたら、わが国の大量の原爆備蓄による報復は、『スーパー』の使用に比較的有効であろう」

事実、どんな目標も小さ過ぎるということから、「スーパー」が利用可能な軍事兵器でないということになれば、小型の、戦略的な核兵器のための核融合可能な物質製造を加速する方が、経済的でもあると同時に軍事的にもより有効であろうと、オッペンハイマーおよびGAC報告は主張した。従来型の軍事力を西ヨーロッパに増強することと併せて、そのような「戦場用」核兵器は、考え得るソ連の侵略に対し、より有効で信頼性の高い抑止力を西側に提供するだろう。それは核の「十分な量」に関する、最初の真剣な提案であった。これは不合理な備蓄競争を通してため込む核武装ではなく、特定の任務のために計画された核兵器の集積を提案する、戦略的な概念であった。

オッペンハイマーは、GAC審議の結果に満足した。彼の秘書キャサリン・ラッセルは、それほど確信は持てなかった。GAC最終報告のタイプを終えた彼女は予言した。「これは、あなたに多くのトラブルをもたらしますよ」。それにもかかわらずオッピーは、一九四九年十一月九日にAECの理事会が、三対二でGAC勧告を支持したことを知って喜んだ。リリエンソール、パイク、スマイスは、「スーパー」全面的強行策に反対票を投じた。ストローズとディーンは賛成した。

「お人よしにも」、オッペンハイマーは「スーパー」との戦いに勝ったと思った。しかし、テラー、ストローズを始め水素爆弾支持者たちが、反撃を開始していたことがまもなく明らかになる。ブライアン・マクマホン上院議員は、「GACレポートを読むと吐き気がする」と、テラーに話した。ソ連との戦いは「避けられない」、とマクマホンは思い込んでいた。衝撃を受けたリリエンソールに向かってマクマホンは、米国はソ連にやられる前に、彼らを地上から吹き飛ばすべきだと考えていると言った。シドニー・サウアース海軍提督は警告した。「それ（水爆）はわれわれが造るか、ソ連が造って無警告でわが国に落とすかのどちらかだ」。他のワシントン当局者の多くは、似たような黙示録的反応を示した。このようにして「スーパー」についての議論は、冷戦の根底にあるヒステリーを表面化させ、政策立案者と政治家を永久に対立する二陣営、軍拡派と軍縮派に二分した。

活発な議会工作に応じて、トルーマン大統領は、AEC議長リリエンソール、国防長官ルイス・ジョンソン、国務長官ディーン・アチソンに、この問題をもう一度検討し最終勧告を作成するよう要請した。リリエンソールは、もちろん「スーパー」の開発に断固として反対だった。ジョンソンは、それを支持した。アチソンだけが態度未定だった。しかし、鋭敏な政治的本能の持ち主である彼は、ホワイトハウスが何を望んでいるか知っていた。オッペンハイマーが水爆について説明した後、国務長官はオッピーによるGAC報告書の説明を、単純すぎる言葉で片付けた。「なあ、重要な問題だと思うから慎重に耳を傾けたんだが、オッピーが何を言おうとしているか理解できなかった」。彼は同僚に話した。「被害妄想の敵に対して、『例を挙げて』軍備縮小するよう説得するなど、できやしない」

アチソンの明らかな懐疑論を聞いてオッペンハイマーは、政府内にいかに同調者が少ないかを思い知った。しかしただ一人しっかりした盟友はジョージ・ケナンであった。ケナンはその秋、国務省の政策立案の一切のポストから身を引く準備をしていた。アチソンは一時、ケナンのアドバイスを重視したこともあるが、今やこの二人は基本的な政策課題で、意見が一致することはほとんどなかった。米国の封じ込め政策の生みの親であるケナンは、この政策がきわめて軍事化されたことに不満を抱いていた。ソビエトの非協力的態度に反発したトルーマン政府が、ソ連との協定を破棄して西ドイツに独立政府を樹立したとき、彼の幻滅は頂点に達した。そこで一九四九年九月末、挫折し孤立したケナンは、政府の仕事から完全に引退する意向を発表した。

ケナンがオッペンハイマーに初めて会ったのは、一九四六年に士官学校で講義をしたときだった。「彼は普通の茶色のスーツと、長過ぎるズボンをはいていた」と、ケナンは言った。「彼は名士というより、むしろ物理学の大学院生のようだった。彼はいつの間にか講壇の端に移動して、メモなしで四十分から四十五分間、だれも質問する勇気も出ないほどの驚くべききちょうめんさと明快さで話をした」

一九四九年から五〇年にかけての学期に、ケナンとオッペンハイマーは、相互の尊敬と教養に基づく緊密な友情をはぐくんだ。オッピーは核兵器に関する機密のセミナーのために、ケナンをプリンストンに招待した。またケナンは、英国とカナダによるウランへの接近の問題についても、オッペンハイマーと長らくかかわった。「彼は、すべての問題を高い水準に保った」と、ケナンはこれらの会議を思い出して語った。「彼は、知的な意味で素早く、正確に、そして大きな見通しをもって動いた。これらの会議では、だれもささいな事柄には関与せず、もっぱら知的な最善を果たそうとした」

「スーパー」についての議論の真っただ中で、ケナンは一九四九年十一月十六日に再びプリンストンにやってきた。彼とオッペンハイマーは、「核問題の現状」について徹底的に話し合った。オッピーは今回のケナンの訪問で大いに「元気づけられた」と思った。ケナンの意見は「空論でなく」、そして「思いやりのある」ものだった。ソ連の爆弾に対応する「スーパー」製造の一時中止を大統領が発議できないかと、ケナンはそのとき提案した。「わたしには、あなたの提案が合理的であると思われます」。オッペンハイマーは、その翌日ケナンに書いている。しかし「現在の世論の動向からすると」、安全に関する考え方が「ある意味で固定化し、絶対的なものになっている」。多くのワシントン関係者には、ケナンの提案は必ずしも合理的に受け取られていないと、ケナンに警告した。オッペンハイマーが政治的にいかに順応するようになったかを示す尺度になるが、彼はケナンに次のように忠告した。「あなたの提案はあまりに危険過ぎるとする議論に立ち向かい、これを克服する用意ができていなければなりません」

この忠告を受けた後ケナンは、「現時点では」水爆を造らないとの決定を発表する大統領演説の下書きに取り掛かった。この問題に関するGACの分析を大幅に反映した雄弁な言葉を駆使して、「ほとんど無限の破壊力を持つ」爆弾の開発を進めない理由として、ケナンは簡潔に三点を挙げた。最初に、「この武器は、まったく軍事的に利用できると思えない」。第二に、「絶対的な安全保障などというものは存在しない」。そして、米国の現在の核武装は、いかなる攻撃も十分に抑止する力を持っている。第三に、「われわれがこのような行動に出ることは、他の国が同じ事をする抑止力にならないことは確かである」。反対に「スーパー」を造ることは、他の国に同じ事をやろうという気持ちを起こさせるのも確かである。

このスピーチが実行されることはついになかったが、ケナンは次の六週間をかけて、この考え方に肉付けをし、核兵器の問題全体を再検討した八〇ページの正式な報告書にまとめた。彼はオッペンハイマーに草案を示したが、オッペンハイマーは、「まったく称賛に値する」ものと考えた。封じ込め政策を提案した一九四一年の《フォーリン・アフェアーズ》誌の論文ほど有名ではないが、この先見の明ある論文は初期の冷戦に影響を及ぼした文書であった。ケナン自身は後にこれを、「わたしが政府内で書いたすべての文書の中で、最重要とはいわないが、重要なものの一つ」と呼んだ。どんな議論を巻き起こすかを承知のうえで、一九五〇年一月二十日、ケナンはこれを「個人的な論文」としてアチソンに送った。

「覚書き—原子力の国際管理」と題するこの文書は、爆弾とソ連の両方に関して、トルーマン政権の考え方に流れている基本的前提に、真っ向から異を唱えている。ソ連からの脅威に対して安い万能薬と誤って見られているからこそ原子爆弾は危険であると、オッペンハイマーの展望を採用してケナンは論じた。オッピーの議論を繰り返し、「軍部の人間」はソ連の原爆入手に対する答えとして、「スーパー」に飛びついたと彼は書いた。「『決定的な』結果をもたらすという、また人類の深遠な問題もたやすく解決するという、漠然としているが非常に危険な見込みによって、クリーンでクリアな政策にとって重要な物事の理解を原子爆弾は損なうと同時に、国力の不正使用と浪費の方向へわれわれを運んでいくことを、わたしは恐れている」

オッペンハイマーが以前に提案したように、最初にソ連と広範囲の軍備制限体制を交渉することなしに、より恐ろしい大量破壊兵器「スーパー」の製造を支持しないよう、ケナンはアチソンに嘆願した。もしこれができないならば、米国は核兵器を国防の目玉にしてはならないと、ケナンは主張した。その代わり米国当局はソ連に対して、「われわれの基本的な軍事方針にとっては過剰なもの、敵によって使われる可能性に備えて、われわれが保有を強要されているものとして」核兵器を見ていることを明らかにしなければならない。

そのような武器が少量あれば、ソ連が西側に対してこの爆弾を使用することを抑止するに十分であろう、と彼は書いた。

この点でケナンのメモは、GACの一九四九年十月三十日の勧告に盛られた論理に従っている。しかしケナンは、オッペンハイマーが最近考えていたもう一つのアイデアを取り上げている。原子爆弾の膨大な備蓄に依存する代わりに、ワシントンは従来型兵器を、特に西ヨーロッパで大幅に増強すべきだというのだ。可能性ある進攻を阻止するために、十分な軍隊と従来型の軍備を、西ヨーロッパに配備する気が西側にあることを、ソ連は理解するはずだと彼は述べた。そのような従来型の抑止力によって、ワシントンは次に、核兵器を「先に使用しない」という方針を誓うことができる。アメリカは、「ソ連システムの根本的な変更を主張することなく、国防体制から（核兵器を）排除する方向へ、できるだけ速やかに移行すべきだ」と、彼は論じた。

ケナンはスターリン体制を、非難されるべき独裁体制と考えたが、スターリンを向こう見ずだとは考えなかった。ソビエトの独裁者は、確かに国内の帝国を守る決心だったが、それは必ずしも西側諸国に対して侵略戦争を仕掛ける意図があったことにはならない。そのような戦争は必然的に独裁体制の安定を脅かすものだからである。西側との戦いがソビエト連邦の崩壊につながる可能性が高いことを、スターリンは理解していた。「戦争はもうたくさんだという気持ちが蔓延《まんえん》していたと、わたしは確信していた。スターリンは、もう一回大きな戦争をしたいとは決して望んでいなかった」と、ケナンが後に言った。

要するに、一九四五年から四九年の間に、ソ連の西ヨーロッパ侵略を抑止したのは、米国による核の独占よりも、むしろソ連のやむをえない戦略的配慮だったと、ケナンは信じたのである。ソビエトが彼ら自身の原子爆弾を持つに至った現在、米国が核軍拡競争の悪循環に入ることは意味がないとケナンは主張した。オッペンハイマーと同様に、爆弾は最終的に自滅的な武器であり、したがって軍事的に無用であり危険であると、彼も思っていた。またケナンは、敵対するこの二国を比べると、ソ連の方が政治的にも経済的にも弱く、長期的には米国が、外交ならびに「世界紛争の抑止力としての力を思慮深く利用することによって」、ソ連のシステムを徐々に疲弊させることができるという自信があった。

八〇ページに及ぶケナンの「個人的な論文」は、オッペンハイマーの見方が非常に多く反映されており、彼と共同執筆されたものだと思われる。事実オッペンハイマー、ケナン共に、この論文の反響は、激しい政治的な嵐の接近を示しながら、二人の立場が急落していく徴候と受け取った。国務省内で回覧されたケナンのメモは、それを読んだ全員が、口にこそ出さないがはっきりと拒絶した。ある日アチソンはケナンを自分の部屋に呼んで言った。「ジョージ、この件で君が自説を主張するなら、外務省を辞めてもらう。僧服を着て缶を手に街角に立ち、『世界の終わりは来た』と説法でもするがいい！」

アチソンは、トルーマン大統領に文書を見せることさえしなかった。そのときまでにオッペンハイマーは、風がどちらに向いて吹いているか、完全に理解していた。エドワード・テラーの勝ちだ。しかし、もしそうだとしても、熱核装置の設計に関する技術的な障害が克服不能と判明することに、オッピーはまだ一縷《いちる》の望みを託していた。

「テラーとジョン（・ホイーラー）には好きなようにやらせるさ。そのうち転んで痛い目に遭うよ」。彼が言ったと伝えられる。一九五〇年一月二十九日、ニューヨークで開かれたアメリカ物理学会の会議で、彼はテラーとばったり顔を合わせた。そこで彼は、トルーマンが「スーパー」に関する彼の勧告を拒否すると思うと認めた。テラーは尋ねた。「もしそうなったら、ロスアラモスに戻って『スーパー』に取り組んでくれますか？」。「とんでもない」。オッピーはピシャリと断った。

翌日、GACの会議でワシントンにいた彼は、「スーパー」を議論するためにブライアン・マクマホン上院議員が招集した原子力合同委員会の特別会議をふらっと訪ねることにした。マクマホンが「スーパー」の突貫プログラムを承認するよう、大統領に活発に働きかけていること、自分の意見など歓迎されないことをオッペンハイマーは知っていた。しかし、とにかく彼は顔を出して、マクマホンと他の議員たちに言った。「ここに顔を出し、見落としたポイントについて、皆さんの反対と疑問を聞かないことには、臆病と言われると考えたのです」。彼の態度は、丁重な辞意の表明であった。ロシアが「スーパー」を手にして、アメリカが持たないときはどうなるか、と尋ねられて、彼は答えた。「ロシアがその兵器を持って、われわれが持たなければ、困るでしょうね。そして、ロシアがその兵器を持って、われわれも持っているとしたら、われわれは相変わらず困るでしょう」。肝心なことは、「われわれ自身がこの道をたどることは、相手の（『スーパー』爆弾の）開発を加速し確実にすることに他ならない」ということです、と彼は説明した。戦争で水素爆弾が使われた場合、地球は人間の居住場所として不適当になるかと、ある議員が彼に尋ねたとき、オッピーは口を挟んだ。「汚染、という意味ですか？」。実は人類の「モラルが生き残るかどうか」の方が心配だと彼は言った。彼はまったく穏当な態度で立場を説明し、出席者はだれも彼の論理に疑問を示さなかったが、帰りがけに感じたのは、だれの心も変えられなかったという思いであった。

その翌日の一九五〇年一月三十一日に、リリエンソール、アチソン、国防長官ルイス・ジョンソンは、「スーパー」について大統領と会談するため、旧国務省前の道を渡ってホワイトハウスに向かった。リリエンソールはまだ、突貫計画に強く反対だった。アチソンは、個人的にリリエンソールの異議の多くに同意はしたが、国内の政治要因から、トルーマンは強行策を採らざるを得ないと思っていた。「米国民は、このように生死にかかわる問題における核研究遅延方針を、絶対に我慢しないだろう」。ジョンソンはリリエンソールに言った。「われわれは、大統領を守らねばならない」。ことはそのように運んでいた。本当は国家の安全保障にかかわる問題であるのに、米国国内の政策との絡みで単純化され、その結果見当違いのものだとされてしまったのである。

にもかかわらず彼らは、リリエンソールが言い分を述べることに同意した。しかしいったん大統領執務室に入ると、リリエンソールがプレゼンテーションを始めるかどうかのうちに、トルーマンは彼を遮って尋ねた。「ロシアは、それを造れるか?」。全員が頷《うなず》くと、トルーマンは言った。「それなら選択の余地はない。前進しよう」。トルーマンは、「われわれが部屋に足を踏み入れる前に、明らかに態度を決めていたのだ」と、リリエンソールは日記に記した。その数カ月前リリエンソールは、議会の扇動者たちが「スーパー」を大統領の手に押し付けようとしていると、トルーマンに警告したばかりである。「わたしは抑え込んだりはしないよ」とトルーマン大統領は言った。ホワイトハウスから出るときリリエンソールは腕時計を見た。大統領は彼にぴったり七分間の猶予を与えていたのだ。リリエンソールに言わせると、それは丁度「強引な人に『ダメ』と言う」ようなものであった。

その晩、間違いなくしばらく前から準備中だったと思われるラジオ放送の中で、トルーマン大統領は「熱核兵器の技術的な実現可能性を見極める計画」を発表した。同時に大統領は、国の戦略計画全般についての再検討を命じた。これは、最高機密の政策資料（NSC・六八）にまとめられたが、主たる作成者はケナンの後継者として政策立案の責任者に任命された、国務省のポール・ニッツである。大量核兵器保有の主唱者であるニッツは、ソ連が世界征服に熱心であると表現した。彼は、「自由世界の政治的、経済的、軍事的力を、迅速《じんそく》かつ持続的に増強すること」を要求した。一九五〇年四月に発表されたNSC・六八は特に、核兵器を「相手より先に使用しない」方針を宣言するという、ケナンの提案を拒絶した。まったく逆に、核兵器の大量備蓄を、米国防衛戦略の基盤とすることになった。そして、そのためにトルーマンは、すべての構成の核弾頭を造る国の能力を拡大する産業の計画を認可した。

次の十年以内に、米国の備蓄核兵器は、約三〇〇の核弾頭から一万八〇〇〇近い核兵器にまで飛躍することになった。次の五十年間に、米国は七万個以上の核兵器を生産し、核兵器プログラムに投入される予算は五兆五〇〇〇億ドルという驚異的な数字になる。今から振り返ると、いや当時でさえすでに分かっていたことだが、水爆政策の決定は冷戦の軍拡競争における一つのターニングポイントであった。オッペンハイマーと同様、ケナンも完全に「愛想をつかした」。イシドール・ラビは憤慨した。「わたしはトルーマンを決して許さなかった」と、彼は語る。

トルーマンとの短い面会の後デビッド・リリエンソールは、関係するすべての科学者にこの決定を公的に議論しないよう大統領が要求したと、オッペンハイマーに話した。「それは葬式のようだった。特にわたしが、われわれ全員は猿ぐつわをはめられたのですね、と言った時はそんな感じだった」。痛ましいほどに落胆したオッペンハイマーは、GACの議長を辞すことを考えた。オッペンハイマーとコナントが国民全体にアピールするのではと心配したアチソンは、ハーバードの学長に向かって、「いいかね、荷車をひっくり返すようなことはするなよ」とくぎをさした。

アチソンの警告についてコナントは、公開の討論が「国益に反することになる」と、オッペンハイマーに話した。ここでもまたオッピーは、愛国的サポーターの役割を演じてしまった。彼が後に証言で述べたように、そのときは辞任することで、「すでに解決済みの問題を蒸し返す」責任があるようには思わなかった。コナントはある友人に書いた。「わたしとオッペンハイマーが辞任しなかった理由は、『少なくともわたしが辞任しなかった理由は』、わたしが良い兵士でなかったことを示したくなかったのだ」。振り返ってみれば、彼はこの決断を残念に思った。二人とも即座に辞任すべきであったと彼は思った。

もしそういう決断をしておけば、オッペンハイマーのその後の人生は、どんなに違った、良い人生になっていただろう。しかし、オッペンハイマーはそうしなかった。そしてコナント同様、オッペンハイマーも再び戦列に復帰した。それでも彼は、この決定を通過させた人々に対する軽蔑を隠すことができなかった。トルーマンの発表があったまさにその晩、ストローズの五四回目の誕生日を祝うパーティーが、ショアハム・ホテルで開かれ、オッペンハイマーは出席する義務があると感じていた。オッペンハイマーが一人で隅にいるのを見つけたリポーターは、彼に近寄ると、「あまり楽しそうじゃありませんね」と言った。するとオッペンハイマーが応えてつぶやいた。「これは、テーベの疫病です」。ストローズが自分の息子とその妻を、有名な物理学者に紹介しようとしたとき、オッペンハイマーは振り向きざまに無愛想に握手をすると、一言もしゃべらず離れて行った。無理もない話だがストローズは激怒した。

水素爆弾に関する決定は、公開討論もなしに内密に、そしてオッペンハイマーが信じる限り、結果に対する正当な評価もなしに行われた。秘密主義が無知な政策方針をかばう役割を果たしていたので、オッペンハイマーは秘密主義に対抗する決心をした。一九五〇年二月十二日、エリノア・ルーズベルトの日曜日朝のトークショーが、初めてテレビ放映されたとき、水素爆弾決定の方法が公然と非難された。ここにオッペンハイマーが出演していたことに、ストローズはかんかんに怒った。「これらは、複雑で技術的な問題です」と、オッペンハイマーは視聴者に話しかけた。「しかし、われわれの倫理のまさに根幹にかかわる問題です。事実を秘密にしたまま、これらの決定が行われることは、われわれにとって重大な危険です」。ストローズにとってこのようなコメントは大統領に対する抵抗を意味しており、彼はホワイトハウスに、オッペンハイマーの速記録を取り寄せて読むよう念を押した。

その夏遅く、『原子力科学者通報』の中で、「基礎にある事実は秘密にされたままで、これらの決定がなされた」と、オッペンハイマーは再び述べた。これは必要でもなく、賢いやり方でもなかったと彼は考えた。「関連した事実は、ある敵にとってほとんど役に立たないものだった。だがそれは、政策問題を理解するうえに不可欠なものである」。政権内のだれ一人として同意する者はいなかった。傾向はますます秘密主義の方向に進んでいった。

ほぼ五年の間オッペンハイマーは、彼の名声と著名な科学者としての立場を利用して、ワシントンでますます大きくなる国家安全保障関連体制に、内部から影響を与えようと努力した。左翼系の旧友フィル・モリソン、ボブ・サーバーのような人たち、それに彼自身の弟までもが、これは無駄なギャンブルであるとオッピーに警告した。一九四六年、原子爆弾の国際管理に関するアチソン＝リリエンソール計画が、トルーマン大統領によるバーナード・バルークの指名によってつぶされたとき、彼は挫折を経験している。ここで再びオッペンハイマーは、大統領および政権のメンバーを説得して、コナントがアチソンに向けて使った、「完全に腐った仕事」なるものから彼らを引き戻すことに失敗した。今や政府は、広島に投下した爆弾に比べて、一〇〇〇倍も殺傷能力がある爆弾の製造計画を承認したのだ。しかしオッペンハイマーは、未だ「荷車をひっくり返す」つもりはなかった。彼はますます率直に発言し、ますます疑われるようにはなったが、しかしそれでも依然インサイダーであり続けることとなる。

第31章　オッピーの暗い噂

まったく吐き気がするような話だ。しかしこれは、アメリカの生活にあなたが占める大きな名声に吹き付ける、ジブラルタルの海風のようなものだ。

デビッド・リリエンソールよりロバート・オッペンハイマーへ
一九五〇年五月十日

彼が後に、『スーパー』との大々的かつ下手な試合」と呼んだ出来事の余波の中を、オッペンハイマーは、手痛い失望を感じつつプリンストンに引きこもった。その春ジョージ・ケナンは、「あなたがどれほどわたしにとって知的な良心になったか、あなたは、多分お分かりでないだろう」と、オッペンハイマーに手紙を書いた。「スーパー」についての議論は、核戦争の脅威を根拠として、本能と感性を防衛戦略反対に集中させたこの驚異的な知識人二人の間に、ある連帯を育てた。

「当時のことを思い返すとき心に浮かんでくるのは、開放性こそ望ましいと、彼が強く主張していたことだ」。ケナンは言う。爆弾に関する情報を隠すことは、誤解の危険性を増すとオッペンハイマーは論じた。ケナンはオッピーの論点を回想して次のように語った。「将来の問題と武器の使用について、ソ連とできる限り率直な議論を尽くす必要があった」。核兵器は本質的に邪悪で大量虐殺につながるというオッペンハイマーの意見に、ケナンは賛成だった。「あのときに、これはだれも得をしない武器であるということが、人々の目に見えなければならなかった。これらの武器の開発によって、何かプラスなものが生まれるという考え全部が、わたしには最初からとんでもないことに思えた」

個人的にもケナンは、傑出した歴史学者として再出発するよう研究所に呼んでくれたこと、生涯オッペンハイマーに感謝することになる。「中年になってから学者になる機会を得たことは、あなたの信頼と励ましのおかげです。これを伝えることは、わたしの個人的責任です」。しかしケナンの研究所への招聘は、大変な論争の的だったのだ。学問的と見られる業績を何も発表していない外務省キャリア官僚として、何人かはその資格に疑問を呈した。ジョン・フォン・ノイマンは反対投票をして、ケナンが「これまでのところ歴史家でない」こと、「特筆すべき学問的著作を残していない」と、オッペンハイマー宛に書いている。例によってオズワルド・ベブレンが主導する大部分の数学者は、ケナンが単にオッピーの政治的な友人であり、学者ではないという理由で反対した。「彼らはケナンに憤慨し、これをオッペンハイマー攻撃の好機と捉えた」と、フリーマン・ダイソンは回想する。しかし、オッペンハイマーはケナンの知性を非常に高く評価しており、理事会でケナンの指名を強引に通した。そして所長基金からケナンに年俸一万五〇〇〇ドルを支払うと約束した。

オッペンハイマー自身が冷戦時の軍備増強に抵抗している問題点は、単に水爆だけではなかった。近い将来に核軍縮を進めることを、彼は一九四九年までにあきらめた。世界的に開放するというボーアの展望こそ、核時代の人類にとってただ一つの望みであると彼は未だに思っていた。しかし初期の冷戦の進展は、核兵器管理に関する国連での交渉が行き詰まっていることを明らかにした。その代わりにオッペンハイマーは、核と名がつくものすべてについて、政府および国民の間に高まる一切の期待に水をさすため、自分の影響力を利用しようとした。新聞はその夏、「航空機と軍艦に原子力を動力として使うことは非常にナンセンスである」と彼が言ったと報じた。一般諮問委員会（GAC）内部で、オッペンハイマーと他の科学者は、空軍のプロジェクト・レキシントン（原子力で動く爆撃機開発計画）を批判した。彼はまた、民間の原子力発電所に潜在する危険性についても話した。そのような声明は、核をベースにした技術の開発を支持した国防関係者や電力業界には、受けが良くなかった。

事実、軍関係者との体験を通じて、GACのメンバー全員が軍の核兵器計画をますます心配するようになった。リー・デュブリッジは回想する。「ソ連国内の目標物や主要な工業センターを壊滅させるには何個の爆弾が必要か、といったたくさんの議論が行われたことをわたしは知っている。そのときは、五〇個でソ連の基本的なものを消し去ることができる、というのが結論だった」。この予想はかなりいい線であるとデュブリッジはずっと考えていた。しかし時間とともにペンタゴンの代表は、この数字を何とか大きくしようと、口実を探し続けた。デュブリッジは回想して言う。「われわれは、ときどきこれについて笑ったものだ。ここ一、二年に入手できる爆弾の目標数については、どんな数字でも作れてしまうようだった。彼らは、完成すべき目標を生産目標に合わせてしまうのだ」

GAC会議でのオッペンハイマーのプレゼンテーションは、一般に申し分なく客観的だった。めったに感情を表すことはなかった。ただ一回例外が起こった。海軍中将ハイマン・リコーヴァーが、原子力潜水艦開発を急ぐことについて、委員会に概要を説明したときである。リコーヴァーは、AECが原子炉開発に真剣に取り組んでいないと不平を言った。

彼はオッペンハイマーに、原爆を開発したとき「すべての事実がそろう」まで待ったかと、詰問した。オッペンハイマーは、彼独特の氷のように冷たい青い目でじっと見つめた後、「そのとおりです」と答えた。この海軍中将は横柄《おうへい》なことで悪名高かったが、オッペンハイマーはリコーヴァーが退出するまで我慢した。それからオッピーは、リコーヴァーが置いていった小さな潜水艦の木製模型が置かれたテーブルに近づいた。船体に手を置くと、彼は静かにそれを押しつぶし、黙って立ち去った。

オッペンハイマーは、政敵の環を拡大していた。ルイス・ストローズは、相変わらずオッペンハイマーの最も危険な政敵であった。前年の夏オッペンハイマーが議会聴聞会で、どれだけ彼の勧告案をばかにしたか、忘れていなかった。「わたしにとって幸せな日々ではなかった」と、ストローズは一九四九年七月に友人に手紙を書いている。AEC内でいろいろな方針について、何度も繰り返し異議を唱え、ストローズは守勢に立っていると感じていた。オッペンハイマーとその友人たちを念頭に、ストローズは個人的に「彼らの目からするとわたしは、同僚と口論する厚かましさのため大逆罪を犯していると見られていた」。オッペンハイマーの親友ハーバート・マークスと彼の妻のアン・ウィルソン・マークスが、「ストローズは孤立主義者」であるという趣旨の噂を流していると、ストローズは確信していた。「科学的な問題についてオッペンハイマー博士と意見を異にする者はだれでも、傲慢と見なされるようだ」と、ある友人が言うと、ストローズは自分のファイル「テーマ／博識」の項に、オッペンハイマーはかつて、その後不可能であることが証明された、ウラニウムの変性処理を提案したことがあると記した。

ストローズはまた、オッペンハイマーが意識的に水素爆弾の研究を遅らせようとしていると確信していた。彼はオッペンハイマーのことを、「戦いたくない将軍であり、勝利はほとんど期待できない」と考えていた。一九五一年の初頭、すでにAEC理事ではなかったストローズはAEC議長ゴードン・ディーンのところへ行って、慎重に下書きしたメモを読みながら、オッペンハイマーは「プロジェクトの足を引っ張っている」と糾弾した。「何か根本的な手を打たなければならない」と彼は言ったが、オッペンハイマーを首にすべきことを強く意味していた。そしてオッペンハイマーを相手にした場合の政治的リスクを強調するかのように、芝居じみた仕草でメモをディーンの暖炉に放り込んでミーティングを終えた。意識的か否かは別として、ある比喩的なジェスチャーであった。つまり、国の安全のためには、オッペンハイマーの影響を灰にせよという要求であった。

さかのぼる一九四九年の秋、内々の議論ではあったが「スーパー」の問題がちょうど熱気を帯びていたころ、ストローズはオッペンハイマーに対する彼の疑いをあおる最高機密情報を知らされていた。解読されたソビエトの電信によれば、一人のソ連のスパイがロスアラモスの外で活動していたことを示していると、十月中旬にFBIは彼に知らせた。暗号電文は、英国の物理学者クラウス・フックスを指しているようだった。フックスは一九四四年に英国の科学ミッションの一員としてロスアラモスに到着した。その数週間後に、フックスが原子爆弾と「スーパー」両方の秘密情報に、十分なアクセスをしていたことが、ストローズその他に明らかになる。

FBIと英国がフックスを調査する間、ストローズはオッペンハイマーについて独自の調査を開始した。グローブス将軍に電話したストローズは、オッペンハイマーのFBIファイルにある情報に言及して、シュバリエ事件について尋ねた。これに応えてグローブスは、一九四三年に起こったこと、そしてなぜ自分がシュバリエの行動に関するオッペンハイマーの説明を受け入れたかを説明する、二通の長文の手紙をストローズに送った。彼は最初の手紙で、オッペンハイマーが忠誠なアメリカ人であったという彼の確信を強調している。第二の手紙で、彼はシュバリエ事件の複雑さを伝えようとした。

またグローブスは、この事件におけるロバートの振る舞いが、有罪につながるものではなかったことも明らかにした。彼はストローズに書いた。「左傾傾向のある友人との付き合いが過去にあったか、あるいはかつてロシアに同情的だったすべての人間を直ちに排除したならば、最も有能な科学者の多くを失うことになっただろう。これを理解することが重要である」

グローブスのオッペンハイマー擁護論に不満であったストローズは、有罪情報の探索を続けた。十二月初めまでに、彼はグローブスの元側近で、オッペンハイマーを嫌っていたケニス・ニコルズ大佐と連絡を取った。それから数年のうちに、ニコルズはストローズのアシスタントおよび腹心になる。二人の男は、彼らのオッペンハイマーに対する憎しみで結束《けっそく》した。そこでニコルズは、アーサー・コンプトンがヘンリー・ウォレスに宛てた一九四五年九月付の手紙のコピーを、進んでストローズに提供した。その中でコンプトンは、オッペンハイマー、ローレンス、フェルミを代弁していると伝えられているが、「スーパー」のような大量虐殺兵器を使って戦争に勝つよりは、「負ける方がいい」と述べている。この見解はストローズを憤慨させた。そして、オッペンハイマーの危険な影響に関するさらなる証拠を、コンプトンの手紙に発見する。コンプトンが手紙の中で、ローレンスとフェルミが彼の議論を支持したと書いても、ストローズは何の影響も受けなかった。

一九五〇年二月一日の午後、トルーマンが「スーパー」支持を表明した翌日、ストローズはJ・エドガー・フーバーから電話を受けた。このFBI長官は、フックスがたった今スパイ活動を白状したことを伝えた。フックスのロスアラモス転任に、オッペンハイマーは一切かかわっていなかったのだが、フックスのスパイ活動がオッペンハイマーの監視下で行われたとストローズは主張した。フックスのケースは、「あなたの『スーパー』に関する決定の妥当性をもっぱら強化するだけです」と、翌日ストローズはトルーマンに書いた。ストローズの考え方にとっては、フックス事件も、核技術と研究用同位体を英国その他のいかなる国とも共有することに対して、秘密主義であり反対であるという彼の強迫観念を正当化した。そして、ストローズとフーバーの両名にとってフックスの告白は、オッペンハイマーの左翼的過去を改めて洗うよう要求するものだった。

オッペンハイマーがフックスの供述書について知った日、彼は偶然グランドセントラル駅の有名なカキ料理店で、アン・ウィルソン・マークスと昼食をとっていた。「フックスに関するニュースを聞いたかい？」。彼はロスアラモス時代の秘書に尋ねた。ロスアラモスでのフックスは、いつも静かで、孤独な、むしろ感傷的なくらいの性格だった、という点で二人の意見は一致した。「ニュースはロバートにとって衝撃だった」と、ウィルソンは思い出す。他方で彼は、「スーパー」に関するフックスの知識が多分、非実用的な「牛車」モデルの域を出ていないだろうと思った。その週彼は研究所の同僚エイブラハム・パイスに、フックスが「スーパー」について知っていることを、ロシアの全国民に話してくれたらよかったと話した。というのは、「そうすれば彼らの計画が数年遅れになる」からだ。

ちょうどフックスの供述が周知の事実となる数日前に、オッペンハイマーは原子力合同委員会の幹部会議で証言した。一九三〇年代における彼の政治的かかわり合いに関して、初めて具体的に尋ねられたオッペンハイマーは静かに説明した。大恐慌の最中にわが国が直面していた諸問題に、共産党が何らかの答えを持っていると、お人よしにも考えたと。国内では学生たちが職を見つけることは難しかったし、海外ではヒトラーが脅威だった。彼自身党員であったことはないが、戦争中ずっと、何人かの共産党員と付き合いがあったことを、オッペンハイマーは進んで述べた。しかし徐々に、「共産党の正直さと完全性の欠如」を感じるようになっていた。戦争終了までには、「はっきりと反共産主義者になっており、以前の共産主義への共感がさらなる感染に対する免疫となった」と、彼は述べた。その「恐ろしい不正」と「秘密と独断の要素」について、彼は厳しく共産主義を批判した。

その後、合同委員会の若手スタッフであるウィリアム・リスカム・ボーデンは、オッペンハイマーに礼儀正しい手紙を書き、彼の出席に感謝している。「あなたが委員会に出られたことは正しかったし、多くの利益をもたらしたとわたしは思う」。イェール大学法学部の卒業生であるボーデンは、聡明《そうめい》で、精力的で、そしてソビエトの脅威に取り付かれていた。彼が戦争中に夜間任務でB24爆撃機を操縦していたとき、ドイツのV2ロケットがロンドンへ向かう彼の飛行機の傍らで光った。「それは流星に似ていた」と、ボーデンは後に書いた。「赤い火花を散らしながら、われわれをかすめていく。まるで航空機が止まっているようだった。ロケットが海を渡って直接アメリカを攻撃するのは、時間の問題だと確信するようになった」

一九四六年彼は、将来の「核のパール・ハーバー」の危険性に関する警告本『戦略革命／もはや時間はない』を書いた。将来は、アメリカの敵が核弾頭をつけた大量の大陸間ロケットを所有するだろうと、ボーデンは予測した。イェール時代、ボーデンと他の保守的な同級生は、ソビエト連邦に対して核の最後通告を出すよう、トルーマン大統領に訴える新聞広告を掲載した。「核戦争か、核による平和か、スターリンに決めさせよ」。扇動的な広告を見つけたブライアン・マクマホン上院議員は、原子力合同委員会に所属する彼の側近として、二十八歳のボーデンを雇った。「ボーデンは、近所に現れた新しい犬のようだった。年取った犬より大声で吠え、かみつき方は激しかった」。一九五二年に彼に会ったプリンストン大学の物理学者ジョン・ホイーラーが書いている。「彼が目にするところ、米国の兵器開発を遅らせたり、方向を誤らせたりする陰謀だらけだった」

ボーデンは一九四九年四月のGAC会議でオッペンハイマーに初めて会い、そこでオッピーが公然とプロジェクト・レキシントン（原子力で動く爆撃機を製造する空軍の提案）を軽んじたのを、彼は黙って聞いた。まるでそれでも十分に論争を提起しないかのように、オッピーは民間の原子力発電所を推進するAECの計画も批判した。「それは、危険なエンジニアリング事業である」。納得できないままボーデンは、オッペンハイマーが「生まれながらのリーダーであり策士」であるという印象を持って帰った。

しかしながらフックスの供述書の後ボーデンは、オッペンハイマーには単なる「策士」以上に危険な何かがあるのではないか、と考えるようになった。もっともなことだが、これらの線に沿った彼の疑いは、ルイス・ストローズによって吹き込まれたものである。一九四九年までに、ストローズとボーデンはファーストネームで呼び合う仲になり、ストローズはAECを去った後でさえ、AEC活動の監督責任を有する上院委員会のスタッフ委員と親交を深め続けた。程なく彼らは、オッペンハイマーの影響に対して似たような懸念を持っていることを理解した。

一九五〇年二月六日に、FBI長官フーバーが合同委員会で証言したとき、ボーデンも出席していた。明らかにフーバーは、委員会でフックスについて説明するために来たのだが、彼はオッペンハイマーについて延々と語った。当日委員会に出席していたのは、マクマホン上院議員と国会議員ヘンリー（スクープ）・ジャクソン（民主党・ワシントン州選出）であった。

ジャクソンとマクマホンは今回初めて、ハーコン・シュバリエが一九四三年にオッペンハイマーへアプローチし、戦時中の同盟国であったソ連と共有されるべきである科学情報があるのではないかと持ちかけた話をフーバーから聞いた。オッペンハイマーは最初から拒絶したとフーバーは報告したが、ボーデンの猜疑《さいぎ》心においてはこの事件が未だ疑わしいものに聞こえた。「スーパー」爆弾へのオッペンハイマーの反対は、共産主義の大義に対する邪悪な忠義が動機になっているのではないかと、彼は疑問に思い始めた。

一カ月後エドワード・テラーは、オッペンハイマーが戦後ロスアラモスを閉鎖したいと思っていたとボーデンに話した。「そして先住民に返そう」と、オッピーが言ったと彼は主張した。歴史家プリシラ・マクミランが文書化しているように、テラーはボーデンとオッペンハイマーの間を割くため熱心に動いた。マクミランによると、テラーは「ワシントンに行く度に」、わざわざボーデンに会うことを心がけたという。テラーは頻繁な手紙のやり取りにおいて、この年下の男の機嫌を取り、「熱核爆弾の計画は遅れ気味である。オッペンハイマーが原因をつくっている」と、繰り返し吹き込むことによってボーデンの疑念に油を注ぐのだった。ボーデンは、ロスアラモスの保安担当官がオッペンハイマーのことを、かつて「観念上の共産党員」であったと信じていた、とも聞かされた。そしてついに、キティ・オッペンハイマーがかつて、スペインで戦死した共産主義者と結婚していたということを、ボーデンは初めて知った。

戦場用の戦術核兵器論を展開するために、オッペンハイマーが最近彼の影響力を利用し始めたということを知って、ボーデン、マクマホン、ジャクソンはそろって愕然とした。空軍とその議会内の同盟者には、オッペンハイマーの動きが戦略空軍司令部の優位な役割を、徐々にむしばむ明らかな勢力と映った。ジャクソンと同僚たちは、SAC（戦略空軍司令部）が持っている破壊的原爆攻撃能力が米国の切り札的兵器になるものだと考えていた。「これまでのところ」と、ジャクソンがスピーチの中で言った。「われわれの原子力の優勢が、クレムリンを抑えてきた。核軍備競争において後れを取ることは、国家としての自殺を意味する。最近のロシアでの爆発は、スターリンが原子力に関して全力を尽くしたことを意味している。今こそわれわれも全力を尽くす時である」。原子力時代には、考え得るあらゆる敵に対してアメリカは絶対に軍事的優勢を保たねばならない、とジャクソンは感じた。このように、もし水素爆弾が完成可能であるなら、アメリカは最初の製造国でなければならない。彼の伝記を書いたロバート・カウフマンは、次のように書いている。「善意ではあるが、水爆の作製に対して意見する単純な科学者との経験を決して忘れなかった＊」

下院議員ジャクソンのような政治家は、オッペンハイマーをその単純さと劣った判断の持ち主として批判したが、ボーデンはさらに悪くオッペンハイマーのことを疑い始めていた。一九五〇年五月十日、ボーデンは《ワシントン・ポスト》の一面で、オッペンハイマーがかつてバークレーの自宅において、党のある会合を主催したと二人の元共産党員ポールとシルヴィア・クラウチ夫婦が証言したニュースを読んだ。カリフォルニア州上院非米活動調査委員会での証言においてクラウチ夫妻は、ケニス・メイが彼らを一九四一年七月に、ケニルワース通り一〇番地のオッペンハイマーの自宅まで車で送ったと主張した。そのちょっと前、ヒトラーはソビエト連邦に攻め込んでおり、アラメダ郡共産党の支部長としてクラウチは、戦争に関する党の新しい姿勢を説明することになっていた。約二〇人から二五人が集まった。シルヴィア・クラウチはオッペンハイマーの家での問題になっている会合、「特別セクション（非常に重要なグループなのでその構成が一般共産党員には秘密にされている）として知られている最上層共産党グループのセッション」について語った。シルヴィアも夫も、部屋の中でだれにも紹介されなかったと彼女は言う。彼女はその後一九四九年にニュース映画でオッペンハイマーを見たとき、初めてあの晩のホストがオッペンハイマーであったことを知った。さらにFBIから写真を見せられたクラウチ夫妻は、同会合にデビッド・ボーム、ジョージ・エルテントン、ジョセフ・ワインバーグがいたと主張した。シルヴィアはワインバーグの写真を見て、「科学者X」だと名指しした。下院非米活動調査委員会によると「科学者X」は、戦争中に原子爆弾の秘密を共産主義のスパイに伝えた人物とされている。カリフォルニアの新聞は、クラウチ夫妻の申し立てを「爆弾」と書きたてた。ポール・クラウチは、「西海岸のホイッテカー・チェンバーズ」と呼ばれた。これは元コミュニストの《タイム》誌編集者で、その証言が一九五〇年一月二十一日のアルジャー・ヒスの偽証有罪判決につながった男のことである。

＊二〇〇三年ブッシュ政権の予防戦争ドクトリンを作成したいわゆるネオコンに、ジャクソンは順に影響を及ぼした。一九六九年から一九七九年にかけて、ジャクソンの外交政策トップアドバイザーとなったリチャード・パールは、カウフマンに話した。「ミサイル防衛網建設に対するジャクソンの熱意、デタントと戦略兵器制限交渉（SALT）に対する彼の懐疑は、すべて彼の以前の経験と、彼がそこから学習したものから出発している。つまり、水素爆弾に反対した科学者の言うことを聞いていたら、スターリンは核を独占して、わが国は非常な苦境に立ったであろうということだ」

オッペンハイマーは直ちに、申し立てを否定する声明書を出した。「わたしは、共産党のメンバーであったことはない。わたしは、わたしの家または他のどこにおいても、このような目的で、このようなグループを集めたことはない」。オッペンハイマーは、「クラウチ」という名前を知らないとも言った。それから彼は続けて言った。「わたしがかつて左翼系の多くの人々を知っていたこと、いくつかの左翼系の組織に属していたという事実を隠したことはない。わたしが初めて原子爆弾プロジェクトの仕事を始めたときから、政府はこれらの問題を詳細に知っていた」。彼の否定声明文は広く新聞に報道され、問題は決着したように見えた。彼の友人たちは、大丈夫だよと彼を安心させた。カリフォルニアの新聞で「汚い事件」について読んだデビッド・リリエンソールは、クラウチ夫妻の証言についてオッペンハイマーに手紙を書き、「まったく吐き気がするような話だ。しかしこれは、アメリカの生活にあなたが占める大きな名声に吹き付ける、ジブラルタルの海風のようなものだ」と述べた。

しかし証言者に好意的でなかったリリエンソールは、この証言の影響を過小評価していた。ウィリアム・ボーデンは、クラウチ夫妻の申し立てが「本質的に信じられる」と思う旨のメモを書いた。ポールとシルヴィア・クラウチは、彼らの一九五〇年五月のカリフォルニアでの証言に先立つ何週間か前に、ＦＢＩによる徹底的な尋問を受けた。そのときまで彼らは、司法省が雇っていた報酬付き情報提供者で、国中の安保案件で定期的に、嫌疑のかかっている共産主義者に不利な証言をしてきた。

ノースカロライナ・バプティスト伝道者の息子ポール・クラウチは、一九二五年に共産党に入党した。その同じ年アメリカ陸軍の志願兵であった彼は、共産党の幹部に手紙を書いて、「革命活動の隠れ蓑《みの》としてエスペラント協会をつくった」と自慢した。この手紙は軍の検閲に引っかかり、彼がハワイのショフィールド兵舎で、共産主義の小グループを組織していたと結論された。「革命を扇動した」嫌疑で軍法会議にかけられたクラウチは、四十年という驚異的な懲役刑を宣告された。彼は裁判の中で、「わたしは友人である架空の人物に手紙を書く習慣がある。ときには王様とか他の外国人である場合もある。そのときわたしは想像上の場所に自分を置く」と、彼は証言した。

奇妙なことに、クラウチはクーリッジ大統領によって恩赦され、アルカトラズでの四十年の刑期をわずか三年務めただけで出所した。彼の以降の振る舞いが示唆しているように、これが二重スパイに転向した結果なのか、あるいは単に信じられないほどの幸運によるものであったかは、定かでない。しかし釈放と同時に、共産党は彼を「プロレタリアの英雄」として持ち上げた。しばらくの間、彼はホイッテカー・チェンバーズと机を並べて、《デイリー・ワーカー》の編集助手として働いた。それから一九二八年に、党は彼をモスクワに送り、彼が後に主張したところによると、レーニン大学で教育を受け、赤軍で名誉大佐の称号を与えられた。彼はまた、ソビエト軍のトハチェフスキ元帥に会ったこと、そしてその人は彼に「米国軍隊に浸透する」計画を明かしたことも主張した。実際には、ソビエトの受け入れ先は彼の振る舞いが混乱したと考え、まもなく追い払ったのだ。しかしながらアメリカに戻ると、共産党は彼を故郷の南部へ送り、そこで彼は社会主義国家と同志スターリンを称賛して回った。フロリダに定着して、彼は新聞記者と共産党オルグとしての仕事を見つけた。

説明不能だが、ある日彼はピケットラインを突破し、《マイアミ新聞》のスト破りとして働いた。同志に行動を見とがめられると、クラウチはカリフォルニアへ逃げ、そこで一九四一年まで、アラメダ郡の共産党支部の書記として働いた。彼は仲間には嫌われ、リーダーとしては無能であることが分かった。「彼はバーで一人飲みながら、長い時間を過ごしていた」と、スティーブ・ネルソンが書いている。一九四一年十二月、あるいは遅くとも翌年の一月に、街頭集会で暴力を引き起こしかねないと多くの人が考える活動を彼が提案したとき、地元の党員は彼の除名を要求した。彼は二重スパイから工作員に変わったのだろうか？　いずれにせよおそらくこの時点で、彼の党経歴は終わっており、一九四〇年代後期までに彼とその妻は著しくスムーズな転向をした。そして、元の同志たちに不利な証言をするプロとして現れた。一九五〇年までに、クラウチは司法省の給与台帳にも載る最高給の「コンサルタント」となり、次の二年間で九六七五ドルを稼ぐことになる。

その奇怪な経歴にもかかわらず、最初のうちポール・クラウチは、オッペンハイマーに不利な証言をする、信用できる証人のように見えた。クラウチは、ケニルワースコートのオッペンハイマー家について、その内部を詳細に述べることができた。彼が後にオッペンハイマーと特定した男は、彼にいくつかの質問をし、会議が終わった後でオッペンハイマーとは個人的に十分間話したと、彼はFBIに報告した。彼とケニス・メイは車で会合から帰ったので、メイはクラウチに「さっき話していた男はわが国で最高の科学者」と、教えてくれたとクラウチは言った。クラウチの話は、もっともらしく聞こえ、きわめて中傷的な詳細も備わっていた。

しかしオッペンハイマーには、クラウチが言う共産党のミーティングを主催することができなかったと証明するアリバイがあった。一九五〇年の四月二十九日と五月二日にFBIエージェントによって尋問を受けたオッペンハイマーは、彼とキティがバークレーから一一八七マイル離れた、ニューメキシコのペロカリエンテ牧場にいたと説明した。それは彼とキティが、生まれたばかりの息子ピーターをシュバリエ夫婦に預けて、ニューメキシコに行ったあの夏である。一九四一年七月二十四日オッペンハイマーは馬に蹴られ、その翌日サンタフェの病院でX線写真を撮ったと、証拠を示した。ハンス・ベーテはそのとき彼を訪ねており、事故を鮮やかに覚えていた。二日後の七月二十六日に、ロバートは「コウレス（NM）」の消印のある手紙を出している。最後に、キティの運転するオッペンハイマーの車がペコスへ向から道路で、七月二十八日にニューメキシコ鮮魚鶏肉会社のトラックと衝突した記録も残っている。これらのすべてによって、オッペンハイマーが連続的に、少なくとも七月十二日から八月の十一日または十三日までニューメキシコにいたことが明らかになった。クラウチが七月末に、ケニルワースコートの集まりでロバートに会ったという主張は、誤りか、妄想か、あるいは虚偽のいずれかであった。

時間がたつとともに、クラウチは非常に当てにならない情報提供者であることがはっきりした。一九五三年に航空会社社員で組合リーダーのアーマンド・スカラは、クラウチのもっと奇異な申し立てをハースト新聞社が報道した際、同新聞社を相手取った名誉毀損裁判で、五〇〇〇ドルの判決を獲得している。彼はジョセフ・マッカーシー上院議員の法外極まる糾弾にも、情報源を提供している。たとえば国務省によって雇用されていた共産主義者が白紙の米国パスポートを盗んで、ソ連秘密警察のエージェントに渡したというような主張である。その後一九五六年に、クラウチの証言があまりにもいいかげんだったため、共産党幹部に対する司法省の重要な訴訟で、最高裁は却下を余儀なくされるケースがあった。

結局、クラウチの嘘と演出は、彼に悪い結果をもたらす。シンジケート・コラムニストのジョセフとスチュワート・オルソップが、フィラデルフィアの共産主義者の裁判における偽証罪でクラウチを責めると、アイゼンハワー大統領の司法長官ハーバート・ブラウネルは、クラウチを「調査する」としぶしぶ発表した。これに対応してクラウチは、オルソップ兄弟に一〇〇万ドルを要求する裁判を起こし、ブラウネル長官には、「もしわたしの評判が低下することになったら、共産党幹部三一人の裁判をやり直すことになるだろう」と警告した。まもなく彼は、ブラウネル側近の忠誠を調査するようエドガー・フーバーに要求した。これを受けて《ニューヨーク・タイムズ》紙は、「司法省がどのようにしてクラウチ氏を利用し続けることができたか」、ワシントンの情報筋は理解できないと報道した。一九五四年末までにクラウチはハワイへ逃げ、そこで彼は「赤まみれの犠牲者」という表題で回顧録を書こうと試みたが、出版されなかった。そして、オルソップに対する名誉毀損訴訟が裁判になる前に、クラウチは死んだ。

それでもウィリアム・リスカム・ボーデンは、まだクラウチを信じられると思っていた。もしクラウチが真実を話しているならば、謎の人物オッペンハイマーは、共産党支持者オッペンハイマーとなる。一九五一年六月、ボーデンは彼のスタッフの一人ケニス・マンスフィールドを、オッペンハイマーのところへ行かせ話をさせた。マンスフィールドはオッペンハイマーが、アメリカの急速に拡大する核兵器保有量について、「非常に複雑な感情」を持っていることを知った。戦略核兵器（都市破壊兵器）にはただ一つの目的があると信じている、それはソ連による米国の攻撃を抑止することであると、オッペンハイマーは説明した。トルーマン政権が提唱した爆弾備蓄の倍増計画は、その抑止力を増やすわけではない。

戦術的な核弾頭は別問題であると、オッペンハイマーは説明した。一九四六年に、そのような武器を軽んじる趣旨の手紙をトルーマン大統領宛に書いた。しかし一九四九年のソビエトによる原爆実験の後、オッペンハイマーと彼のGACの委員はトルーマン政府に対し、「スーパー」に代わるものとして「戦場用」兵器を造るよう迫った。オッペンハイマーがマンスフィールドに言ったように、核兵器備蓄の軍事的有用性は、「爆弾の実数値よりも、戦争計画の知恵と運搬の技量」に依存する部分が大きかった。その当時米軍は、朝鮮半島で実戦の最中であった。オッペンハイマーは韓国での核兵器使用を支持しなかったが、戦場で使うことが可能な小型の戦術核兵器については、「明らかな必要性」があると主張した。「軍事行動の肝要な部分にあり、有用と認められる時に限り、原子爆弾は真に戦闘に役立つだろう」。彼は『原子力科学者通報』一九五一年二月号に書いている。

「わたしは、オッペンハイマーが（ソ連との）戦争を考えられないこと、割に合わないこととを見ているような印象を受けている」と、マンスフィールドはボーデンに伝えた。

　したがって彼は、彼の節制と節度の方針がどのような結果をもたらすか、本当によく考えるという点では欠けていると信ずる。彼の気難しい精神は、戦略爆撃の概念全体を基本的に不器用で乱暴なものと見ているのではないかと思う。それは、外科医のメスではなく、大きなハンマーを使うようなものだと言う。大きな想像力も働かせず、また洗練もされていないと言う。これが、特に科学者の間に発言が目立つ多様な道徳的感性と結びつき、ロシア人は基本的に専制的な政府の犠牲者であるという彼の深い信念が加わり、非戦闘員殺戮に対する彼の嫌悪に輪をかけると、繰り返して強調する。戦術的な用途開発の重要性は、これによってよりよく説明できるようになる。

　マンスフィールドの一九五一年六月のメモは、正確にオッペンハイマーの考えの精神と論理を捕らえている。しかしボーデンは、オッペンハイマーの政策勧告が論理によって説明されるという見込みに対しては、反対する決心を固めたように見える。別の暗い影響力が働き出したと彼は信じており、他にも彼の見解を共有する人々がいることがはっきり見えてきた。その夏の後半、ボーデンとストローズは集まって、オッペンハイマーに対して彼らが共有する不信感について議論した。ストローズは「会話の相当部分を費やして、オッペンハイマーに対する彼の懸念を表明した」ことを、会合の概要は記録している。オッペンハイマーが秘密の共産党大会を主催したというクラウチの申し立てについて、彼らは詳細に話し合った。

これを反証するすべての証拠を無視して、二人の男性はクラウチの話を信じた。そして、オッペンハイマーの背信に関する彼らの心は固まった。それでも彼らは、盗聴器による情報を使っても、この話を確認することは不可能であると、しぶしぶ結論した。ストローズはボーデンに言った。「連中（オッペンハイマーとその仲間）は今、電話には非常に慎重になっている。それはバーバー（ストローズが付けたジョー・ボルピーのあだ名）が、すべての電話盗聴を知り得る立場にあり、その情報を流しているからだ」。オッペンハイマーの科学界の友人たちは、彼を常に守るだろうと彼らは考えており、オッピーは自分が見張られていることを知っているように思われる。その他の当局者（おそらくＦＢＩだろう）も同様に、「決定的結論が出る可能性についてまったくフラストレーションを感じている、とわたしはストローズに指摘した」。ボーデンはこのように彼自身のメモに記している。

陰謀的な構造を持った彼らの心には、戦術核兵器を擁護するオッペンハイマーが、「スーパー」爆弾をブロックする策略を弄《ろう》しているとしか見えなかった。実際にボーデンは、オッペンハイマーが一九五〇年から五二年にかけて、またスタニスロー・ウラムとテラーが「スーパー」の設計上の問題を一九五一年六月に解決した後も、「スーパー」開発遂行に反対するため、彼の影響力のすべてを利用したと確信していた。オッピーがその設計は「技術的に甘い」と言って、その開発を不本意ながら黙認したことなど、彼らにとっては何の問題でもなかった。彼とGACに関係している仲間は、「スーパー」専用の第二武器研究所を建設するというテラーの提案を再三にわたり拒否しており、ボーデンとストローズにとっては、それだけでオッペンハイマーの継続的な抵抗の十分な証拠であった。しかし、オッピーとGACの仲間には、彼らなりの理由があったのだ。アメリカ科学界の人材を、二つの武器研究所の間で二分することは、科学的進歩を推進するより、むしろ阻害すると彼らは信じていた。

その同じ年、テラーはオッペンハイマーを糾弾する長い理由書を持ってFBIを訪れた。彼の訴えの一般的なテーマは、オッペンハイマーが「水爆の開発を遅らせたか、遅らせようと試みたか、または邪魔しようとした」というものであった。ロスアラモスでインタビューを受けたテラーは、ほのめかしを駆使して、オッペンハイマーを中傷するために全力を挙げた。彼はFBIに、「オッペンハイマーはモスクワからの直接命令によって、水爆の開発に反対していることを、多くの人々が信じている」と告げた。彼自身を防御するためテラーは、「オッピーが国に対して不誠実とは思わない」と言った。その代わりに彼は、オッペンハイマーの振る舞いが個人的欠陥によるものであると決め付けた。「オッペンハイマーは、非常に複雑な人間であり、傑出した人間である。青年時代に彼は、生涯に影響を及ぼしたかもしれない、ある種の身体的あるいは精神的な発作に悩んだことがある。彼は科学に大きな野心を持っており、彼が理想とする偉大な物理学者には未だ達していないことを理解している」。結論としてテラーは、オッペンハイマーの政府関連の職務に終止符を打つためだったら、「自分にできることは何でもする」と言った。

オッペンハイマーの影響を排除しようと、必死になっていた水爆推進者はテラー一人ではなかった。一九五一年九月に、デビッド・グリッグスUCLA地球物理学教授は、米国空軍のための主要科学コンサルタントに任命された。一九四六年にランド社のコンサルタントであったグリッグスは、オッペンハイマーの保安許可問題について噂を耳にしたことがあり、そして今、彼の直属のボスであるトーマス・フィンレター空軍長官は彼に、「オッペンハイマー博士の忠誠に関しては深刻な疑念を持っている」と話すのだった。フィンレターもグリッグスも、新しい証拠は何も持っているわけではなかったが、「オッペンハイマー博士がかかわるすべての行動パターン」から、自分らの疑念には信憑性《しんぴょう》があると二人とも信じていた。

オッペンハイマー自身は、空軍のリーダーシップの健全性を疑った。彼は空軍の殺人的な計画に愕然とした。一九五一年に、空軍の戦略的な戦争計画を彼は見せられた。彼に衝撃を与えるに十分なスケールで、ソビエト都市の壊滅を実現する、犯罪的な大量虐殺の戦争計画であった。「それは、わたしがこれまでに見たこともないほど、いまいましいものだった」と、彼が後にフリーマン・ダイソンに語っている。

一九五一年、ちょうどフィンレターのために働くことになってから数週間後、グリッグスはカルテックの科学者の一団と会合するため、空軍代表団を率いてパサデナに向かった。カルテックのリー・デュブリッジ学長を議長とするこのグループの任務は、高度に機密性の高いレポート「ビスタ計画」を完成することであった。これはソ連が西ヨーロッパに地上から進攻した場合、核兵器がどのような役割を演じ得るか、について検討するものであった。グリッグスと他の空軍当局者は、レポートが戦略的爆撃を軽んじるという噂を耳にして、警戒心を強めていた。伝えられるところによると「ビスタ計画」の作者たちは、都市攻撃用熱核爆弾より、小型の戦術的な核弾頭を優先することによって、「戦いを戦場に戻す」ことを約束したという。

同レポートの第五章は、戦術的な目的であっても、実際の戦場で熱核爆弾を使うことはできないとさえ主張し、もしワシントンが核兵器を「最初に自ら使用しない」政策を公式に採用したら、米国の利益に適うだろうと示唆した。同章はまた、貴重な核分裂可能物質に関して、SAC（戦略空軍司令部）が受け取ることができる量は、国全体の供給可能量の三分の一に限定すべきことを勧告している。残りは、戦術的戦場兵器として陸軍が使用するというのである。グリッグスはこの勧告に激怒したが、第五章の主要な筆者がロバート・オッペンハイマーであることを知って驚かなかった。

オッペンハイマーは、「ビスタ計画」パネルのメンバーにさえ入っていなかった。しかしデュブリッジはその審議に彼を連れてきて、結論をはっきりさせるのを助けてもらった。オッピーはいかにも彼らしく、パネルの資料を読むのに二日を費やし、それから一気に、論争の的とはなるが、非常に論理的な第五章の原案を書き上げた。オッペンハイマーの説得力を恐れて、グリッグスと空軍の同僚は、レポートを封じ込めるために、あらゆる手段を講じたが、際立った成果はなかった。一九五一年のクリスマス直前、デュブリッジ、オッペンハイマー、それとカルテックの科学者チャールズ・ローリッツンは、NATO軍最高司令官ドワイト・アイゼンハワー将軍に「ビスタ計画」の結論について説明するため、パリに到着した。彼らは、二、三個の戦術的核弾頭があれば、ソビエトの武装軍団に対して何ができるかを説明して、軍人であるアイゼンハワーに感銘を与えた。状況説明は「成功」したと、オッピーは思った。

フィンレターはこの過失について知ったとき、「頭から湯気を出して」激怒した。空軍はアイゼンハワーがオッペンハイマーの考え方に接触することを望まなかった。それは原子力関係予算を、空軍より多く要求する陸軍に肩入れしているからである。

ストローズもまた腹を立てて、後にアイオワ選出上院議員で、原子力合同委員会の保守派メンバーであった、ボーク・ヒッケンルーパーに手紙を書いている。「昨年オッペンハイマーとデュブリッジがアイゼンハワー将軍とパリで会って以来ずっと、わたしは彼らの訪問の主目的が、原子力の状況に関する彼らのもっともらしいが見掛け倒しの政策を将軍に吹き込むことにあった可能性を懸念してきた」。空軍参謀総長ホイト・バンデンバーグ将軍は、オッペンハイマーの影響力に非常に驚いて、空軍の最高機密情報へのアクセス許可リストから、この科学者の名前をこっそり削除した。

大量虐殺戦争に対する特効薬として、オッペンハイマーが戦術核兵器の方を重視したことが、予想外の結果を引き起こした。「戦いを戦場に戻す」ことによって、彼は核兵器が実際に使われる可能性を高めたのだ。彼は一九四六年に、核兵器が「政策の武器ではなく、それ自体が全面戦争の概念を究極の形で表現したものである」と警告した。しかしながら一九五一年までに、彼は「ビスタ報告書」の中で次のように書いている。「ほかにもいくつかの手段があって、勝利が第一義的なものである作戦においては、戦術核兵器が補助的にのみ使用されるべきものであることは明らかである。本来戦術核兵器は、全面戦争やテロのための兵器ではなく、ほかに方法がない場合でも戦闘力が得られる兵器である」。戦術核兵器がさらに大型の核兵器でのやりとりを引き起こす核の仕掛け線となるかもしれないというのは、空軍が正当な戦略という名目を隠れ蓑にしてアルマゲドン的破局を企てるのを阻止すべく、オッペンハイマーが必死になっているときには目を留めようとはしなかったシナリオであった。

さらにグリッグスとフィンレターは、核戦略についてのもう一つの分析である、核攻撃に対して国の防空態勢を強化する最善の方法を述べた、MITの機密報告書「一九五二年リンカーン夏季研究グループ」に対するオッペンハイマーの影響力によって悩まされた。戦略空軍司令部（SAC）が牛耳《ぎゅうじ》っていた空軍は、資源をSACの報復的戦力から他に移すような、いかなる軍事投資も嫌った。そして、まさにそれが「リンカーン研究グループ」の提案したことであった。「戦略空軍司令部所属のB41飛行隊の大半」を「比較的射程の長い誘導ミサイルで武装した長距離迎撃機（インターセプター）」に転換するというものである。オッペンハイマーは防空を優先することは理にかなっていると考えていたが、SACの司令官たちは全員が爆撃機のパイロット上がりで、防空に徹するのはまったくの敗北主義だと思っていた。

一九五二年の末、フィンレターと他の空軍当局者は、だれかがリンカーン研究グループの総括報告書を、オルソップ兄弟に流したことを知ってぞっとした。犯人はオッペンハイマーだと確信したフィンレターは、「オッペンハイマーとオルソップ兄弟の共謀に対する怒りでいっぱいだった」。

一九五二年の春の初めグリッグスは、オッペンハイマーとGACが「スーパー」の開発を妨げていると、ラビに話した。ラビは怒って彼の友人を弁護し、グリッグスにGAC審議の議事録を読むべきだと示唆した。それを読みさえすれば、オッペンハイマーがどれくらい公正に会議の議長を務めたか、理解できるだろうと言った。彼はそれから、敵対する両名をプリンストンで引き合わせる会合を準備すると申し出、グリッグスはこれに同意した。

一九五二年五月二十三日午後三時三十分にグリッグスは、意思疎通を試みる面談のため、オッペンハイマーのプリンストン事務所に入った。オッペンハイマーは論争の的となった、水爆の開発に反対する勧告が載った、一九四九年十月のGAC報告を取り出した。これは、牛の前で赤旗を振るようなものだった。官僚的な敵を安心させるために、オッピーはかなりの魅力を駆使しようとすればできたかもしれない。しかし、彼は自分を抑えられなかった。彼はグリッグスの中に、軍人や野心的な物理学者に同調してばかげた権力欲に取り付かれた、もう一人の凡庸《ぼんよう》な科学者、エドワード・テラーの影を認めた。オッペンハイマーはこのような男の前に出ると、へりくだることができず、彼らの会話は急速に緊張していった。水爆が数個あれば米国は世界を制覇できると、フィンレター長官が自慢していた話を流したか、とグリッグスがオッペンハイマーに尋ねると、そのときまで抑えてきたオッピーの堪忍袋の緒が切れた。グリッグスをじっと見つめるとオッピーは、その話は聞いた、そしてさらに、本当の話と信じていると告げた。自分はそのとき同じ部屋にいたが、フィンレターはそんなことを言わなかった、とグリッグスは主張したが、オッピーはその部屋にいた疑う余地のない情報源から聞いたと答えた。

今や中傷合戦になり、オッペンハイマーは次いでグリッグスに尋ねた。「あなたはわたしを親ロシア的と考えるか、単に頭が混乱していると考えるか」。グリッグスは、答えが分かっていれば答えたいが、と応じた。「さて、あなたはわたしの誠実さをかつて攻撃したことがあるか?」。オッペンハイマーが尋ねた。「オッペンハイマーの誠実さが疑われているのを聞いたことが事実ある、そして、フィンレター長官、空軍参謀総長ホイト・バンデンバーグと一緒に、危険人物としてオッペンハイマーを話題にしたことがある」と、グリッグスは答えた。ここまで言われてオッペンハイマーは、グリッグスのことを「偏執狂」と呼んだ。

グリッグスはオッペンハイマーが危険だという確信をいっそう深めて、怒ったまま部屋を後にした。その後彼は、フィンレターにこの出会いについて「秘密に」話をした。オッピーとしては、グリッグスは害を及ぼすほどの重要人物でないと、素朴に考えていた。このプリンストンでの過ちを上塗りするようなことを、オッペンハイマーは数週間後に、フィンレター本人と昼食をとったときに繰り返してしまう。空軍長官の補佐官は、二人の男が一対一で会って、彼らの違いを徹底的に論じ合うときだと考えた。オッペンハイマーは議会での証言があって遅れて到着した。洗練されたウォール街の弁護士フィンレターは、何度もオッペンハイマーを打ち解けさせる努力をしたが、オッペンハイマーは昼食の間、憮然とした表情で座ったままだった。オッペンハイマーは軽蔑の気持ちを隠す様子もなく、「信じがたいほど無礼」であった。何百万人以上も殺す目的で、ますます多くの爆弾を造る決心をしているこれら空軍関係者を、オッペンハイマーはひどく嫌うようになっていた。彼の心にとって彼らは非常に危険で、道徳的に非常に鈍く、ほとんど彼らを政敵として迎えていた。数週間後、フィンレターとその仲間は、原子力合同委員会に対して、「オッペンハイマーが危険分子であるか否かについては」未決の問題と言わざるを得ないと申し入れた。

オッペンハイマーに対するフィンレターの糾弾は、核問題の議論に携わっている関係者が追いやられていた両極端を反映している。オッペンハイマー自身は、この伝染に免疫があるというわけではなかった。一九五一年六月に彼は、従来型の防衛を確立するため政府にロビー活動することを目的とする非公式なグループで、彼もメンバーの一人であった「現在の危険に関する委員会」に対して、オフレコでスピーチを行った。原稿なしで話した彼は、西ヨーロッパの本当の防衛、つまり「ヨーロッパの自由を守り、原子爆弾の破壊から守る」ための防衛を論じた。「ロシア国民と付き合うとき考えなければならないのは、われわれが対応する相手は、統治者にほとんど忠実でない、野蛮で後進的な人々であるということだ。われわれの最高の政策は、究極的に武器としての核物質を廃絶することでなければならない」。彼はこのように結論した。

彼の考えがいったいどれくらい進化したかを測る基準として、オッペンハイマーは一九五二年までに、予防戦争の可能性をはっきりと口に出している。これはわずか三年前に、彼が大いに嫌っていたアイデアである。確かに、彼が実際にそれを主唱したことは決してなかったが、彼はその可能性を何度か機会があるごとに持ち出している。一九五二年一月に、オッペンハイマーはオルソップ兄弟と議論をし、ジョー・オルソップは次のように述べている。「オッピーの線は、率直に言えば、予防戦争にすごく近いものであった。敵となる可能性のある国が、わが国を破壊する何らかの手段を築き上げているときに、われわれがただ傍観していることはできないと言うのだ」

一九五三年二月に、オッペンハイマーは外交問題評議会で話をして、予防戦争の概念が現在の状況下で意味を持つかどうか尋ねられた。彼は答えた。「意味を持つと思います。わたしの一般的な印象は、米国は物理的には生き残るということです。今すぐ発生するだけでなく、あまり長く続かない戦争なら、損害は受けますが物理的には生き残ります。それが良いアイデアと考えているわけではありません。虎を自分の目で見るまでは最悪の危険を想定するものですが、それは危険にはまり込むことだと思います」

一九五二年までに、オッペンハイマーは全ての面からワシントンに飽き飽きした。トルーマン大統領は、あまりにもしばしば彼の助言を無視するので、政策決定関連の仕事すべてから手を引く準備をしていた。五月初旬、彼はワシントンのコスモス・クラブで、ジェームズ・コナントおよびリー・デュブリッジと昼食をとった。三人の友人は、ワシントンにおける彼らの立場を同情し合い、噂話をした。その後コナントは、日記に記した。「何人かの男たちが、AECのGACに関係するわれわれ三人に向けて、斧を取り出した。われわれが水爆を故意に遅らせていると主張する。そしてオッピーの暗い噂！」。本当に悪化する恐れがあるビジネスとの、十年以上にわたる付き合いに嫌気がさした三人は、今や彼らをGACから外そうとする動きが足元に迫っているのを知り、その年の六月にそろってGACに辞表を提出した。オッペンハイマーは、これから物理学に専念するつもりだと弟に手紙を書いた。「物理学は複雑で、驚異に満ちている。観客として接する以外、わたしには難し過ぎるかもしれない。いずれ再びたやすくなるとは思うが、かなり時間がかかるだろう」

しかし、ワシントンから逃げ出すことは、そんなに簡単ではなかった。GACを辞めたときでさえ、AECのゴードン・ディーンは彼を説得して、契約ベースのコンサルタントとして残らせた。これによって、彼の保安許可Qは、もう一年間自動的に延長された。そして、それで終わりというわけにはいかなかった。四月には、ディーン・アチソン国務長官の要請に応じて、軍縮に関する国務省の特別コンサルタントのパネルに参加することに同意した。一緒にパネルに列するのは、バネバー・ブッシュ、ダートマス大学学長ジョン・スローン・ディッキー、CIA副長官アレン・ダレス、カーネギー国際平和基金理事長ジョセフ・ジョンソンであった。例によってパネルは彼を議長に選んだ。

またアチソンは、パネルの書記としてハーバード大学の三十三歳の政治学教授マックジョージ・バンディを入れた。「マック」バンディは、ヘンリー・スティムソンの右腕であるハービー・バンディの息子であったが、オッペンハイマーに大変会いたがっていた。バンディは頭が良く、明晰で、機知に富んでいた。ハーバードのジュニア・フェローとして、彼はスティムソンが一九四八年に書いた回顧録『平和と戦争における積極的な貢献について』を共同執筆した。そして、広島と長崎の原爆投下を擁護した一九四七年二月《ハーパー》誌所載のスティムソンの有名なエッセイ「原子爆弾使用の決定」のゴーストライターとして、バンディは核兵器に関連するいくつかの評価不能な問題点にすでに精通していた。最初に会ったときから、オッペンハイマーはこの早熟で若いボストンの名家出身者が好きになった。その後バンディは、新しい友人に異例に謙遜した手紙を書いて言った。「あなたが先週わたしを教育してくださった忍耐に対しては、感謝の言葉も見つかりません。あなたのご努力を無駄にしないよう、何か有用なことができればよいと願うばかりです」。またたく間に二人の男は、「親愛なるロバート」、「親愛なるマック」で始まる手書きの手紙をやり取りする仲になる。その手紙の中で彼らは、ハーバード物理学科のメリットから妻の健康に至るまですべてを論じた。バンディはロバートのことを、「すばらしく、魅力的で、かつ複雑」だと考えた。

まもなくバンディは、この新しい友人の後ろを反対派が付け回していることを知る。初期の会議のうちの一つで、オッペンハイマーと彼の仲間のパネリストは、主要な疑問は「生き残りの問題」であることには同意した。そこでは米国とソ連が、実際に毒針を使わずに戦争をするか、あるいはしないかの、「サソリの膠着状態《こうちゃく》」に陥るという。テラーとその仲間が、その秋の終わりころ初期設計の水素爆弾をテストしたいと望んでいることを、オッペンハイマーは知っていた。それで、この最初の一歩を踏み出す前にワシントンとモスクワがどんな熱核装置についても実験の完全禁止に同意すべきだろうと、バネバー・ブッシュが提案すると、オッペンハイマーは興味をそそられた。そのような条約は、禁止に違反すればすぐに発見されるから、査察を義務づける必要はない。そしてテストなしでは、水爆が信頼できる軍の武器として発達することはできないだろう。熱核軍備拡大競争は、発生前に止めることができるはずだ。

オッペンハイマーが主宰するパネルは、六月にケンブリッジにあるバンディの家（ハーバード・スクエアから自転車で行ける距離にある、十九世紀に建築されただだっ広い家）で開かれ、彼らの議論は続いた。ジェームズ・コナントは、非公式の参加者として加わった。コナントは、核兵器の件で苦い思いをしていた。バンディのメモによると、コナントは不平を言った。「普通のアメリカ人」は核爆弾をソビエトを脅かす武器と考えているが、「もっと重要な事実は、現在および将来において、他国によるそのような打撃がアメリカ合衆国にもたらされるということでもある」。水爆なしでも、大都市を除く米国の都市は、一発の原爆で吹き飛んでしまうとコナントは主張した。部屋の中で反対する者はだれもいなかった。

一般市民の無知は十分に問題だが、もっと悪いのは、「米国の軍事エスタブリッシュメントのリーダーたちの態度である」と、コナントは言った。わが国の将軍たちは、ほとんど排他的にこの兵器に頼っている。それは「全面戦争になった場合に勝利できる主要な希望」として頼っているのである。わが国が従来型の戦力を充実させれば、「米国は現在の原子爆弾依存から脱却することができる」。しかしそのためには、「核兵器は長い目で見れば結局アメリカに対する脅威となる」ことを、将軍たちに説得しなければならないと、コナントは言った。

コナントはオッペンハイマーの後押しなしで、二十年後に「先制使用放棄政策」として知られることになる提案をした。「今後いかなる戦争が起きても、核兵器を使う最初の国にはならない」ことを、米国は公式に発表すべきであると彼は言った。また熱核爆弾実験の暗黙の一時停止発表というブッシュの提案にも同意した。オッペンハイマーは、両方の考え方を支持した。特に一時停止についてのパネル論議は、きわめて説得力があった。彼らはアチソンに言った。

水爆実験が成功すれば、この分野でソビエトがいっそうの努力をするさらなる刺激となることは、ほとんど避けがたいように思われる。ソ連の努力水準が、すでに高いというのは事実かもしれないが、熱核兵器が実際に可能であること、そしてわれわれがその製造方法を持っていることをソ連が知るならば、彼らの努力は相当加速されるだろう。またソ連の科学者は、放射性降下物質を分析することによって、装置の大きさを割り出せるだろう。

熱核兵器の最初の実験が、「マイク」というコードネームで、その年の秋に予定されていること、そしてこれを阻止するいかなる試みに対しても、空軍が強硬に反対することを、オッペンハイマーと同僚は知っていた。自分たちの考えの健全性には確信があったが、それを公にする手段がなかった。すべての原子力問題の周辺は、厚い秘密のベールで覆われており、彼らの懸念について話すことは、保安許可を危うくすることにつながった。そこで彼らは、現在の核兵器政策は行き詰まっていることを、もう一度ワシントンの外交政策関係者に納得させようと努力した。しかし一九五二年十月九日、トルーマンの国家安全保障会議は、オッペンハイマー・パネルが提案した水爆実験一時停止を、にべもなく拒絶する。ロバート・ラベット国防長官は怒りを込めて言った。「そのような考えは直ちに心から追い出すべきだ。そしてこの主題に関して書類が残っていたら廃棄すべきだ」。外交政策問題の世界では実力者のラベットは、一時停止案のニュースが漏れたら、ジョセフ・マッカーシー上院議員が大喜びして、国務省やアドバイザー委員会を調査にくるだろうと心配した。

三週間後に、アメリカ合衆国は太平洋で一〇・四メガトンの熱核爆弾を爆発させ、エルゲラブ島が消えてなくなった。明らかに意気消沈したコナントは、《ニューズウィーク》の記者に話した。「わたしは、今後原子爆弾とは一切縁を切る。わたしは、達成感を感じられない」

一週間後、別のパネルの、国防動員局の科学顧問委員会で、オッペンハイマーは九人の他のメンバーと厳しい表情で座っていた。水爆実験に抗議して辞任すべきか否かが話題になっていた。政府には専門家のアドバイスに耳を傾ける気がないことを「マイク」実験は証明したと、多くの科学者は感じた。オッピーの旧友リー・デュブリッジが辞表の草案を回した。しかし結局は、次の政権がコースを変えるかもしれないというかすかな望みから、辞表を保留することで彼らは納得した。望みの確率が低いことは、彼らには分かっていた。ある時点で、ＭＩＴ学長ジェームズ・キリアーンがデュブリッジの方に身を乗り出して囁いた。「空軍の一部の人たちが、オッペンハイマーの後をつけているらしい。そう知って準備しておかなければならないよ」。デュブリッジは衝撃をうけた。だれもが未だにオッピーを英雄と見ていると、うかつながら彼は考えていたのだ。

一方オッペンハイマーはマック・バンディと共同して、国務省の軍縮パネルのために最終報告書の下書きをしていた。ドワイト・アイゼンハワーがホワイトハウスに入るころ、この文書は辞任間近のアチソン国務長官に送り届けられた。もちろんそのとき、この論文は非常な機密扱いで、アイゼンハワー政権の少数の高官に限って配布された。もしこれが一九五三年に出ていたら、きっと論争の大旋風を引き起こしていただろう。実際に筆を執ったのはバンディであったが、アイデアの多くはオッペンハイマーのものであった。すなわち、核兵器はまもなくすべての文明を脅かすことになろう。ほんの数年のうちに、ソ連は一〇〇〇個の原子爆弾を持ち、「それからまた数年のうちに、五〇〇〇個」を持つことになるだろう。これは「文明を終焉《しゅうえん》させ、そこに住む大量の人々の命を奪う力」を構成するというものである。

ソ連と米国の「核の手詰まり」が、「奇妙な安定」に進化し、そこで両国がこの自殺的な兵器の使用を抑えるかもしれないと、バンディとオッペンハイマーは認めた。しかし、もしそうだとしても、「これほど危険な世界は、平穏にはならないだろう。そして平和を維持するためには、政治家が一度だけでなく、毎回軽率な行動に反対する決断を下すことが必要である」。そして、「核軍備拡張のコンテストが何らかの形で和らげられない限り、われわれの社会全体が、きわめて深刻な危機にますますはまっていく」と、彼らは結論した。

そのような危険に直面して、オッペンハイマー・パネルの委員たちは、「率直さ」という理念を推進したのである。過度に秘密を守る政策は、アメリカ人を独りよがりで、核の危険を知らない国民にしている。この問題を修正するために、新政権は「核が危険であることを国民に伝えなければならない」。驚いたことにパネリストたちは、「核兵器生産の量と影響」を国民に公表し、それによって「ある一点を超えたら、単にソ連に先行するだけでは、ソ連の脅威を防ぐことはできないという事実に注意を向けるべき」である、とまで提案した。

「率直さ」の概念は、ニールス・ボーアから直接影響を受けたものである。ボーアは保安が「開放性」と密接不可分につながっていると、常に主張していた。これに関して、オッペンハイマーは今でもボーアの預言者であった。長く行き詰まっていた国連の軍縮会談に、彼はもはや何も期待していなかった。しかし、「率直さ」によって、核兵器に頼ることの真の危険性を米国民に知らせることができ、同時に米国は先制攻撃でこれらの武器を使う意図がないというシグナルを、ソ連に送ることができるように、新政権が理解してくれることを彼は望んでいたのだ。そのうえ軍縮パネルは、ソ連との直接的で継続的なコミュニケーションを、強く勧告した。アメリカにおける核保有の規模ならびに性質の概要、それとワシントンがこの備蓄を減らすために、二国間会談を強く望んでいることを、クレムリンは知っていたはずである。

アイゼンハワー政権が一九五三年に、オッペンハイマー・パネルの勧告を受け入れていたならば、冷戦は今と異なる、より非軍国主義的な軌道を取っていたかもしれない。この歯がゆい思いがする推測は、バンディが一九八二年に《ニューヨーク・ブック・レビュー》誌に掲載した論文「失われた機会 - 水爆禁止」の中で、深く追究している。そしてソビエト帝国崩壊以降、ロシア歴史文書館の資料は、初期冷戦時代に関する基本的な仮定を再考するよう歴史家に迫っている。歴史家メルビン・レフラーが書いている。「敵側の記録文書を見ると、東欧の共産化、中国共産党の支援、朝鮮半島での戦争について、ソビエトには周到に用意した計画はなかったことが明らかである」。スターリンはドイツに関する「マスタープラン」を持っておらず、米国との軍事衝突は避けたかった。スターリンは第二次世界大戦終了後、一九四五年五月に一一三五万六〇〇〇人であった軍隊を、一九四七年六月には二八七万四〇〇〇人にまで縮小している。これはスターリン時代でさえ、ソ連には侵略戦争を始める能力も意図もなかったことを示している。後年ジョージ・ケナンは、次のように書いた。「軍事的に西ヨーロッパを制圧することが彼らの利益に適うとソ連が見ていたとか、いわゆる核抑止力が存在していなかったら、彼らはその地域一般に攻撃を開始したと、わたしは一度も考えたことはない」

スターリンは残酷な警察国家を運営したが、それは経済的にも政治的にも腐敗した全体主義国家であった。一九五三年三月にスターリンが死んだとき、後継者ゲオルギ・マレンコフとニキータ・フルシチョフは、非スターリン化の道を進み始めた。マレンコフもフルシチョフも共に、核兵器開発競争が内蔵する危険性を、健全に評価していた。量子物理学にも関心があった技術官僚のマレンコフは、一九五四年の演説で政治局を唖然《あぜん》とさせた。戦争で水素爆弾を使用することは、「世界文明の破壊を意味する」と、彼は演説の中で言ったのである。不安定で移り気なリーダーであったフルシチョフは、ときどき彼一流の荒っぽいレトリックで西側の肝を冷やした。しかし実際には、後の「雪どけ」と関係する類の外交政策を推進し、グラスノスチ〔民主化を推進したゴルバチョフ政権のスローガン〕の最初の曙光《しょこう》さえ見え始めていたのである。彼は一九五五年に西側との軍縮交渉を再開し、五〇年代末までには、ソビエト防衛予算を大幅に削減した。一九五三年九月に核兵器に関する最初のブリーフィングを受けた後、「数日間眠ることができなかった」と、フルシチョフは回想している。「それからわたしは、これらの武器を使うことはおそらく不可能だろうと、確信するようになった」

オッペンハイマーとそのパネルが描いていた、いわば急進的な軍備制限体制をフルシチョフに説得するには、驚異的な努力を要したであろう。しかしアイゼンハワー政権は、その道を取る努力さえしなかった。それでも、評価の高い駐ソ米国大使でありソビエト学者としても有名なチャールズ（チップ）・ボーレンは、核兵器その他の問題でワシントンがマレンコフと意味ある交渉をしなかったために、機会は失われたと回顧録の中で書いている。

一九五三年までに、米ソの政策オプションは冷戦によって柔軟性を失っていたが、ワシントンの状況はクレムリンよりも良いとは言えなかった。核の「巨人」をランプの中に戻すことはできなくとも、せめてランプの傍らから離れないようにしようとするオッペンハイマーの根強い努力は、当時の国内政治権力と真っ向からぶつかることになる。共和党が政権の座についた今、これらの権力はオッペンハイマーを「ランプ」に押し込めて海に流してしまおうと決心したのだ。

第32章　ジャングルの野獣

われわれは、瓶に閉じ込められた二匹のサソリにたとえられるかもしれない。お互いに自分自身の生命の危険を冒さずに、相手を殺すことができない。

ロバート・オッペンハイマー

一九五三年

オッペンハイマーは、暗くて重大な何かが彼の将来に横たわっているという漠然とした予感を長く抱いていた。一九四〇年代末のある日、彼はヘンリー・ジェームスの短編『ジャングルの野獣』（強迫観念、苦しめられた自己中心主義と実存的な不吉を予感する話）を読んでいた。物語の内容に釘付けになったオッペンハイマーは、すぐハーブ・マークスに電話をした。「彼は、この本をハーブにぜひ読んでほしいと言っていました」と、マークスの未亡人アン・ウィルソン・マークスは回想する。物語の中心人物ジョン・マーチャーは、何年も前に会った女性に再会し、彼女は彼が以前、ある予感に取りつかれていると打ち明けたことを思い出す。「若いころから心の奥深くに、何か珍しく奇妙なもの、多分巨大で恐ろしいものが待ち受けているという感覚を持っていたと話したわね。その何かは遅かれ早かれあなたに襲いかかり、骨の髄までその予感と確信が染みこんでいて、そしてそれはおそらくあなたを圧倒すると、言っていた」
広島以後オッペンハイマーは、いつか彼自身の「ジャングルの野獣」が現れて、存在を変えてしまうという、奇妙な感覚を引きずって生きてきた。ここ数年間、彼は自分が後をつけられていることを知っていた。そして、彼を待っている「ジャングルの野獣」がいるとすれば、それはルイス・ストローズであった。

ジョー・ワインバーグが最終的に無罪になる約六週間前の一九五三年二月十七日、したがってオッペンハイマーが未だ危険を感じていたときだが、それにもかかわらずオッペンハイマーはニューヨークで講演をした。これは基本的に、彼とバンディが新しいアイゼンハワー政権に最近提出し、核兵器に関する「率直さ」を要求した、軍縮問題関連レポートの機密扱いではないバージョンであった。歴史家パトリック・マクグレイスによると、オッペンハイマーはアイゼンハワーの同意を得てこの講演をしたが、これがワシントンの政敵を怒らせることを、彼は確かに承知していたという。この非公開講演に選ばれた聴衆は、外交問題評議会メンバーであった。同評議会は厳選された者の集まりであるという、まさにそのために、彼の講演内容がワシントン内の軍部および議会関係者に、大きな反響を巻き起こしたのは確かである。その日の聴衆の中には、若い銀行家デビッド・ロックフェラー、《ワシントン・ポスト》のユージン・メーヤー、《ニューヨーク・タイムズ》の軍事問題記者ハンソン・ボールドウィン、クーン・ローブ投資銀行のベンジャミン・バッテンウィーザーといった、外交政策分野の錚々《そうそう》たる人物の顔があった。またその晩は、「ルイス・ストローズ」が出席していた。

親友リリエンソールによる紹介の後、オッピーは今夜の演題は「核兵器と米国の政策」であるとして話を始めた。礼儀正しい笑いと共に、「厚かましいタイトルですが」と付け加えながらも、「もっと小さなタイトルにすると、わたしが伝えようとする考えと明確に異なる心配がある」と、参会者の静聴を求めた。

それから彼は、核兵器に関する問題はほとんどが機密扱いなので、「わたしは機密を漏らさずに、その性質を明らかにしなければならない」と述べた。アメリカ合衆国は戦後、「ソ連の敵対心と同国の戦力について、大量の証拠を把握する」必要性に迫られていると、彼は指摘した。この冷戦における核の役割は単純であると、この国の政策立案者は結論した。「先を越そう。確実に敵に先んじよう」

この競争の現状に触れてオッペンハイマーは、ソ連は核実験を三回行い、相当量の核分裂可能物質を製造していると報告した。「わたしは、その証拠を提示したいと思うが、できない」と、彼は言った。しかし、ソ連がアメリカに対してどのような位置に立っているか、不確実だが推定を述べることはできると言った。「わたしはソ連がわれわれに、およそ四年遅れていると考える」。これはいくぶん心強く聞こえるかもしれないが、広島に投下された一個の爆弾の効果を説明した後、この新しい兵器はますます致命的なものになると両陣営が理解している、とオッペンハイマーは述べた。漠然とミサイル技術について触れながら、技術的開発が「よりモダンで、より柔軟で、妨害がより難しい」ミサイルを生み出す、と彼は言った。「これらはすべて、順調に進行している」と続けた。「これらの事柄に関してわれわれがどの程度の位置にいるのかを、詳細でなくてもよいが、定量的に、とりわけ信頼してもらえる程度に全員が知っていなければならない、というのが私の意見である」

どんなことを理解するにも、事実は絶対に必須だった。しかし、事実は機密扱いされていた。「わたしは、それらについて示すことができない」と彼は言って、もう一度秘密主義という頭痛の種を強調した。「わたしが言うことができるのは、次のことです。わたしはこれらの見通しについて、科学者か政治家、民間人か役人かを問わず、責任あるグループとざっくばらんに話したことはない。見たものを大きく不安がったり、深刻になったりせずに、事実を常に見続けることができるような、いかなるグループとも話したことがない」。十年先を見通すと、「今ソ連が米国に四年遅れているというのは、ささやかな気休めでしかない。われわれがせいぜい結論できることは、いかに深遠な戦略的観点から見ても、われわれの二万発目の爆弾が彼らの二〇〇〇発目の爆弾を打ち落とす事態にはなり得ない」。

具体的な数字は明らかにしなかったが、米国の核兵器備蓄は急速に進んでいるとオッペンハイマーは述べた。「われわれは、この武器を使用する自由を持たなければならないと、初めから主張してきた。そして、われわれがこれを利用する計画のあることは一般に知られている。同時に一般に知られているのは、敵に対するきわめて大量で、初期的で、無制限の戦略的攻撃に使用するという、かなり固定化した決意がこの計画の一つの要素になっている、ということである」。もちろんこれは、大量虐殺的空爆によって、ロシア中の多くの都市を壊滅するという、戦略空軍司令部の計画を簡潔に定義したものであった。

原子爆弾は、「たとえばヨーロッパで発生する大きな戦闘が、長期化して皆を苦しめている今の朝鮮動乱のようになることを防ぐために、考えられるほとんどただ一つの戦略手段である」と、彼は続けた。だがヨーロッパ人は、「これらの武器が何であるか、何個あるか、どのように使うのか、そして、何をするのかについて知らない」。

核の分野における秘密主義は、広範な噂と憶測、およびはっきりとした無知を生んでいると彼は告発した。「重要な事実が、わずかな人たちにしか知られていないと、ことはうまく進まない」。前大統領ハリー・トルーマンは最近、アメリカ大陸を攻撃できる核兵器の保有をソビエトが進めていたという見方を軽視した、とオッペンハイマーは鋭く指摘した。「ソビエトの核能力についてわれわれが知っていることを説明したのに、アメリカ合衆国の前大統領が、公の席でそれを嘘呼ばわりできるというのは、実に困ったことだ」。またほんの数ヵ月前に、「空軍防衛司令部の高官が」次のように語ったとして、オッペンハイマーはこれを嘲笑した。「われわれ（空軍）の真の方針は、この国を守ることではなく空軍の攻撃力を守ることである。なぜなら国を守ろうとすると、あまりに大きすぎるため空軍の報復能力を損なうからである」と。「このような愚かなことが起こるのは、事実を知っている人間が、それを話す相手を見つけられない場合、また事実があまりに秘密にされ討議できないので考えも及ばない場合に限る」と、オッペンハイマーは結論した。

ただ一つの治療薬は「率直さ」であるというのが、オッペンハイマーの結論であった。

ワシントンの関係者は、米国民のレベルに立ち返り、核軍拡競争について敵がすでに何を知っているかについて、国民に伝えなくてはならない。

それは、とても洞察力に富んだ、強力なスピーチであった。オッペンハイマーは、重要な事実について話すことを妨害されてきたと、繰り返し述べた。そして、特別な英知を授かったバラモンの聖職者のように、最も基本的な秘密を彼は明らかにし始めた。それは、どんな国も、どんな意味においても、核戦争に勝利することはできないという秘密である。きわめて近い将来、「われわれは二大列強の一方が相手の文明と生命に終止符を打つ状況を予想することができる。ただし、自国の文明と生命を危険にさらさずにこれを遂行することはできない」と、彼は言った。それからオッペンハイマーは、聴衆の肝を冷やすような言葉を静かに付け加えた。「われわれは、瓶に閉じ込められた二匹のサソリにたとえられるかもしれない。お互いに自分自身の生命の危険を冒さずに、相手を殺すことができない」

これほど挑発的なスピーチは他にない。何といっても、新政権の国防長官ジョン・フォスター・ダレスは、大量報復に基づく国防ドクトリンの積極的な主唱者であった。だがしかし、国防政策の基本的な前提が無知と愚昧《ぐまい》によって飾られていると断言する、原子力時代の父がここにいる。この国で最も有名な核科学者が、これまで厳格に防護されてきた核の秘密を公表して、核戦争の結果をざっくばらんに議論するように政府に求めているのだ。最高の保安許可で保護された有名な一市民が、国の戦争計画の周辺にある秘密主義を中傷しているのである。オッペンハイマーのスピーチの内容が、ワシントンの国家安全保障関係者の間に伝わるにつれて、多くの人々は愕然とした。ルイス・ストローズは頭から湯気を立てていた。

他方、会議でオッペンハイマーのスピーチを聞いていた大部分の弁護士と投資銀行関係者は感銘を受けて会場を後にした。米国の新大統領ドワイト・アイゼンハワーでさえ、後にスピーチの原稿を読んだとき、率直さの概念に感動した。元陸軍将官として彼は、オッペンハイマーが二つの大国を「瓶の中の二匹のサソリ」とした、鮮明な表現を理解できた。アイゼンハワーは軍縮パネルの報告書を読んでおり、それを思慮深く賢いレポートと考えていた。核兵器には非常に懐疑的で、ホワイトハウスの重要な側近の一人C・D・ジャクソンに話した。ジャクソンはタイム・ライフ社でヘンリー・ルーチェの片腕だった男である。「核兵器は、積極的に攻撃する側、奇襲攻撃する側に有利である。アメリカ合衆国は決してこれをやらない。そして、わたしが指摘したいのは、核兵器が登場するまで、どこの国に対してもこのようにヒステリックな恐怖は感じたことがなかったという点だ」。彼の在任期間の後半アイゼンハワーは、タカ派的なアドバイザーのパネルに対して、「このような戦争をすることは許さない。道路の死体を片付ける、十分な数のブルドーザーが用意できていない」と、痛烈に述べて非難せざるを得ないと感ずることがあった。

一回だけ、オッペンハイマーの意見が新大統領に影響するかもしれない、と思われた時期があった。しかしルイス・ストローズはアイゼンハワーの選挙資金を豊富に援助しており、一九五三年一月には大統領の原子力顧問に任命された。それから七月には、資金力で手に入れた仕事、原子力委員会議長に昇進する。

もちろんストローズは、米国の核保有の性格を市民に知らせるべきだとするオッペンハイマーの考え方に、または核戦略にかかわる問題は公の場で討議すべきだとする考え方に激しく反対した。開放性など、「ソ連のスパイをする手間を軽くしてやるだけ」で、それ以外何の役にも立たないと彼は考えた。そこでストローズはあらゆる機会を利用して、アイゼンハワーの心にオッペンハイマーへの疑念を植え付けるよう画策した。この新大統領は後年、だれかが（多分ストローズだと思うが）その年の春、「オッペンハイマー博士は信用できません」と彼に吹き込んだと回想している。

一九五三年五月二十五日、ストローズはフーバーの側近の一人D・M・ラッドと話すため、FBI本部に立ち寄った。ストローズはその日の午後三時半、アイゼンハワーに会う予定だった。彼はラッドに、オッペンハイマーが二、三日中に大統領と国家安全保障理事会に説明をする予定があること、そして自分は「とてもオッペンハイマーの活動に関心がある」と告げた。共産主義者の疑いのあったデビッド・ホーキンスを、一九四三年にロスアラモスで雇ったのはオッペンハイマーであったことを、彼は知ったばかりだった。それに加えてオッペンハイマーは、フェリクス・ブラウダーの招聘も進めると発表しているとストローズは言った。ブラウダーは優秀な若い数学者だが、たまたま米国共産党の元党首アール・ブラウダーの息子であった。ストローズはボストン大学でブラウダーの参考資料を調べたが、あまり芳《かんば》しいものではなかったと主張し、ブラウダーの指名は理事会に諮るべきだとオッペンハイマーに話した。結局、理事会は六対五でブラウダーの招聘を拒否したが、オッペンハイマーはその前にブラウダー招聘を決めていた。ストローズがこれについて彼を難詰《なんきつ》するとオッペンハイマーは、自分は前もってストローズの秘書に電話をして、理事会から反対の意向がなければブラウダーを指名すると伝えておいたと主張した。ストローズはオッペンハイマーの高飛車なやりかたに激怒した。これは、アメリカで最も有名な共産主義者の息子に有利な地位を提供する目的以外の何物でもないと彼は考えた。*

最終的にストローズはラッドに、オッペンハイマーが一九四二年にロシアと「接触」した疑いと、さらに「水爆計画を遅らせた疑い」について話した。この接触とは、シュバリエ事件のことを指している。これらの事実に鑑み、その日の午後アイゼンハワーに会う際にオッペンハイマーの経歴について説明しても、FBIには異存がないかどうかと尋ねた。FBIとしては何も反対はないと、ラッドは即座に保証した。すでにFBIは、オッペンハイマーに関する情報一切を司法長官、AEC、「その他関連政府機関」に渡してあるとラッドは言うのだった。

オッペンハイマーの評判を落とすストローズの運動の開始日は、これによって正確に特定できる。それは、一九五三年五月二十五日午後の大統領との面会から始まった。ストローズがその後も再三にわたり、「オッペンハイマーの件を持ってやってきた」ことを、アイゼンハワーは後に回想している。こういうときストローズは、「オッペンハイマーが何らかの形でプログラムに関係している限り、自分はAECの仕事はできない」と、アイゼンハワーに訴えるのであった。

ストローズがアイゼンハワーと会った一週間前、オッピーはホワイトハウスに電話をか

＊ 最終的には、オッペンハイマーの判断が正しかったことが証明された。ブラウダーの成果はすばらしく、一九九九年ビル・クリントン大統領は、科学と工学分野で米国内最高の賞である、科学栄誉賞を贈った。

け、「短時間でよいからぜひとも大統領にお会いしたいこと、緊急を要する問題であること」を伝えた。二日後、彼は大統領執務室にいた。短いミーティングの後アイゼンハワーは、五月二十七日にまた来て国家安全保障会議の説明をしてくれないかとオッピーを誘った。彼はリー・デュブリッジを伴って再訪し、五時間を費やしてレクチャーをし、質問に答えた。彼は率直さのメリットを訴え、おそらく一九四六年のリリエンソールの二の舞を踏みたくないと思ったのだろう、五人のメンバーによる軍縮パネルを結成するよう大統領に迫った。C・D・ジャクソンによると、オッペンハイマーは「会う人をだれでも魅了してしまうが、大統領だけは別だった」。アイゼンハワーは説明の労を丁重に感謝したが、オッピーが部屋を出るまで、自分の本当の気持ちはおくびにも出さなかった。おそらくアイゼンハワーは、ちょうど二日前にストローズが彼に話した、オッペンハイマーがコンサルタントとして務め続けるならば、ストローズはAECの仕事を続けられない、という言葉を天秤《てんびん》に掛けていたのだろう。ジャクソンの言葉を借りると、オッペンハイマーが「小グループ内で、ほとんど催眠術的な力を発揮している」のを見るのは、アイゼンハワーにとって不快であった。彼はそれからしばらくして、「この科学者を一〇〇パーセント信頼していない」と、ジャクソンに語っている。ストローズの最初の一撃は、手応えがあった。

オッペンハイマーのホワイトハウスでの会談の経緯を十分承知したストローズは、公然たる反ロバート運動を組織し始めた。それから数カ月にわたって、ヘンリー・ルーチェの支配下にある《タイム》《フォーチュン》誌が、オッペンハイマーおよび国防政策への科学者の影響に対する一斉攻撃を掲載した。一九五三年五月号の《フォーチュン》誌は、「水爆を巡る隠れた戦い／米国の軍事戦略を覆そうとする、オッペンハイマー博士の執拗《しつよう》な運動」と題する匿名の読み物を載せた。オッペンハイマーの影響下で、「ビスタ計画（カルテックが請け負っている防空の研究）」が、「核による報復戦略の道徳性」に疑問を呈する運動に変容していると筆者は断じた。空軍長官フィンレターの言葉を引いて、筆者は次のように論じている。「戦争計画を完遂する責任を負わない科学者が、このように重大な国家問題を、独断で解決しようとする権限はどこにあるか、大きな疑問がある」。

《フォーチュン》の記事を読んだ後、デビッド・リリエンソールは彼の日記に書いた。「ロバート・オッペンハイマーを攻撃している、またも汚く、明らかに書かせられた記事」

リリエンソールが、端的にまとめているように、その記事はオッペンハイマー、リリエンソール、コナントがいかに水素爆弾の開発を妨害しようとしたか、そして「ストローズが土壇場でそれを救って以来オッペンハイマーは、空軍の戦略爆撃隊こそ、わが国国防のための答えであるという考え方を打ち壊すための、いわば陰謀の扇動者である」と、述べていた。リリエンソールは知らなかったが、《フォーチュン》の記事は同誌編集者の一人チャールズ・マーフィーが書いたものであった。マーフィーは予備役の空軍将校で、そのうえ彼には密かな協力者がいたのだ。それは、ルイス・ストローズであった。

オッペンハイマーの「率直さ」に関する講演は、ホワイトハウスによる出版の許可を得て、一九五三年六月十九日号の《フォーリン・アフェアーズ》誌に発表された。《ニューヨーク・タイムズ》と《ワシントン・ポスト》はこの記事に関する読み物を掲載し、「率直さ」がなかったら、「合理的な国防対策などあきらめた方がよい」というオッペンハイマーの言葉を引用した。米国民は「核の戦略的状況についての主題に関連してでっち上げられた嘘で固められた、いかがわしいばか騒ぎを超越できる権限のあるのは大統領だけである」彼は言った。嘘とは何事か！

憤懣《ふんまん》やるかたないストローズは、急いでアイゼンハワー大統領に面会した。彼はオッペンハイマーの「エッセイは危険で、その提案は致命的」であると考えた。記事の草案については、ホワイトハウスの許可を取り付けてあったと知って、ストローズは驚いた。大統領はオッピーのエッセイを読んで、その議論におおむね同意であると気づいた。七月八日の記者会見でアイゼンハワーは、核兵器についてより多くの「率直さ」が必要であるとする、オッペンハイマーの疑念には同意することを示した。ストローズはアイゼンハワーに文句を言った。記者の中には、このアイクの言葉を「ロバート・オッペンハイマー博士が最近唱えている『率直さ』の包括的追認と取り、また核兵器の備蓄量、生産能力、敵の能力推定に関する情報開示に好意的と取る」者もいると言うのだ。

「それは、まったくのナンセンスだ」と、アイゼンハワーが答えた。「君は連中の書くものを読むべきではない。わたしは、少なくとも君より保安には関心があるつもりだ」。それから彼は、「だれかに、オッペンハイマーの記事の修正を書かせるべきだ」と、付け加えた。少し落ち着いたストローズは、自分が文章を書いてもよいと申し出た。

オッペンハイマーの《フォーリン・アフェアーズ》誌のエッセイは、アイゼンハワー政権内に、「核兵器について国民には何を知らせるべきか」という活発な議論を巻き起こした。これこそオッピーが意図したものだった。野放図な軍備拡大競争によって同国が直面する危険に関連して、彼の無遠慮な説明が、核兵器に過大依存する考えを見直すきっかけになることを望んでいたのである。軍備拡大競争が無限に続くことを市民は当然ながら恐れる。まさにそのために、率直さが必要だった。アイゼンハワーと彼の側近が問題に取り組んでいるうちに、大統領は彼自身が矛盾した目的を追い求めていることに気づいた。アイゼンハワーは「率直さ」についてのスピーチ原稿の一つを読んだ後、「われわれは、わが国民に死の脅威を与えたくはない」と、ジャクソンに話した。またストローズに、核戦争のリスクについては率直であると同時に、国民には「望みのある選択肢」も提供したいと話した。

ストローズは同意しなかったが、抜け目なく口をつぐんだ。オッペンハイマーのいくつかの考え方にアイゼンハワーが惹かれているように見えるのが、ストローズの不満を募らせ、これについては大統領の迷いを解こうと、彼は固く決心したのだった。一九五三年八月の初め、ストローズはC・D・ジャクソンとカクテルを飲んだが、その後ジャクソンは日記に書き留めている。「オッペンハイマーとの確執および備蓄数を除き、率直さを追求するのは何のためらいもないと、はっきり全面的な否定をストローズから聞かされて、非常に気が楽になった」。抜け目ない接近戦を得意とする官僚的なストローズは、ジャクソンに嘘をついたのだ。まさにその月、彼は《フォーチュン》のチャールズ・マーフィーと密かに協力して、核の秘密に関するオッペンハイマーの率直さの呼びかけを、厳しく批判した第二弾目のエッセイを発表した。

いくつかの出来事も、ストローズを助けるようにうまく重なった。その八月遅く、国中の新聞の第一面に「赤い帝国、水爆実験」の文字が躍った。アメリカの初の水爆実験からわずか九カ月後に、ソ連は明らかにこれに追いついたのだ。とにかく、米国民にはそのように知らされた。ソ連の実験は一見技術的な成果のように見えたが、実はそうではなかった。それは本当の水素爆弾ではなく、また飛行機で運べるような兵器でもなかった。しかし、おそらくソビエトはアメリカの核兵器保有量を凌ぐものを持っているだろうという印象は、率直さを求めるオッペンハイマーを妨害する、さらなる政治的な力をストローズに与えた。

結局、アイゼンハワーは彼の「有望な選択肢」を見つけて、「平和のための原子力」計画を提案するスピーチの中でそれを示した。国際的な平和利用の原子力発電所を建設するために、米国とソ連が核分裂可能物質を拠出することを提案した。一九五三年十二月八日に国連で行われたスピーチは、まず広報活動としては成功したが、ソ連が反応を示さなかった。また大統領の方も、自国の核兵器について率直でなかった。このスピーチには、核保有の大きさと性格に関する説明、その他健全な議論を進めるうえに必要な情報が欠けていた。アイゼンハワーがアメリカに与えたものは率直さでなく、束の間の宣伝上の勝利であった。

それからの数カ月間、核戦略の再考実施とはほど遠く、アイゼンハワー政権は通常兵器に対する防衛支出をカットし、核兵器保有の増強を始めるのである。アイゼンハワーはこれを、「ニュールック」防衛体制と呼んだ。政府は空軍の戦略を受け入れて、アメリカの防御をほとんど排他的に空軍力に頼ることになる。「大量報復」の方針は安価で、かつきわめて効果的な処置に見えた。同時にそれは近視眼的、大量虐殺的であり、そして実行されたら、それこそ自殺的でもあった。ディーン・アチソンはそれを「言葉のまやかし、真実のまやかし」と呼んだ。アドレイ・スティーブンソンは語気鋭く質問した。「われわれ自身には、何もしないか、熱核爆弾による人類全滅を待つかの、暗い選択しか残されていないのか?」。「ニュールック」は実は古い政策であり、オッペンハイマーが新しい政権に望んだものとは正反対のものであった。

ルイス・ストローズは勝った。核の秘密体制は温存され、核兵器は気の遠くなるような数へと増強されていく。それまでオッペンハイマーは、ストローズを単に不愉快な男であり、「妨害する男」ではないと思っていた。今や共和党が政権に就き、ストローズはまさに運転席にあり、右足は政治的なアクセルを踏み続けていた。

オッペンハイマーと彼の友人の多くは、ストローズがオッペンハイマーに銃口を向けていることを、そのとき確信していた。七月にストローズがAEC議長として着任直後、オッペンハイマーの親友で弁護士のハーブ・マークスはAECの職員から電話を受けた。「あなたは、友人オッピーに言った方がいいですよ。ハッチを閉めて、嵐に備えるようにと」

「彼が困っていること、その状態が数年続いていることを、わたしは知っていた。彼は、この影の下で生きていた。彼が付け回されていたことを、わたしは知っていた」。イシドール・ラビが回想する。そこである日ラビは彼に話した。「ロバート、《サタデー・イヴニング・ポスト》に、君の話を全部書いたらどうかな。君の過激なつながりとかを全部書いて、原稿料をたっぷりもらったら、悪いことは逃げていってしまうよ」

物語がロバートの口から語られ、ふさわしい出版物に掲載されるなら、「ジャングルの野獣」である大衆は理解すると、ラビは考えたのだ。広報活動の一つの要素として、率直な告白のエッセイは、さらなる政治的な攻撃からオッペンハイマーを守る予防接種となるだろう。しかし、「わたしは、彼にそれをやらせることができなかった」と、ラビは回想する。

オッペンハイマーには別の案があったのだ。その夏の初め、ロバート、キティ、二人の子供は、ニューヨークからリオ・デ・ジャネイロ行きのウルグアイ号に乗船した。ブラジル政府の賓客として旅行するオッペンハイマーは、何回かの講義をして、八月中旬にプリンストンに戻る予定であった。彼がブラジルに滞在中、ＦＢＩはアメリカ大使館に依頼して彼の接触先を監視させた。

オッペンハイマーがゆっくりとブラジルの旅を楽しんでいる間、ストローズは最終的にオッペンハイマーの影響力に終止符を打つ準備をするため、熱に浮かされたように一九五三年の夏を送っていた。六月二十二日に、彼はフーバーともう一度内々に会うため、ＦＢＩ本部を訪問した。ワシントンでのＦＢＩ長官の並外れた力をよく承知しているストローズは、ＦＢＩと緊密かつ丁重なる関係を維持したいと考えていた。会うや否や、ストローズ「提督」は話をオッペンハイマーに向けた。フーバーはメモに書き込んだ。「ストローズは、マッカーシー上院議員がオッペンハイマー博士の調査を考えていること、そしてオッペンハイマーの活動を調査することは意味あると彼（ストローズ）は感じているが、あまり先走ってほしくないと伝えた」

事実、このウィスコンシン選出の上院議員（マッカーシー）と彼の側近ロイ・コーンは、五月十二日にフーバーを訪ねている。上院委員会がロバート・オッペンハイマーの調査を開始するとしたら、フーバーはどのように反応するか知りたいと、マッカーシーは言った。そこでフーバーは、マッカーシーの注意をそらそうとしたことをストローズに説明した。オッペンハイマーは、「とても問題の多い人物だが、わが国の科学者の間で人気が高い」

と、フーバーは言った。「このような大物をおおっぴらに調査するには、事前の根回しを十分にする必要がある」と、マッカーシーに警告したことをフーバーはストローズに告げた。マッカーシーは分かったとして、少なくとも当面はオッペンハイマーの件から手を引くと意思表示をした。「この件が、単に報道発表だけを狙い、性急に取り掛かるようなものではない」ことに、フーバーとストローズは同意した。

ここでストローズは「ここだけの話だが」として、お雇いコラムニストのジョセフ・オルソップが最近、マッカーシーによるオッペンハイマー調査の差し止めをアイゼンハワー政府に迫る七ページの手紙をホワイトハウスに持ち込んだと、フーバーに知らせた。オルソップがオッペンハイマーの友人であることを、ストローズはもちろん知っており、この科学者には有力な盟友がいることをフーバーに理解させたかったのだ。

それは志を同じくする男同士の有効な話し合いだった。有力なFBIチーフと同盟関係を創り出したことを確信して、ストローズは辞去した。オッペンハイマーを追放することは、ウィスコンシン出の道化じみた、センセーション好きの上院議員などに任せておけない、ずっと重要な仕事なのだ。それには、慎重な計画と上手な駆け引きが必要である。

フーバーと別れた後ストローズは、オフィスに戻ってロバート・タフト上院議員に手紙を書いた。そして、タフトがオッペンハイマーの調査を開始しようとするなら、マッカーシーをブロックするようにと、強く勧めた。マッカーシーに口を出させるのは「間違い」であると、彼は書いた。「第一に、証拠のいくつかは立証が難しい。第二に、マッカーシー委員会はこのような調査をする場でないし、現在はその時期でもない」。ストローズは彼自身でこの調査を仕切るつもりだった。

一九五三年七月三日、ストローズは正式にAEC議長の職に就いた。《ニュー・リパブリック》誌の記事によると、「彼は戦艦のブリッジに立つ海軍提督のようであった」。オッペンハイマーが自分のコンサルタント契約を後一年延長してほしいと要求して（いっそうの率直さをロビー活動できるように）、前AEC議長がこれを黙認したと知ると、ストローズは戦闘態勢に入った。最初の一手は、フーバーに頼んでオッペンハイマーにかかわる最新の総括レポートのコピーを、特別便で送らせることであった。そのときまでに、オッペンハイマーのFBIファイルは、数千ページを超えていた。一九五三年六月に、総括だけでシングル・スペースで六九ページあり、ストローズはまるで検察官のような熱意でそれを検分し始めた。

アイゼンハワー政権への移行の間、ストローズは原子力合同委員会の若いスタッフ、ウィリアム・ボーデンと接触があった。ボーデンもストローズ同様、オッペンハイマーには深い疑いを抱いていた。ボーデンは民主党員で、共和党が上院の実権を握ったときに仕事を失った。それでもボーデンは、オッペンハイマーに反対する思い入れから、ワシントンにおけるオッペンハイマーの影響を調査した六五ページのレポートに取り組んだ。個人のアメリカ人で、国の軍隊と外交政策についてこの科学者ほど「詳細で、正確なデータ」を持った人はいなかった、と彼が書いている。オッペンハイマーの戦後の活動に関するレジュメをチェックした後、ボーデンはワシントン政策立案者に対して、オッペンハイマーが自分に日々どれくらい影響力があると感じているか、伝えようとしている。

最近のわずか一週間に——オッペンハイマー博士は、原子力の産業利用についてモンサント・ケミカル社長チャールズ・トーマス博士と話をした。国務長官と長官のメリーランド農場で昼食をとり、一九五二年秋のエニウェトクでの実験に関する外交政策を議論した。空軍長官と会って、戦略的爆撃と戦術的爆撃の相対的なメリットその他について議論した。訪米中のフランス代表派遣団と会って、国際管理の問題を議論した。大統領と話をした後、一九五二年大統領選の候補、アイゼンハワー将軍とスティーブンソン知事に会いに行った。そして、われわれのロスアラモスに相当する英国の兵器研究所の責任者W・C・ペニー博士に会って、英国の爆弾開発の詳細を学んだただ一人のアメリカ人かもしれない。オッペンハイマー博士がダイナミックで人を引き付ける人柄であること、すばらしく明晰な男性であること、そして彼が他の科学者の間で持っている名声によってこれらの特性が強化され、彼が参加する会議を支配する傾向があることは、ほとんど一般的に認められている。

一九五二年時点でボーデンは、いかなる確かな結論にも達しなかった。しかし彼はこのように有力な人物の保安ファイルが、名声を落とすと思われるこれだけたくさんの情報を含んでいるという事実を忘れることはできなかった。ストローズはもちろん、ボーデンと同じ疑いを持っていた。彼はボーデンにもっと追跡するよう促した。一九五二年十二月、ボーデンが調査報告書を書いてからちょうど一月後、ストローズは彼に水爆の開発が三年だけ遅れたという自分の見方を概説した四ページの手紙を送った。オッペンハイマーのGACは、「スーパー」計画を故意に遅らせたばかりか、原子力のスパイ活動でソ連が利益を得たのは、今や明らかである。「要するに」、ストローズはボーデンに言った。「熱核兵器の分野で、ソ連との競争にいつも一歩先んずることができると仮定するのは、賢明ではないと私は考える」。そして二人のどちらにとっても、この危険な状況をつくり出した大きな責任がオッペンハイマーにあることは疑いがなかった。

一九五三年四月の遅くに、ボーデンはストローズのオフィスを訪問し、オッペンハイマーに対して共有する懸念を議論した。プリシラ・マクミランによると、ボーデンはストローズに怪文書（おそらく、オッペンハイマーに対するボーデンの疑念を編集したものであろう）を渡した。この文書はこれまで表面には出なかったが、彼らの以降の活動を見ると、オッペンハイマーの影響力に終止符を打とうとする彼らの計画（と言うより陰謀）が、この会議の間に合意されたことを暗示している。ボーデンが汚れ仕事を引き受け、ストローズは彼に必要とする情報へのアクセス権を提供する。

彼らの議論から二週間以内に、ボーデンはオッペンハイマーの保安関係ファイルを、AECの金庫室から持ち出す許可を与えられている。一九五三年五月三十一日付で政府の仕事から離れたのに、ボーデンはこのファイルを八月十八日まで手元に置くことができた。七月十六日にストローズは、ニューヨーク州北部の隠れ家でこっそりファイルを読んでいたボーデンと、電話で話している。ファイルが返ってから数時間以内に、ストローズは自分の机の上にオッペンハイマー関係書類を持ち出し、ほぼ三カ月間それを手元に置き、十一月四日にAEC保安金庫にそれを戻した。ストローズがファイルを返した二、三時間後に、AECの副保安官ブライアン・ラプラントはそれをチェックした。ラプラントはストローズの腹心で、彼はこのレポートを十二月一日まで返さなかった。

ボーデン、ストローズ、ラプラントによる、オッペンハイマー関連ファイルの一連の持ち出しと返却は、調整されたものであることは間違いない。どう見ても、偶然の一致ではあり得ない。明らかにボーデンはストローズの知識と励ましを受けて、オッペンハイマーに対する告発文を作成していたのだ。ボーデンが仕事を完了して関係書類を返したとき、ストローズはおそらく、彼自身で証拠を調査するためにそれを取り出した。そして彼がそれを仕上げたとき、彼はラプラントに命じて、レポートをさらにチェックし分析させた。

このようにして、一九五三年四月から十二月までの間に、ウィリアム・ボーデンのかなりの協力を得て、ルイス・ストローズは「事前の根回し作業の相当部分」を完成した。これはオッペンハイマーに対する攻撃を成功させるために必要であると、フーバーとの打ち合わせで合意したものである。彼らはこの攻撃からマッカーシー上院議員の注意をそらすよう配慮した。慎重な準備をするには、マッカーシーがあまりにも頼りにならなかったからであった。AECスタッフ弁護士ハロルド・グリーンによると、一九五三年七月に「ストローズはオッペンハイマーを追放すると、フーバーに約束した」。一カ月後フーバーに手紙を書いた。「原子力計画におけるオッペンハイマーの影響を、まだとても心配しており、問題を注意深く観察している。**そして近い将来、オッペンハイマーのAECとの関係を完全に清算するつもりである**（強調は筆者）」。この瞬間、AEC議長は約束を守る男に見えた。

ストローズとボーデンがオッペンハイマーに対する訴訟を準備している間、オッピーは四本の長い科学評論を書いて初秋を過ごした。その年の初め英国放送協会（BBC）は彼に、高名なリース講義への出演依頼をしてきた。これは四回連続の講演で、世界中で何百万人もが聴く番組である。彼とキティは、十一月に三週間ロンドンで過ごし、十二月の初めにパリに行く予定だった。招待はかなりの名誉であった。これまでのリース講義の講師には、バートランド・ラッセルがいた。彼は「権威と個人」について語った。一年前には、アーノルド・トインビーが、「世界と西洋」という壮大な題名で講演した。

ロバートは、自分の選んだテーマの準備に精を出した。「人間の知識にとって関連があり、役に立ち、そして勇気づける、原子核物理学の新分野の解明」。BBC聴取者のほとんどが、オッペンハイマーの周到に準備された多義性に圧倒されたことだろう。「彼の華やかなレトリックによって、」ある批評家は書いた。「聴取者はしばしば、昏睡に近い、深い催眠状態の網の目に包まれた」。彼のパフォーマンスは、神秘的以外の何物でもなかった。「抱えていたすべてのトラブルのためか、わたしの話はどうしようもなく曖昧だと言われた」。彼は後に述懐した。

冷戦は彼の取り上げる話題ではなかったが、横道へそれる形で簡単に共産主義の性格について話した。「かくも強力な現代の専制政治が、まさに共同体信奉すなわち『コミュニズム』という言葉で自らを呼ばなければならないとは残酷でユーモアに欠けた駄洒落《だじゃれ》のようなものです。むかしコミュニティといえば、村落や村の酒場、力を合わせる職人の集まり、名も無い生活に満足しようと努める人々を表す言葉でした。しかしすべてのコミュニティは一つのコミュニティであり、すべての真実は一つの真実であり、すべての経験は他のすべての経験と互換性を持ち、全体的知識は可能であるとし、すべての可能性は、現実に存在できるとする、組織的な信仰に追従できるのは、悪意ある目的だけです。これは人間の運命ではありません。これは人間の進む道ではありません。これを強制された人間は、全知全能の崇高なイメージからはほど遠く、この世の終わりに力なく鎖につながれた囚人に似ています」

一九三〇年代、共産主義が約束するものと戯れたオッペンハイマーであったが、一九五三年にはその現実について、何の幻想も抱いていなかった。当時彼はフランクと同様に、米国共産党が推進していた、社会的正義のビジョンとレトリックに惹かれていたのだ。パサデナで公共のプールを統合したり、農業労働者のためのより良い作業条件を論じたり、教員組合を組織したりしたこと、これらはすべて、知的で感情的な解放の経験であった。

しかし多くが変わった。現在違った形の「すばらしい新世界」を模索しながら、彼はある知的水準の上で、彼が青年時代に関与していた、最も深い本能と最高の価値を再構成しつつあった。開かれた社会を求める彼の呼び声は、秘密主義がアメリカ社会に及ぼしている、危険で意欲を削《そ》ぐような影響に対する彼の懸念とつながっていたことは間違いない。しかし同時に、広島原爆投下の前に、ロスアラモスの前に、パール・ハーバーの前に、彼が懸命に働いたアメリカにおける社会正義の大義ともつながっていた。アメリカにおける共産主義の役割は変わっていた。責任あるアメリカ市民としてのロバートの役割も変わっていた。しかし、彼の心の奥深くにある価値は不変だった。「開かれた社会、制約のない知識へのアクセス、人間の進化のための非計画的、非拘束的交流、これらこそが広範で、複雑で、無限に成長し、無限に変化し、無限に専門化する優れた技術の世界、さらにはなお人間的コミュニティの世界をつくり上げる可能性を秘めています」。ロンドンでのリース講義のなかで、彼はこのように講演した。

ロンドン滞在中、キティとロバートはある晩、フランクの倫理文化学園時代の同級生リンカーン・ゴードン、およびゴードンがバーナード・バルークのコンサルタントとして勤めていた一九四六年に、ロバートが会ったことのある何人かと夕食を共にした。ゴードンは、その晩夕食の席で出た会話を、いつまでも忘れない。ロバートは陰気で、物思いに沈んだムードであり、ゴードンが用心深く原子爆弾に言及すると、オッペンハイマーは爆弾を使う決定について、かなり詳しく話をした。彼は自分が暫定委員会の決定を支持したことを認めた。しかし今日に至っても「なぜ長崎の原爆投下が必要だったか理解できない」と告白した。彼の声にあるのは悲しみで、怒りや苦さではなかった。

ロンドンでリース講義の録音が済むと、オッペンハイマー夫妻は英仏海峡を横断してパリに向かった。そこでキティはハーコン・シュバリエのモンマルトルのアパートに電話をかけたが、ハーコンがローマで会議に出席していることを知る。二、三日で戻るかもしれないと知らされたロバートとキティは、列車でコペンハーゲンまで行き、ボーアを訪ねて三日間を過ごした。パリに戻ると、シュバリエも帰っていた。パリ最後の晩、シュバリエはアパートでの夕食を強く勧めた。この招待は、結局ひどい結果をもたらすことになる。ストローズの要請で、パリのアメリカ大使館の警備員は、パリにおけるオッペンハイマーの行動すべてを監視し、ホテルからは彼が掛けた電話の通話先をリストにして手に入れた。パリ大使館は次のように報告している。「シュバリエの評判は非常に芳しからず、ソビエトのエージェントの疑いがあり、フランス警察と諜報機関の要監視リストに載っている」

一九五三年十二月七日まで、シュバリエとオッペンハイマーは三年以上会っていなかった。最後に会ったのは、一九五〇年秋のオールデン・メイナーであった。そのときハーコンは、バーバラとのつらい離婚の後で、心を癒すため長期訪問をしていた。しかし二人の旧友は温かい文通を続けており、ロバートはハーコンの依頼により推薦状のようなものまで書いている。その中で、エルテントン事件についてロバートがHUACに話したことの概要さえ書いている。手紙はシュバリエがバークレーに復職するのには役立たなかったが、それにもかかわらずシュバリエは感謝した。一九五〇年十一月にシュバリエはパリへ引っ越したが、米国務省はアメリカのパスポート支給を拒否したので、彼はフランスのパスポートで旅行した。パリでは、国連のための翻訳者として働いたり、フィクションを書いたりして、徐々に生計を立てた。彼がキャロル・ランズバーグ（カリフォルニア生まれの三十二歳）と結婚したとき、オッペンハイマー夫妻は結婚祝いとして、バージン諸島からマホガニーのサラダ・ボウルを送った。

そのとき二人は、楽しい再会を期待していた。ロバートとキティは、サクレクール大聖堂の下に近いモンスニ通り一九番地のシュバリエのアパートに到着すると、古ぼけたかごのようなエレベーターで四階まで上がった。ハーコンとキャロルは温かく彼らに挨拶し、そしてすぐに二組のカップルは本棚に囲まれた小さな居間で乾杯をした。シュバリエは例によってみごとな料理を出したが、今日はマホガニーのサラダ・ボウルに盛られた豪華なサラダが含まれていた。デザートをとりながら、シュバリエは一本のシャンパンを開け、乾杯を繰り返した後、オッピーとキティはシャンパン・コルクにサインをした。

オッペンハイマーはリラックスした様子で、ディーン・アチソンのようなワシントン人士との出会いについて皮肉っぽく語った。彼らはその年の初め原子力のスパイ活動を犯した罪で処刑された、ジュリアスとエセル・ローゼンバーグについて短い議論をした。そしてシュバリエは、現在やっているユネスコの翻訳の仕事についての懸念をオッペンハイマーに話した。アメリカ市民権を放棄していないので、米国政府の保安許可が適用されるようだと、彼は説明した。現在パリの米国大使館に科学担当員として勤めているジェフリーズ・ワイマンがハーバードからの友人だから、何かアドバイスをもらえるのではないかと、オッペンハイマーは提案した。

真夜中をちょっと回り、オッペンハイマー夫妻が帰ろうと立ち上がったとき、オッピーが突然「これからの数カ月には、あまり期待していない」と、簡潔な調子で言った。彼には多分、迫ってくるトラブルの予感があったのだろう。しかしそうだとしても、彼はそれ以上詳しく説明しようとはしなかった。出口のところで、シュバリエは友人が暖かそうな服装ではないことに気づき、急いでイタリア製の絹のスカーフをプレゼントした。どちらの男も、自分たちの友好が後に裁判で取り上げられるとは夢にも思わなかった。

オッペンハイマーのヨーロッパ旅行中、ボーデンはオッペンハイマーに対する告発文を書き始めた。それは、ストローズがボーデンのためにAECの金庫から取り出すよう手配した、オッピーの保安ファイルからの情報に基づいていた。ボーデンは仕事に熱中しただけでなく、意識的にストローズとの接触を保とうとした。彼はAECの合同委員会での職を一九五三年五月末に失った後、ピッツバーグのウエスチングハウス社で、原子力潜水艦プログラムの仕事を得て、以前ストローズに、その「心遣い」を深く感謝している。家に帰って、最高機密のオッペンハイマーのAEC人事ファイルを検分し、一九五三年十月中旬までに手紙の草案を作成した。十一月七日、エドガー・フーバー宛にこれを郵送した。同じ情報が含まれるFBIの総括報告書は、長くて複雑だった。しかしボーデンは、シングル・スペースの行間隔でタイプされた三ページ半に、オッペンハイマーに対する告訴内容をまとめた。その結論は衝撃的だった。オッペンハイマーの共産主義者とのかかわり合いの証拠を整理し、核兵器に関するオッペンハイマー勧告の経緯を検討した後、ボーデンは「かなり高い確度で、ロバート・オッペンハイマーはソビエト連邦のエージェントである」と結論した。

ボーデンの書類が完成したことを、いつストローズが知ったかは正確に分かっていない。フーバーがボーデンの手紙を十一月の二十七日に、ストローズ、国防長官ウィルソン、大統領に送り届けるまで、彼は公式には知らされていなかった。しかし十一月九日という早い時期に、ストローズがボーデンの手紙を読んだと思われる記述が彼の覚書に見える。「わたしの記憶では、ソビエト・スパイ活動全般に関する一九四五年十一月二十七日付のFBI報告が、『一九四〇年十二月という早い時期に、グループの秘密会合が開催されたことを監視記録は示した。そして出席者は、スティーブ・ネルソン、ハーコン・シュバリエ、ウィリアム・シュナイダーマン、カリフォルニア共産党支部のトップ、それとJROを含んでいる』と記録したことになっている。この情報は、明らかに実際の監視によって得られたものだ」と彼は書いた。

一九五三年秋までに、ワシントンの街は魔女狩りの手に落ちていた。何百人もの公務員が、ごくささいな嫌疑によって、突然に職業上の生命を絶たれた。だれもジョセフ・マッカーシー上院議員に立ち向かう人は見当たらなかったが、一番その気のなかったのは大統領であった。一九五三年十一月二十四日、このウィスコンシン選出の上院議員は、ラジオとテレビを通じて痛烈なスピーチを行った。彼はその中で、アイゼンハワー政権を「泣き言と、ぐずりの宥和《ゆうわ》政策」として糾弾した。次の日C・D・ジャクソンは《ニューヨーク・タイムズ》のジェームズ・レストン記者に、「マッカーシーは、大統領に宣戦布告をした」と話した。翌朝レストンの記事がこれを、ホワイトハウスのさる高官の言葉として引用すると、ジャクソンはアイゼンハワー側近によって四方八方から責めたてられた。このような談話は単に「マッカーシーとその一派を硬化させ、大統領提出案件を通すのが難しくなる」と言うのだ。ジャクソンはマッカーシーの攻撃に直面して発せられたこの言葉を、「悲惨な妥協」と取り愕然とした。彼は日記に記した。「ここ何カ月も感じてきた、そして常に批判してきた、リーダーシップ欠如に対する漠然とした失望感は、今週ついに爆発した。わたしはこれを、非常に恐れていた」。彼は大統領の首席補佐官シャーマン・アダムズに、「大統領アドバイザーの何人かは、マッカーシーは本当は良い人間だと考えているきらいがあるが、彼の目に余るパフォーマンスは、こういった連中の目を開かせるのに少なくとも役立つだろう」と話した。

この毒気に満ちた空気の中で、ウィルソン国防長官は一九五三年十二月二日アイゼンハワーに電話して、オッペンハイマー博士についてエドガー・フーバーが書いた最新レポートを見たかどうか尋ねた。アイゼンハワーは見ていないと言った。ウィルソンは「今までの中で最悪のものです」と言った。ストローズが前の晩に電話で知らせてきたとウィルソンは言った。「マッカーシーがこの件を知って、横取りするかもしれないとのことです」。アイゼンハワーは、マッカーシーのことは心配していないが、オッペンハイマーの件は司法長官ハーバート・ブラウネルの耳に入れるべきだと言った。「立証できる証拠が得られない限り、彼らが登場人物（オッペンハイマー）を暗殺することは決してないだろう」と、アイゼンハワーはウィルソンに言った。ウィルソンはアイゼンハワーに向かって、間違って次のように話した。「オッペンハイマーの弟ならびに妻は、そろって共産党員です。この事実に彼の過去の関係が加わると、われわれが共産党と問題を起こしたとき、彼には不利なリスクが生じます」

ウィルソンの電話を切った後、そして未だその文書を読まないうちに、アイゼンハワーは日記に次のように記している。「新しいFBI報告書は、きわめて重大な容疑を提出する。あるものは今までとまったく性格が異なるものだ」。司法長官は告発が正当かどうか判断しなければならない。しかしアイゼンハワーは、「彼らにこの種の証拠があるか、大いに疑わしい」と述べている。しかし一方でアイゼンハワーは、オッペンハイマーを政府内のすべての接点から切り離すつもりであった。「悲しむべき事実は、この容疑が事実であるならば、われわれはまさしく最初の日から、核開発の真っただ中にこの男を据えていたということである。もちろんオッペンハイマー博士は、核に関するより多くの情報を、世界に伝えることを強く勧めた人たちの一人であった」。アイゼンハワーが日記に記してこそいないが、この情報公開の提案は彼が承認したものなのだ。

翌朝早く、アイゼンハワーは国家安全保障顧問ロバート・カトラーに会った。カトラーは大統領に、オッペンハイマーに対する訴訟を直ちに実行するよう勧めた。その日の朝十時に、アイゼンハワーは大統領執務室にストローズを呼びいれ、オッペンハイマーに関する最新のFBIレポートを読んだかどうか尋ねた。ストローズはもちろん、そのレポートも、またその基になっているボーデンの手紙も読んでいる。大ざっぱな議論の後大統領は、「この人物（オッペンハイマー）と、微妙もしくは機密性の高い情報との間を完全に封鎖するよう」指令した。

その日遅く、アイゼンハワーは日記に書いた。「短い時間に、いわゆる『新しい』嫌疑なるものを読まされた」。そして彼はすぐに認めている。「新しい嫌疑といっても、ボーデンという名の男から、一通の手紙を受け取ったということだけだ」。そこで彼は、その内容を正しく評価している。「この手紙は、ほとんど新しい証拠を提示していない」。大統領が打ち明けたことがある。この「膨大な量の」情報は、「長年にわたり絶えずチェックされ再検討されてきたが、全般的な結論は常に、オッペンハイマー博士の背信行為を証明するものはなかったと、聞かされている。しかし、だからといって彼が危険人物でないという意味ではない」。

オッペンハイマーが中傷的な告訴の犠牲者である可能性が高いことを、アイゼンハワーは理解していた。しかし調査を命じた以上、このプロセスを止めるつもりは毛頭なかった。そんなことをすれば、ホワイトハウスは潜在的危険人物を保護しているという、マッカーシーからの攻撃にさらされることになる。そこで大統領は司法長官に公式のメモを送り、オッペンハイマーと秘密情報との間に「隔壁」を設けるよう命じた。

ワシントンは小さな町であったから、翌日の一九五三年十二月四日に、オッペンハイマーのロスアラモス時代の旧友で同僚でもあったウィリアム（ディーク）・パーソンズ提督が、アイゼンハワーの「隔壁」指令について知っていたとしても、驚くほどのことではない。パーソンズはオッピーの左翼系の付き合いについて、すべてを知っており、意味がないものと考えていた。その秋の初めパーソンズは「親愛なるオッピー」と始まる手紙を書き、その中で次のように述べた。「ここ数カ月の反知性主義は、そのピークを過ぎたかもしれない」。しかし今はそうでないことを、パーソンズは知っていた。その日の午後、彼は妻のマーサと、あるカクテル・パーティーで合流したが、彼女には彼が「とても動揺している」のが判った。彼女にニュースを話すと彼は言った。「これを何とか止めさせねばならない。大統領は何が起こっているのか知らなくてはいけない」。その晩家に帰ると彼は妻に言った。「これは、アメリカ合衆国が犯した最大の過ちだ！」。翌朝海軍長官と面会することにしたと彼が言うとマーサは、「ディーク、あなたは海軍大将でしょう、なぜ大統領に会わないの？」と聞いた。

「いや」と、彼は答えた。「海軍長官がわたしのボスだ。わたしは彼の頭越しに行動はできない」

その夜、パーソンズ提督は胸に痛みを感じた。翌朝顔色が悪く見えたのでマーサは彼をベセスダ海軍病院まで車で送った。彼は心臓発作でその日のうちに死んだ。マーサはその原因がオッピーのニュースにあったとずっと信じている。

同じ十二月四日に、アイゼンハワー大統領はバミューダへ五日間の旅行に出発し、ストローズはこれに同行した。五日後に帰国するとストローズは、オッペンハイマーに対する政府訴訟の次のステップの演出を始めた。オッペンハイマーは十二月十三日に、ヨーロッパからプリンストンへ戻る予定になっていた。実はストローズは、そのときオッペンハイマーにどのように話すべきか、いくつかの台本を用意していたのだ。翌日の午後、オッペンハイマーは電話を掛け、二人の男はありふれたおしゃべりを交わした。ストローズはさりげなく言った。「二日後に会えたら好都合だが」。オッペンハイマーは同意したが、あまり報告するものはありませんよ、と言った。「あまり期待しないでください」

後に判明したことだが、FBIはボーデンの手紙の分析を完了していなかった。最初フーバーは、それをあまり深刻には考えなかった。当の手紙がFBIに到着した直後に、あるエージェントは気づいた。「真の事実よりも強烈に見せかけるため、ボーデンの告訴状の内容はゆがめられ、フーバーの言葉で書き直された」。FBIは時間的に追われており、オッペンハイマーに嫌疑を知らせるのを延期してほしいと、ストローズに頼んだ。ストローズはオッペンハイマーに電報を打って、面会予定を十二月二十一日の月曜日に変更した。

十二月十八日、ストローズは大統領執務室に行って、オッペンハイマー事件をどのように取り扱うべきかを議論した。同席したのは副大統領リチャード・ニクソン、ウィリアム・ロジャーズ、大統領補佐官C・D・ジャクソンとロバート・カトラー、それにCIA長官アレン・ダレスであった。アイゼンハワーは部屋の外で、議会のリーダーに会っていた。ロジャーズは、トルーマンがハリー・デクスター・ホワイトに昔やった方法を踏襲しよう、と短く提案した。公開の議会委員会にオッペンハイマーを呼び出し、保安ファイル中の不名誉情報について彼を厳しく尋問しようというのだ。しかしホワイトは、尋問の後心臓発作で急死している。ジャクソンをはじめ全員がそのアイデアを非難した。それを見て「ロジャーズは、微笑みながら提案を取り下げた」。その代わりに彼らは、オッペンハイマーの保安許可の不服審査を行う委員会を任命するという、ストローズの提案に傾いた。それは、形式的な意味での裁判ではない。科学者には選択が認められる。彼は黙って辞任することもできる。もしくは、ストローズが任命権を持つ委員会に対して、保安許可継続を上訴することもできる。

一九五三年十二月二十一日朝十一時三十分、その午後オッペンハイマーと対決する準備をしているとき、ハーバート・マークスが会いたいと待っていると聞かされて、ストローズは飛び上がった。ストローズは、偶然の一致を信じなかった。オッペンハイマーの友人である弁護士が、よりによって今日会いたいとは何事か？　マークスはオフィスに案内されると、オッペンハイマーについてストローズと緊急にお話ししたいと口を切った。これに対してストローズは、マークスの言葉を遮り、その午後オッペンハイマーに会う予定だから、弁護士としてマークスはその会議まで待たなければならないと伝えた。マークスはこれを払いのけて、上院の悪名高いジェンナー国内保安小委員会が、オッペンハイマーの調査を提案したと、たった今知ったところだと言った。一九五〇年五月十一日付《ニューヨーク・タイムズ》の古いクリップを取り出すと、マークスはその見出しを読み上げた。そこには「ニクソン、オッペンハイマー博士を擁護」とあった。もしジェンナー委員会がオッペンハイマーをつるし上げることになったら、ニクソン副大統領は大いに恥をかくだろう、とマークスは示唆した。窮地に追い込まれたストローズは、考えているのはそれだけかね、と静かにマークスに尋ねた。マークスが頷くとストローズは、オッペンハイマーがマークスの懸念を知っているかと尋ねた。マークスは「ノー」と言った。彼はオッペンハイマーがヨーロッパに立つ前から会っていなかった。マークスはすぐに立ち去った。だがストローズは、マークスが「丁重だが脅そうとした」という圧倒的な疑いに取りつかれた。

午後三時ごろ、オッペンハイマーが到着すると、ストローズと戦時中レスリー・グローブス将軍の補佐官で、現在AECの部長であるケニス・ニコルズが彼を待っていた。パーソンズ提督の急死について簡単に触れた後、ストローズはその朝ハーブ・マークスと会ったことをオッペンハイマーに話した。オッペンハイマーは驚いて、ジェンナー委員会の計画については何も知らないと答えた。

そこからストローズは、厳しい本題に入った。「オッペンハイマーの保安許可継続に関して、非常に難しい問題に直面している」と、彼はオッペンハイマーに伝えた。アイゼンハワー大統領は、保安ファイルに「不名誉情報」を含んだすべての個人について、再評価を要求する行政命令を出した。オッペンハイマーのファイルには「多くの不名誉情報」が含まれているとストローズが述べたとき、オッペンハイマーは自分の保安ケースはいずれ見直される必要があることは知っていると認めた。それからストローズは、元国家公務員のボーデンが、オッペンハイマーの保安許可に疑問を呈する手紙を書いたことを、オッペンハイマーに知らせた。それに基づいて、大統領は即刻の調査を命じた。この辺まで、オッペンハイマーは特に驚く様子もなかった。しかしここでストローズは、この調査の第一歩が、オッペンハイマーの保安許可の即時差し止めであると伝えたのだ。それから彼は、オッペンハイマーに対する告訴の性質を概説したAECの書面が準備されていると説明した。書面は未だ下書きの段階で、署名されていないがと、ストローズは狙い定めるような言い方をした。

オッペンハイマーはその手紙を読むことを許された。そして彼はその中身にざっと目を通すとコメントした。「否定できる点が多々あります。正確でないものもあります。しかし多くは正確です」。真実と、半分真実と、まったくの嘘とが混じりあった、見覚えのある情報の焼直しに思われた。

ニコルズが取った会議のメモによると、保安チェックが始まる前に辞任する可能性を、最初に持ち出したのはオッペンハイマーであった。しかしその選択は、まだ告訴状が署名されていないから未だ公式なものではないというストローズの説明を受けてのものらしかった。独り言を言いながらオッペンハイマーは最初、辞任に固執していたわけではなかったが、どっちみちジェンナー委員会が調査を開始するならば、今辞任することは「広報的な観点からして好ましくない」のではと素早く見て取った。

いつまでに態度を決めなくてはならないか、とオッペンハイマーが尋ねるとストローズは、午後八時以降になるなら自宅で返事を待っているが、どうやっても翌日まで延期することはできない、と言った。告訴状のコピーをもらえるか、とオッペンハイマーが尋ねたとき、ストローズはオッペンハイマーが態度を決定するまで渡すわけにいかない、とこれを拒絶した。「ヒル(議会)は知っているのか」というオッペンハイマーの質問に対してストローズは、自分の知る限りでは知らないように見えるが、「このようなことを、いつまでもヒルに秘密にはできない」と答えた。

ストローズはついに、望んだところに正確にオッペンハイマーを追い込んだ。それでもオッペンハイマーは穏やかに報せに反応し、礼儀正しく妥当な質問をしながら、彼の採るべき選択肢を模索していた。ストローズのオフィスに入ってから三十五分後、これからハーブ・マークスと相談すると告げてオッペンハイマーは立ち上がった。ストローズは自分の運転手付キャデラックを使うように勧め、気が動転していたオッペンハイマーは(外見はまったく反対に見えたが)、愚かにもその提供を受け入れた。

しかし彼はマークスのオフィスに行く代わりに、ＡＥＣの元弁護士で、ワインバーグ裁判の間にマークスと共に彼に法的助言をした、ジョー・ボルピー事務所への道を運転手に伝えた。その後すぐに、マークスが彼らに加わり、三人の男はロバートの選択肢を検討することに一時間を費やした。隠しマイクは彼らの話を記録した。オッペンハイマーがボルピーに相談することを予期して、クライアントと弁護士の特権である法的尊厳を踏みにじることに無頓着なストローズは、前もってボルピーのオフィスに盗聴器を仕掛けていた。*

ボルピーのオフィスの隠しマイクで録音した内容は、文書にしてストローズに届けられ、オッペンハイマーが自ら彼のコンサルティング契約を解除するか、それとも正式審理で告訴と戦うべきかに関する議論がモニターされた。オッピーは態度を決めかねているのが明らかで、苦しそうだった。その午後遅く、アン・ウィルソン・マークスが現れ、彼女の夫とロバートをジョージタウンの自宅まで車で連れ帰った。オッペンハイマーは車中で言った。「わたしには、起こっていることが信じられない」。その夕方ロバートは、キティと

＊　同日午後、ストローズはFBIに電話を掛け、オッペンハイマーのプリンストンの自宅とオフィスに電話盗聴器を仕掛けるようにとの、十二月一日のフーバーへの要請を繰り返した。電話の盗聴器は、一九五四年元日の午前十時二十分に設置された。

相談するために列車でプリンストンに戻った。

ストローズはその晩オッペンハイマーの決断を待っていた。翌朝になっても返事はこなかった。そこで正午にニコルズに命じて、オッペンハイマーへ電話させた。オッペンハイマーは、決断するまでにもう少し時間が必要だと言った。ニコルズは無愛想に、「もう時間はありません」と答え、最終的には後三時間との最後通告をした。オッペンハイマーは同意したようだったが、一時間後に彼はニコルズに電話して、ワシントンへ行って自分の口から答えたいと言った。午後の列車に乗り、翌朝午前九時にストローズに会う、と彼は続けた。

ピーターとトニーを秘書のバーナ・ホブソンに預けて、ロバートとキティはトレントンから電車に乗り込んで、午後遅くワシントンに到着した。再びジョージタウンのマークスの家に向かい、彼らはマークスとボルピーと顔を突き合わせて夕方を過ごした。そして、ロバートが告訴と戦うべきか否か議論を続けた。

「彼は未だに、ほとんど絶望的な精神状態の中にいた」と、アンが回想する。数時間の戦略会議の後、弁護士たちはついに、「親愛なるルイス」に宛てた一ページの手紙を下書きした。オッペンハイマーはストローズが辞任を勧めたことを、強く匂わせた。「あなたは、わたしが委員会の顧問としての契約打ち切りを自発的に委員会に要請し、それによって告訴の露骨な検討を避けることを、望ましい選択肢として提示されました」。オッペンハイマーは、このオプションを真剣に考慮したと言った。彼のストローズ宛の手紙は続く。「現下の状況下でこの選択をすることは、わたしが約十二年にわたって奉仕してきた政府に、今やわたしは奉仕することに適していない、とする見解を受け入れ、同意することを意味します。わたしにはできません。もしわたしが、それほどにふさわしくなかったとしたら、わたしが試みてきた国家への奉仕ができたでしょうか。プリンストン高等研究所の所長を務めることができたでしょうか。科学と国家を代表して講演をすることができたでしょうか。わたしは一再ならずこういう話をしてきたつもりです」。

夜遅くなると、ロバートは明らかに疲れて元気がなかった。数杯の酒を飲み終わると、客用ベッドのある二階に行くと言って立ち上がった。数分後アン、ハーブ、キティの三人は「ものが倒れるすごい音」を聞いた。アンはいち早く階段をトップまで駆け上った。しかしロバートはどこにも見当たらない。バスルームのドアをノックして、彼の名前を叫んだが応答はなく、彼女はドアを開けようとした。「わたしは、バスルームのドアを開けられなかった。ロバートから返答もなかった」

彼はバスルームの床に倒れ、そして意識不明の体がドアをブロックしていたのだ。三人は力を合わせ少しずつドアをこじ開け、ロバートのぐったりした体を一方に寄せた。それから彼をソファーへ運び、意識を回復させた。「しかし、確かにぶつぶつ言っていた」と、アンが回想する。キティが与えた睡眠薬を飲んだと、ロバートは言ったのだ。アンが医者に電話すると、その医者は「彼を眠らせないように」と言う。そこで彼らは医者が到着するまでの一時間、オッピーを室内で歩かせ、コーヒーをのどに注ぎ込んだ。オッピーの「ジャングルの野獣」は飛び掛かってきた。彼の試練が始まった。

第V部

第33章　これはかなり難物ですよね

だれかがジョセフKを中傷しているに違いなかった。なぜなら、彼は何も間違ったことをしていないのに、ある晴れた朝逮捕された。

フランツ・カフカ『審判』

辞任はしないとオッペンハイマーがストローズに知らせるやいなや、AECの事務長ケニス・ニコルズは米国史上前代未聞の査問を開始した。AECの顧問弁護士ハロルド・グリーンが、オッペンハイマーを相手取った告発状の草案を書いている日に、ニコルズはグリーンに向かって、この物理学者は「つかみどころのないチクショウだが、今度こそ化けの皮を剝がしてやる」と話していた。当時を振り返ってグリーンは、この言葉こそ聴聞会を通して一貫していたＡＥＣの行動を正確に反映したものだと思った。

クリスマス・イブに、二人のＦＢＩ捜査官がオールデン・メイナーに到着して、オッペンハイマーの手元に残っていた機密資料を差し押さえた。その同じ日オッペンハイマーは、一九五三年十二月二十三日付ＡＥＣの正式告発状を受け取った。ニコルズは、オッペンハイマーに通告した。「原子力委員会（ＡＥＣ）は現在、ＡＥＣの作業に貴殿を引き続き雇用することが、一般の防衛と安全を危うくするのではないか、またこのような雇用の継続が、国家安全保障と明白に両立するものか否か疑問を有するものである。本状は、この疑問の解明を助けるために、貴殿が取り得る処置についてお知らせするものである」。告訴の項目としては、有名無名の共産主義者との付き合い、カリフォルニア共産党支部に対する彼の献金、シュバリエ事件、「他の有力な科学者を説得して水素爆弾開発に従事させないよう力を貸したこと、貴殿が最も経験あり、最も力があり、最も効果的なメンバーであった水素爆弾開発をはっきり遅らせた」等の、「不名誉な」事実が含まれていた。最後の水爆開発の遅延を除けば、個々に挙げられた情報のすべてが、以前グローブス将軍とＡＥＣによって検討され、度外視された問題である。これらの事実について完全な知識を持った上で、一九四三年グローブスは軍に命じてオッペンハイマーに保安許可を与え、その後一九四七年にAECはそれを更新して今に至っていた。「スーパー」へのオッペンハイマーの反対をここに含めたのは、ワシントンを覆っていたマッカーシー的ヒステリーの深さを反映している。異論を唱えただけなのにそれを背信行為として、政府アドバイザーの役割と、アドバイスの目的そのものの定義を変えてしまった。AECの糾弾は、法廷での有罪判決を引き出す可能性のある、狭く巧みに作られた告発といった代物ではなかった。これはむしろ政治的な告発であり、オッペンハイマーはAEC議長ルイス・ストローズが任命するAEC保安検討パネルによって裁かれることになる。

クリスマスの一日か二日前、オッペンハイマーの秘書が机に向かっていると、ロバートとキティがオフィスに入って、ドアを閉めた。それは珍しいことだった。ロバートは、普段はドアを開けておいた。「彼らは、長い間部屋に居た」のを、バーナ・ホブソンは覚えている。「何か大変なことだというのは、一目瞭然だった」。彼らがやっと部屋から出てきたとき、酒を一口飲み、ホブソンにも勧めた。後でホブソンは家に帰ってから夫のワイルダーに話した。「オッペンハイマー夫妻に何かトラブルがあるみたい。わたしには細かいことは分からないけど、何かプレゼントを贈りたい」。ワイルダーはちょうど、ブラジルのソプラノ歌手のレコードを買ったばかりだった。そこでバーナはそのレコードを翌日オフィスに持って行き、ロバートにプレゼントした。「これはクリスマス・プレゼントというほどのものじゃありません。出かけてわざわざあなたのために買ったものではないんです。それにこのレコードは一度聴いています。今ここでかけて差し上げたいプレゼントです」。ロバートはレコード盤を手にすると、頭を垂れしばらくじっと座っていた。それから顔を上げて言った。「なんて優しいんだろう」

その日の午後遅く、彼はホブソンをオフィスに呼び入れて、ドアを閉めさせた。何があったか話そうと、オッペンハイマーは彼女に言った。次の一時間半、彼はそこに座って彼女に話をした。それは告訴のことだけでなく、彼の幼児期、彼の家族、彼の成人期の全部について話した。それは、ホブソンにとって初めて聞くことだった。今振り返ってみれば、彼はニコルズの告訴状に答えるリハーサルをしていたのかもしれないと、彼女は思う。「いわゆる不名誉情報とされた事柄は、わたしの人生とわたしの仕事との前後関係で見なければ、正しく理解できない」と、彼は心に決めていたのだ。

次の数週間にわたって、ロバートは防衛策を準備するため、熱に浮かされたように働いた。AECは告訴に答える猶予期間を三十日と定めた。まず弁護団を集めなければならない。そこで一九五四年一月の初めに、彼はハーブ・マークスとジョー・ボルピーに相談した。優秀で政治的コネのある弁護士をオッピーが雇う必要があると、マークスは強く考えていた。ボルピーはそうは思わず、オッペンハイマーに熟練した法廷弁護士を見つけるよう訴えた。しばらく彼らは、評価は高いが高齢のニューヨークの弁護士、ジョン・ロード・オブライアンへの委嘱を考えた。オブライアンは、健康上の理由から辞退を余儀なくされた。もう一人の著名な法廷弁護士、八十歳のジョン・デイビスは、AECが審理をニューヨーク市で開くなら引き受けてもよいと同意した。ストローズに確認したところ、ニューヨークでの開廷はないとのことであった。結局、オッペンハイマーとマークスは、ロイド・ギャリソン（ニューヨークの法律事務所。ポール、ワイス、リフキンド、ウォートン・ギャリソンのシニア・パートナー）に会いに行った。オッピーは前年の春ギャリソンに会っていた。同弁護士が高等研究所の理事になったときである。そしてオッピーは彼の上品な態度に好感を持った。ギャリソンの血筋は彼自身の評判と同じくらいずば抜けていた。彼の曾祖父のうちの一人は、奴隷廃止論者ウィリアム・ギャリソンで、祖父は《ネーション》誌の文学部門編集者を務めた。ギャリソン自身は、確固たるリベラリストで、米国公民権連合の理事であった。新年が過ぎてまもなく、マークスとオッペンハイマーは、ニューヨークのギャリソン宅で彼に面会し、ニコルズ将軍の告訴状を見せた。ギャリソンが文書を読み通した後、「これはかなり難物ですよね？」と、ロバートが言った。ギャリソンは簡単に答えた。「イエス」

ギャリソンは同情的だった。最初にやるべきことは、告訴に対するオッペンハイマーの対応猶予期間三十日を延長させることだと、彼は言った。一月十八日、ギャリソンはワシントンに行って、必要な延長を獲得した。彼はまた、法廷経験のある弁護士を主任弁護人として採用しようとしたが失敗した。一方、彼はオッペンハイマーと告訴に対する文書での反論を準備し始めた。何週間か過ぎ、ギャリソンは代わりがいないまま、オッペンハイマーの主任弁護士になった。法廷経験が不足する彼が理想的な選択でないことは、ギャリソン自身を含めて、だれもが認識していた。一月中旬にオッペンハイマーから、ギャリソンに委嘱したと聞いたデビッド・リリエンソールは、「経験豊かな法廷弁護士がよいと思っていたのだが、ロバートに対する訴訟は実は根拠が弱いので、弁護士の選択はそれほど重要ではない」と、日記に記した。

オッペンハイマーの聴聞会が迫っているというニュースは、ほどなくワシントン中に漏れ始めた。一九五四年一月二日、キティがディーン・アチソンに電話で「状況はどうなっているか」尋ねようとして、失敗したのをFBIが盗聴している。数日後にストローズは、「オッペンハイマーをかばい立てするため、同事件に関する聴聞委員会を任命するよう、若干の圧力を科学者たちから受けている」と、FBIに報告した。「圧力をかけられてこの種の行動に出るつもりはまったくない」と、ストローズはFBIに話した。その上彼は、「一番大事なのは」オッペンハイマーを裁く委員会の選任の方だと理解していると言った。バネバー・ブッシュは彼のオフィスでストローズと対立し、このAEC議長に向かって、オッペンハイマーに対する彼の訴訟のニュースが「街中に流れている」と話した。ブッシュは単刀直入に、これが「大きな不正」であること、もし彼がこれを強行すれば、「間違いなくストローズ自身への攻撃になるだろう」と告げた。ストローズは怒って「少しも気にしていない」し、このような提案で「脅される」こともないと答えた。

ストローズは後に自らのことを、包囲網の下にあったと述べたが、実は彼は自分が優勢であることを知っていた。FBIはオッペンハイマーの行動と弁護団との会話に関する日報を彼に流し、それによって彼がオッペンハイマーの法律的対応の全容を予想できるよう便宜を図った。FBIのファイルには、オッペンハイマーの弁護団が決して目にすることがない情報が含まれていることも彼は知っていた。弁護士にはこの情報に接近する保安許可を与えないよう手を打っていたからである。さらに、彼は聴聞委員会のメンバーも選べることになっていた。一月十六日に、ギャリソンは彼自身とハーブ・マークスのために保安許可を申請し、ストローズは元AECの法律スタッフであったマークスの申請を拒否した。ギャリソンが裁判の準備に間に合うよう、許可を得られるかどうかは何ともいえない。しかし彼は、許可を認められるのは弁護団全員か、さもなければゼロかという方針を打ち出した。しかしまもなく彼はこの決断を後悔し、取り下げようとしたができなかった。

三月下旬、聴聞委員会のメンバーが丸々一週間かけて、オッペンハイマーに関する未編集のFBI調査ファイルを検討することになったとギャリソンは知った。さらに悪いことに、AECの「検察側」弁護士が出席して、FBIファイル内の不名誉項目を検索する委員会メンバーを誘導したり、質問に答えたりすると聞いてギャリソンは狼狽した。委員会メンバーが一週間ファイル漬けになったら、オッペンハイマーに対して偏見を持つようになるだろうと、ギャリソンは気が滅入る思いであった。しかし、一週間にわたる説明会に出席する特権をギャリソンが要求したとき、にべもなく断られた。同時にギャリソンは、少なくとも同じ資料のいくつかを読めるよう、彼自身の緊急保安許可を得ようとした。ストローズは、「どんなことがあっても、緊急保安許可を与えてはならない」と、司法省に申し入れた。ストローズの意見では、オッペンハイマーも彼の弁護士も、法廷で被告に認められている「権利」の何も持っていなかった。これはAECの人事保安調査委員会の聴聞会であって、民事裁判ではない。したがって、規則の最終決定権者はストローズだというのだ。

オッペンハイマーの防御を徐々に崩すためにストローズがやっていることは憲法にもとることであったが、彼は動じる様子もなかった。FBIの盗聴が違法であることは、彼も知っていたが気にせず、あるエージェントに次のように語った。「FBIがプリンストンのオッペンハイマー邸に技術的装置を付けてくれたおかげで、彼らの動きが事前につかめ、大変助かっている」。そのような戦術に怒ったハロルド・グリーンはストローズに言った。「本件は聴聞というより起訴であり、自分としては一切、いかなる場合もかかわりたくない」。彼はこの事案から手を引きたいと願い出た。

ある日ワシントンでバッカー夫妻を訪問していたロバートは、自分がモニターされているとホストに明らかにした。「彼は部屋に入るなり、まず壁に掛った絵画を持ち上げ、裏に盗聴装置がないか調べました」と、ジーン・バッカーが回想した。ある夜、彼は絵を降ろして言った。「ほら、このとおり！」。監視はオッペンハイマーを「怖がらせた」と、バッカーは言った。

ニューアークのあるFBI捜査官が、「弁護士と依頼人の関係を明らかにするから」、オッペンハイマー家での盗聴を止めようと提案したとき、フーバーはこれを拒絶した。さらにFBIの監視は、オッペンハイマーだけに限定されなかった。キティの年老いた両親フランツとケイト・ピューニングが、ヨーロッパ旅行から船で帰って来たとき、FBIは米国税関を通じて彼らの手荷物を完全に検査させた。また税関は、ピューニング夫妻が持っていたすべての書類の写真を撮った。車椅子で生活していたキティの父と母は、この扱いに非常に狼狽して、入院を余儀なくされた。

ストローズは、AECの問題に対するオッペンハイマーの影響を断ち切るという初期の目的を、アメリカの将来に対する十字軍運動にまで膨らませた。彼はAECの主任弁護士ウィリアム・ミッチェルに向かって、「もし本件で負けたら、原子力計画は左翼の手に落ちるだろう」と語っている。「もしオッペンハイマーの保安許可が認められるような事態になったら、真珠湾攻撃の再来を意味し、だれもが自分の経歴情報に関係なく保安許可がもらえることになる」。国の将来が危殆《きたい》に瀕している現在、通常の法的、倫理的制約は無視してよい、とストローズは理屈をつけた。単に契約コンサルタントとしての、オッペンハイマーのAECとの形式的つながりを断ち切るだけでは足りなかった。この物理学者の評判を貶《おとし》めない限り、オッペンハイマーは自分の名声を利用して、アイゼンハワー政権の核兵器政策を声高に批判するだろうと、ストローズは恐れたのだ。その可能性を排除するため、彼はオッペンハイマーの影響排除を保証する規則が支配する「秘密裁判所」による聴聞を組織化し始めた。

ストローズは一月末までに、オッペンハイマーに対する「検察官」として、四十六歳になるワシントン生まれのロジャー・ロブを選んだ。連邦副検事として七年の検察官の経験を有するロブは、苛烈な反対尋問の才能を持つ攻撃的法廷弁護士としてふさわしい評判を持っていた。彼は二三の殺人事件を告発して、ほとんどで有罪判決を獲得した。一九五一年には、裁判所選任の弁護士として、アール・ブラウダーの議会侮辱罪を弁護して成功している。（ブラウダーは彼のことを「反動的」と呼んだが、その法律的能力は賞賛した）。ロブはあらゆる点で、政治的には保守派だった。彼のクライアントの一人に、フルトン・ルイスJr.がいるが、彼は辛辣な右翼コラムニスト兼ラジオアナウンサーであった。ロブは長年にわたってFBIの「盟友」であり、FBIのエージェントには「まったく協力的」であると、フーバーは報告を受けていた。ある時ロブは、著名な市民リベラリスト、トーマス・エマソンが『イェール法学評論』に寄稿したFBI批判のエッセイに対して、フーバー長官が出した反論にお祝いを述べることによって、長官に取り入る機会を見つけた。ストローズがわずか八日でロブのために保安許可を取り付けることができたのも、驚くほどのことではなかった。

二月と三月をかけてロブが聴聞会に備えて作業中、ストローズはオッペンハイマーのファイルから抜き出しストローズ自身が作成したメモをロブに提供し、被告側証人の証言を打破できるよう便宜を図った。「ブラッドベリー博士が証言するとき……。ラビ博士が証言するとき……。グローブス将軍が証言するとき……」そしてそれぞれの例について、証人がオッペンハイマーを弁護して言うであろうと想定される内容を、確実に崩せる文書を、ストローズはロブに提供した。そのうえ、ストローズの強い勧めによってFBIは、ロスアラモスのゴミ箱から収集した資料を含めて、オッペンハイマーに関する広範な調査レポートをロブに提供した。

検察官が決まったので、今度は裁判官を選ぶ番だった。ストローズはAEC保安検討委員会に参加する三名を必要とした。そして彼はオッペンハイマーの左翼的過去が明らかになったとき、オッペンハイマーの潔白を疑ってくれるような、頼れる候補者を探した。二月末までに、彼はゴードン・グレイを保安検討委員会議長に決めた。当時ノースカロライナ大学の学長であったグレイは、トルーマン政権の陸軍長官を務めた人物である。旧友のストローズは、グレイが一九五二年の選挙でアイゼンハワーに投票した、保守的な民主党員であると知っていた。一族の資金はレイノルズタバコ会社から入って来た南部の特権階級出身のグレイは、自分が何をしようとしているのか、皆目見当がつかなかった。この任務は二週間もすれば終わり、そしてオッペンハイマーは青天白日の身になると、彼は思っていたようだ。問題の大きさを知らず、ましてやストローズのオッペンハイマーに対する個人的敵意を知らないグレイは、お人よしにもデビッド・リリエンソールを保安検討委員会のメンバー候補として提案した。ストローズがその提案を聞いたとき、どのような顔をしたか想像に難くない。

リリエンソールの代わりに、ストローズはもう一人の確実に保守的な民主党員で、スペリー社会長のトーマス・モーガンを選んだ。三人目のメンバーとしてストローズが選んだのは、保守的な共和党員、ウォード・エバンズ博士であった。彼の二つの大きな資格は、ロヨラ大その他北西部の大学で化学の名誉教授という科学的経歴と、以前のＡＥＣ聴聞会で保安許可に頑として反対したことであった。オッペンハイマーの共産党シンパとしての経歴を知らない点では、グレイ、モーガン、エバンズは共通していたが、保安関係ファイルを読むことになって驚くのは目に見えていた。ストローズから見ると、彼らは完璧な「空っぽの器」であった。

一月のある日、ワシントンからニューヨークに向かう飛行機の中でオッペンハイマーは、偶然《ニューヨーク・タイムズ》のワシントン支局長ジェームズ・レストンと出会った。彼らは一緒に座って話をしたが、その後レストンは彼のノートに記した。「オッピーはわたしが傍にいることに、説明できないほど神経質になっており、そして明らかに、ストレスを抱えていた」。レストンは、ワシントン中に電話をかけ、「オッペンハイマーはこのごろどうかしたか?」と尋ね回った。まもなくFBIの盗聴システムは、レストンが繰り返しオッピーに電話をかけようとしているのを傍受した。

オッペンハイマーは、自分の保安許可の停止が広く知れ渡るかもしれないと、「非常にいらだって」いた。彼が最後にレストンの電話に出たとき、レストンはオッペンハイマーの保安許可差し止めと、AECによる調査について噂を聞いたと伝えた。さらにレストンは、この情報をだれかが政府内のマッカーシー上院議員の耳に入れたと言う。オッペンハイマーがコメントできないと言うと、レストンは原稿が上がって印刷する寸前だと告げた。オッペンハイマーはコメントを拒否して、弁護士と話をするようにと促す。レストンは一月の末にギャリソンに面会し、二人はある合意に達した。この話は遅かれ早かれ漏れるだろうと承知の上で、ギャリソンはレストンにAEC告訴状と、オッペンハイマーが用意した反論のコピーを渡すことに同意した。その代わり、ニュースが漏れるまでレストンは記事を印刷しないことを約束した。

オッペンハイマーの弁護準備は、厳しい試練となった。来る日も来る日も、彼はフルト・ホールのオフィスにギャリソン、マークス、その他の弁護士たちと籠って、声明文の原稿を書き、この案件の細部を議論した。夕方五時になると、オッペンハイマーは原っぱを横切ってオールデン・メイナーに歩いて帰った。時には、弁護士たちが彼を自宅へ送り、そこで夜遅くまで作業を続けることもあった。「非常に緊張した毎日だった」と、彼の秘書は回想する。しかしロバートは、一見ほとんど穏やかに見えた。「彼は非常によく頑張っているように見えた」と、バーナ・ホブソンは言う。「彼には、結核から回復した人々にしばしば見られる、すばらしいスタミナがあった。信じられないほどやせっぽちだったけれども、信じられないほどタフでもあった」。もう二月に入ってかなりたっていたが、忠実でとても慎重な秘書であったホブソンは、何が起こっているか自分の夫にもまだ話していなかった。それが彼女には心の負担になっていたので、ある日彼女はロバートに尋ねた。「夫のワイルダーに事情を話す許可をいただけますか？」。オッペンハイマーは驚いて彼女を見て言った。「とっくの昔に話したと思っていたよ」

オッペンハイマーはAECの告訴に対する彼の答弁に関して、「信じられないほど懸命に」取り組んだ。その時を思い出してホブソンは語った。「下書き、修正、下書き、修正の繰り返しで、大変な仕事というのは、こういうものかと思いました。彼がそれに何時間を注ぎ込んだか、わたしには想像もつきません」。革張りの回転椅子に腰掛けて、しばらく黙って考える、二、三のメモをさっと書きとめる、それから立ち上がって部屋の中を行ったり来たりしながら、口述を始める。「彼は、完璧な文とパラグラフを、一時間ぶっ続けに口述することができた」と、ホブソンは言う。「ちょうど手首が痛くなったころ、十分間休憩しようと言う」。十分たつと戻って来て、また一時間口述するのだった。もう一人の秘書ケイ・ラッセルは、ホブソンが速記したものを、トリプルスペースでタイプする。ロバートはそれをチェックし、ケイが再タイプした後、キティがそれを編集する。最後にロバートが、もう一度すべての変更部分を調べる。

ロバートが一生懸命努力したのは、自分を守るためだったとしても、その仕事の仕方は宿命として受け入れているようであった。その一月末彼は、物理学会のある大会に出席するために、ニューヨーク州ロチェスターへ向かった。テラー、フェルミ、ベーテを始め、なじみの顔がそろっていた。ロバートは間近に迫っている試練について、人前で感じさせるようなことはしなかったが、ベーテにだけ打ち明けた。ベーテは明らかに旧友が「困惑している」のを見て取った。オッピーはベーテに、自分は負けるだろうという確信を漏らした。テラーはすでにオッペンハイマーの保安許可中止について耳にしており、会議の合間に彼に近寄って言った。「あなたのトラブルについて聞きました。大変でしょう」。「長年にわたって、わたしが何か悪いことをしたと思うかね?」と、ロバートはテラーに尋ねた。テラーがノーと答えると、テラーが彼の弁護団と話してくれると有り難いが、とロバートは冷静に提案した。

次にニューヨークへ行った時、テラーはギャリソンに会って自分の考えを述べた。オッペンハイマーは多くの点で、特に水爆決定に関して、ひどい間違いを犯したとは思うが、彼の愛国心を疑ったことはないと言うのだった。しかしギャリソンは、オッペンハイマーに対するテラーの感情はまったく温かくないと感じ取った。「彼はロバートの知恵と判断に対しては信頼を欠いていること、そのために政府にとっては彼がいない方がよいと感じている、と語った。このテーマについてのテラーの印象と、ロバートに対する彼の嫌悪は激しかったので、彼を証人として呼ばないことに決めた」

ロバートは、しばらく前から弟と接触していなかった。フランクはその年の冬東部に来る予定だったが、牧場の仕事の関係で延期せざるを得なかった。一九五四年二月の初めに兄弟は電話で話し、ロバートは自分が「かなりのトラブル」にあることを明らかにした。近いうちに会いたいと彼は望んだ。というのは、ヨーロッパから帰ってから、「自分の問題を適切に説明する」手紙を書けないでいるからだ。

彼の友人にとって、ロバートは取り乱しており、説明できないほど受身になっているように見えた。ある日法律的戦略について弁護士の話を聞いている間に、バーナ・ホブソンは我慢しきれなくなってロバートをけしかけ始めた。「わたしは、ロバートが十分に戦っていないように思えた」と、彼女は回想する。「わたしはロイド・ギャリソンがあまりに紳士的過ぎると思い、怒っていた。われわれは飛び出していって戦うべきだと、わたしは思った」

ホブソンは弁護士の議論に通じているところが少なからずあり、彼女の意見としては、弁護士たちがクライアントを助けていないと感じていた。「わたしには物語全体が、明らかにナンセンスの塊のように思えた」と、彼女は言った。ワシントン内のロバート批判者たちは、「甘っちょろい理由を受け入れるような連中ではなく、だれが首謀者にせよ一つの道具として使っているのだから、われわれがすべきことは、押し返すこと、蹴飛ばすこと、攻撃することだった」。ホブソンは自分の考えを、弁護士たちの前で述べるのは「あまりに怖かった」が、「ロバートには聞こえるようにつぶやき続けた」。ついにオッペンハイマーは彼女をわきに連れて行き、オールデン・メイナーの裏階段のところに立つと、非常に穏やかに話した。「バーナ、わたしは自分が最上だと思う方法で、精いっぱい戦っているんだよ」

ギャリソンが十分に攻撃的でないと考えたのは、ホブソンだけではなかった。キティもまた、弁護団が夫を導こうとしている方策に不満を抱いていた。キティは闘う女だった。若いころオハイオ州ヤングストンで、工場の門の外に立って、共産主義の文書を配っていたときから、すでに二十年がたっていた。おそらくあれ以降初めて、今この試練は彼女のすべてのエネルギー、粘り強さ、知性を必要としているだろう。夫に対する告発の一部には、何と言っても彼女の過去の人生もかかわっているのだ。彼女も、多分証言しなければならないだろう。それは、彼にとってと同様に、彼女にとっても試練となるだろう。

ある土曜日の正午に、午前中ずっとAEC告訴への答弁作りに取り組んだ後、オッペンハイマーはホブソンを引き連れてオフィスから出てきた。「わたしは彼を家まで車で送るつもりだった」と、ホブソンは回想の中で述べている。しかし、彼らが駐車場に向かっていくと、アインシュタインが突然現れ、オッペンハイマーは立ち止まって彼と話し始めた。二人の男が話している間、ホブソンは車の中で待った。オッピーは車に戻ったとき彼女に話した。「わたしへの攻撃は法外だから、さっさと辞任すべきだと、アインシュタインは思っている」。おそらく彼自身のナチスドイツ時代を思い出したのだろう、アインシュタインは次のように論じたという。「オッペンハイマーは魔女狩りに屈することはない。彼は十分国に尽くしたし、これがアメリカの報い方だというなら、アメリカに背を向けるべきだ」。ホブソンは、オッペンハイマーの反応を鮮やかに覚えている。「アインシュタインは、分かっていない」。アインシュタインは、彼の祖国がナチ思想一色に染まる寸前に逃げ出し、再びドイツに足を踏み入れることを拒否した。しかし、オッペンハイマーはアメリカに背を向けることはできなかった。「彼はアメリカを愛していたから」。ホブソンは後に主張した。「それは科学に対する愛情と同じくらい深かった」

アインシュタインはフルト・ホールのオフィスへ歩いて行った。そして、オッペンハイマーの方に向って頷くと、一緒に居たアシスタントにつぶやいた。「バカだな」。もちろんアインシュタインは、アメリカがナチスドイツと同じだと思ったわけではないし、オッペンハイマーには亡命が必要だと信じていたわけではない。しかし彼は、マッカーシー旋風には心底警戒心を煽られていた。一九五一年早々アインシュタインは、友人であるベルギーのエリザベス女王に手紙を送り、ここアメリカで、「何年も前のドイツの惨禍が、繰り返されています。人々は抵抗もせず黙認し、悪の力に自ら同調しています」と、書いた。彼がその時恐れていたのは、オッペンハイマーが政府の保安審査委員会に協力することによって、彼自身が恥をかくだけでなく、悪意に満ちた審査過程すべてが合法化されてしまうことであった。

アインシュタインの直観は正しかった。そして、オッペンハイマーの直観が間違っていたことを、いずれ時間が証明することになる。「オッペンハイマーは、わたしのようなジプシーではない」と、アインシュタインは彼の親友ヨハナ・ファントバに打ち明けた。「わたしは、生まれつき象のような皮膚を持っている。わたしを傷つけることができる人はだれもいない」。だが、オッペンハイマーは見るからに傷つきやすく、そして脅されやすい男だと、アインシュタインは思った。

二月の末、AEC告訴状に対する答弁をオッペンハイマーがようやく完成させたころ、旧友イシドール・ラビはロバートが聴聞を完全に避けられるよう、仲介をしようと図っていた。その年の初め、ラビがアイゼンハワー大統領に本件について相談しようとしていると耳にしたストローズは、この試みを妨害して成功した。そこでラビは直接ストローズに、もしストローズとニコルズが告訴を取り下げ、オッペンハイマーの保安許可を回復させるなら、オッペンハイマーはAECコンサルタントとしての職を速やかに辞すると提案した。AECはコンサルティング契約に関して、あまりオッペンハイマーを活用しているようには見えず、ここ二年間で合計わずか六日しか働かせていない。

このミーティングの直後、一九五四年三月二日に、ギャリソンとマークスがストローズのオフィスに現れて、オッペンハイマーはこの妥協案を受け入れる気があると確認した。しかし勝利を確信していたストローズは、この解決案を「問題外」として退けた。AEC規則は聴聞委員会で聴聞すべしと定めている、というのが彼の主張であった。オッペンハイマーが辞任の意思を書面で示すなら、「AECはそれを考慮する」という対案を出してきた。これはあまり頼りにできる話ではないので、その日のうちにギャリソンとマークスはストローズを再訪問して、電話で依頼人と話をした結果、「聴聞委員会で戦う」決意をしたと伝えた。

したがって一九五四年三月五日、自叙伝の形で書かれたオッペンハイマーの反論がＡＥＣに届けられた。それは、タイプされた四二ページの文書であった。

科学界のオッペンハイマーの友人グループに、事態は広く知れわたり、多くの人が電話をかけてオッペンハイマーのことを心配していると伝えた。一九五四年三月十二日、リー・デュブリッジはワシントンから電話して、何か自分にできることがあるかと尋ねた。オッペンハイマーは苦々しい口調で答えた。「ホワイトハウスがその気になれば、何かできることはあるかもしれない。しかし彼らにはその気はないだろう。すべてがまったくのナンセンスだよ、君には言うまでもないが」

「問題はもっと厄介だよ」と、デュブリッジが答えた。「ナンセンスというだけなら、それと戦えるかもしれない。しかし根はもっと深い」。ロバートも同意したようだ。「くだらない長話」をするだけの委員会を辞任したところだと話した。もう一人の友人ジェロルド・ザカリアスは、こう言って彼を安心させた。「君は個人的に何も恐れることはない。本当だよ。君の姿勢がこの国にとって重要だよ。要するにわたしは言いたい。連中こそ地獄に落ちろ」

四月三日に、ロバートは彼の永年の愛人ルース・トールマンに電話をかけて、何が起ころうとしているかを、彼女に話した。彼らが話したのは、数カ月ぶりであった。「今朝あなたの声を聞くことができて、信じられないほど嬉しく思いました」と、トールマンは手紙に書いた。「あなたは悩まされ、混乱させられて、お手紙を書くどころではないと思います。あなたのことは、絶えずわたしの頭の中にあります。親愛なるロバート、もちろん多くの懸念と共にではありますが。ああロバート、ロバート、わたしたちの間はどうしていつもこんな風なのでしょう。助けたいと深く思うときに、いつも無力なのです」

数日後オッペンハイマー夫妻は、ピーターとトニーを汽車でロスアラモス時代の旧友ヘンペルマン夫妻のところに送り出した。審理の期間中、子供たちはロチェスター（ニューヨーク州）に滞在することになった。ロバートとキティはワシントンに向けて出発する直前、旧友ビクター・ワイスコップから手紙を受け取った。苦境を知って、応援と励ましの言葉がつづられていた。「わたし、ならびにわたしと考えを同じくするすべての人が、あなたの闘っている戦はわれわれ自身の戦であると知っています。この闘いの中で一番の重荷を背負わなければならない人として、なぜか運命はあなたを指名しました。われわれの生きる目的すべてにかかわる精神と原理を、あなたほど代表できる人が、この国に他にいるでしょうか。気分が落ち込んだときは、われわれのことを思い出してください。今までどおりのあなたであること、そしてすべてが良い結果に終わることを祈っています」

すばらしい思いやりであった。

第34章　残念ながらこのこと全部が、愚かな芝居だったと思います

手続きは、初めからゆがめられていた。

アラン・エッカー（オッペンハイマー弁護団）

ルイス・ストローズは保安委員会の手続き開始を心待ちにしていた。一つには、彼の獲物が外国へ逃げるかもしれないと、実は恐れていたのだ。オッペンハイマーのパスポート没収を望んでいたストローズは、「AECが審理中に、彼が亡命を決意したら大変不幸なことになろう」と、司法省に警告した。また彼は、マッカーシー上院議員が彼の計画に干渉してくることを心配していた。四月六日、CBSテレビ解説者エドワード・マローの彼への攻撃に応えてマッカーシーは、アメリカの水素爆弾プロジェクトは故意に遅延されていると糾弾した。予測のつかない行動に出るこの上院議員が、オッペンハイマー事件について知っていると公表するおそれがあるのは明らかだった。

一九五四年四月十二日月曜日、一六番街とコンスティチューション通りの交差点広場に、戦争中建てられたぼろぼろの二階建て仮設構造物であるT・3ビルにおいて、ついに聴聞委員会が開かれると、ストローズはほっと胸をなでおろした。ここにはAECの調査部長のオフィスが入っていたが、今回の事件のために、二〇二二号室が応急の緊急法廷に模様替えされた。長くて暗い長方形の部屋の一方に、三人の委員会メンバー、ゴードン・グレイ委員長と他の二人、ウォード・エバンズ、トーマス・モーガンが、大きなマホガニーのテーブルを前にして陣取る。テーブルの上には機密扱いのFBI文書の入った黒いバインダーがいくつも積み上げられている。ギャリソンのアシスタントの一人アラン・エッカーは、保安審査委員各人の前に、このバインダーが配られているのを見て、ロバートの弁護士たちがどれくらいびっくりしたか覚えている。「これは、その日最大のショックであり、この案件を通じて最大のショックでもあった。というのは、法律システムの古典的な概念からすると、白紙状態でスタートするのが常識だったからだ。オープンに、かつ被疑者が対応する機会を与えられる形で置かれるもの以外、裁判官の前には置かないことになっている。だが彼らは、前もって資料(バインダー)を調査し、その内容を知っていたのだ。われわれは、内容を知らされていなかった。われわれは、コピーも持っていなかった。文書が提供されていないだけでなく、われわれにはそれに疑問を呈する機会さえ与えられなかった。それでわたしは、手続きが初めからゆがんでいると思った」

対立する弁護士チームは、T字型に並べられた二つの長いテーブルに向かい合って座った。一方の側に、AECの弁護団ロジャー・ロブとカール・アーサー・ロランダーJr.（AECの保安次長）が座った。彼らと向き合う形で、オッペンハイマーの弁護団ロイド・ギャリソン、ハーバート・マークス、サミュエル・シルバーマン、アラン・エッカーが座る。「T」の字の一番下に、木製の椅子が一個置かれ、そこに被告または他の証言者が裁判官と向き合って座った。証言していないときオッペンハイマーは、証人席の後の壁際に置かれた革のソファーに座る。翌月オッペンハイマーは、約二十七時間を証人席で、そしてそれよりずっと長く心細い時間をソファーの上で過ごすことになる。立て続けにタバコを吸い、ウォルナットのパイプの香りを部屋中に立て込めながら。

その最初の朝、オッペンハイマーと彼の弁護団は、一時間近く遅れて到着した。二、三日前、キティはまた事故を起こした。今度は階段から落ち、足にはギプスをはめていた。松葉杖でよろよろ歩き、彼女はゆっくり革のソファーへ進んだ。そこに夫と座って、手続きの開始を待った。ロバートは抑制した態度で、ほとんど運命を観念しているように見えた。「われわれは、かなり打ちひしがれていた」と、ギャリソンが回想する。「彼女の登場は、状況をスムーズにする役にはあまり立たなかった」。遅延したことで委員会は、

「かなりイライラ」したようだった。ギャリソンは、遅くなったことを詫びた。報道陣が記事にするかもしれないことをそれとなく匂わせながら、彼は言った。「堤防の穴に指を突っ込んでいた（応急措置をしていた）ものですから」

グレイは、AECの告発状とオッペンハイマーの答弁を朗読して午前中を費やした。次の三週半にわたってグレイは、本手続きが「調査」であり裁判でないことを、繰り返し述べた。しかし、AECの告発状の朗読を聴いて、ロバート・オッペンハイマーが裁判にかけられていないと思う人はだれもいなかった。彼の容疑には次のようなものが含まれていた。いわく、多数の共産党の前線組織に加わったこと。共産主義者であることが判明しているジーン・タトロック博士と「親しい関係を持った」こと。その他の「名の知られた」共産主義者、トーマス・アディス博士、ケニス・メイ、スティーブ・ネルソン、アイザック・フォルコフと交際があったこと。原爆プロジェクトの仕事に、ジョセフ・ワインバーグ、デビッド・ボーム、ロッシ・ロマニッツ（すべてオッペンハイマーの教え子）に加えデビッド・ホーキンス等、名の知られた共産主義者を雇った責任。サンフランシスコで、月一五〇ドルを共産党に寄付したこと。そしておそらく最も不穏な嫌疑は、放射線研究所に関する情報をサンフランシスコのソビエト領事館に集めるという、ジョージ・エルテントンの提案について一九四三年初めにハーコン・シュバリエと交わした会話を、速やかに報告しなかったことである。

　オッペンハイマーの答弁書は、タトロック、アディスほかの左翼と、友好関係があった事実は認めたが、その関係に後ろめたいことはないと否定した。これらの付き合いについては、「わたしは、この交わりの新しい感覚が好きだった」と述べた。一九三〇年代にシンパであったことを彼は率直に認め、共産党を通じてさまざまな運動に献金をしたことを認めた。AEC告発状が主張するように、「西海岸の共産党前線組織の多分すべてに所属していた」と言った覚えはなかった。引用符に囲まれた部分は真実でないが、もし彼がそれを言ったとしたら、「それは、半分おどけた誇張であった」という（実はこれらはジョン・ランズデール大佐が、一九四三年にオッペンハイマーに投げかけた質問の言葉であった。「あなたはおそらく西海岸のあらゆる前線組織に属していたのだね」との質問に対してオッペンハイマーはあっさりと、「まあね」と答えた）。アーネスト・ローレンスが放射線研究所で、オッペンハイマーの教え子を雇用したことに対して責任があるという点は否定した。そしてシュバリエ事件に関してオッペンハイマーは、シュバリエがエルテントンの提案について彼に話したことを認めた。「これはわたしにとってまったく不適切に聞こえるという趣旨の、強い言葉をいくつか使った。議論はそれで終わった。われわれの長年の友好から、シュバリエが実際に何か情報を要求しているとは考えられなかった。そしてわたしは、わたしがかかわっていた仕事について、彼がまったく知らないと確信していた」。この会話の報告が遅れたことに関しては、直ちに報告すべきだったと思っている、と彼は認めた。しかし彼は、最終的には自発的に、エルテントンに関する情報を保安担当官に報告したと指摘し、「わたしの報告がなければ」この話が知られるようになったはずがない、と疑問を呈した。

全般的にオッペンハイマーの答えは信用できるようだった。彼の人生全体の中で判断するなら、彼に向けられたこれらの嫌疑は、人種平等、消費者保護、労働組合の権利、言論の自由を守り、運動することを決意した一九三〇年代のニュー・ディールの間で、何ら珍しいものではなかった。しかしAECの告発にはもう一つの申し立てがあり、これへの対応が、シュバリエ事件への対処と同じくらい難しいものであることが、追々判明する。告発は主張していた。「一九四二年から四五年にかけて、カリフォルニア、アラメダ郡共産党支部の専門職オルガナイザーのハンナ・ピータース博士、アラメダ郡共産党支部書記長バーナデット・ドイル、スティーブ・ネルソン、デビッド・エイデルソン、ポール・ピンスキー、ジャック・マンリー、カトリーナ・サンドウを始めとする共産党のさまざまな幹部が、当時貴殿は共産党員であったこと、当時貴殿は党内で活発に活動できなかったこと、貴殿の名前は党のメーリングリストから削除し、いかなる形でも口にしてはならないこと、貴殿がこの期間中、原子爆弾関連の問題を党員と話し合ったこと、そして一九四五年の数年前に、貴殿はスティーブ・ネルソンに軍が原子爆弾に取り組んでいることを明らかにしたと示す陳述をしている」

これらの具体的な申し立ての出所はどこだろうか？　これらの個人は、当局に話していない。ＨＵＡＣに呼び出されたとき、ネルソンその他の人たちは、常に名前を名乗ることを拒否した。明らかにこれらの告訴内容は、聴聞委員会裁判官の机の上に積み重ねられた黒いバインダーから写された、違法なＦＢＩ盗聴記録に基づいていた。法廷では認められないこれら不適格なコピーが、グレイ委員会の「調査」においては何ら罰せられることなく用いられるのだ。委員会メンバーの三人は全員が、十年間の会話をまとめたＦＢＩの資料を前もって読んでいるのに、オッペンハイマー側の弁護団はこれを見ることさえ禁じられており、したがって、その内容に異議を申し立てることさえできなかった。

このように提示された共産党の秘密党籍の嫌疑は、弁護を不可能にすることを、ギャリソンとマークスは把握していなければいけなかったのだ。オッペンハイマーは申し立てを否定した。「貴申立書は、共産党幹部とされる人物によって、一九四二年から四五年にかけてなされた、わたくしが隠れた共産党員であったとする陳述を提示しています。わたしには、これらの人々が言ったとされる件に関して何も知りません。わたしが知っているのは、秘密であれ、公であれ、わたしが党員であったことは決してなかったということです。言及される何人かの人々の名前、たとえばジャック・マンリーとカトリーナ・サンドウなどは、わたしにとってまったく未知の人です。バーナデット・ドイルの名前は知っていますが、会ったことはないと思います。ピンスキーとエイデルソンは、ごく気楽に会ったことがあります」。法廷においては、このような証拠は受け入れられず、第三者が被告について他から聞いたものを語っている、いわゆる再伝聞として退けられる。しかしこの「調査」では、よく知られた共産主義者が、オッペンハイマーは自分たちの同志だと主張した声をFBIが録音したと、裁判官は常に信じることになる。

これらのバインダーの情報のいくつかは、オッペンハイマーを一層貶めるように操作さえしているように見える。一つのキーとなる申し立ての源は、二人のFBI情報提供者、ヒル夫妻ディクソンとシルビアであった。この二人はカリフォルニアで共産党モンクレア支部に潜入していた。一九四五年十一月にこの夫妻チームは、サンフランシスコのFBI事務所の中に入って、彼らが広島原爆投下直後に出席した共産党の会合について報告した。シルビア・ヒルは、ある共産党幹部党員ジャック・マンリーが、オッペンハイマーを「われら同志の一人」と呼ぶのを耳にしたと言った。しかし、ヒル夫人は続けて言った。「その人物（オッペンハイマー）に関するマンリーの言葉は、その人物が共産党の正式党員であることを必ずしも意味するものではないと、彼女には思えた。その人物は本当の党員ではなく、コミュニズムの理念に賛同しているだけだという印象であったと、信じている」。この文脈からすると、シルビア・ヒルの情報は、名の知れた共産主義者がオッペンハイマーを党のメンバーと呼んでいるのを耳にしたというAECの嫌疑の根拠を薄くする。しかし、FBIがオッペンハイマーのファイルを要約する中で、ヒルの情報を際立たせたため、このニュアンスのレベルは失われた。このように、せいぜい噂の段階にあったものが、「不名誉な」情報のレベルまで格上げされてしまったのだ。

告発とオッペンハイマーの答弁を読んだ委員長グレイは、「この手続きにおいて、宣誓証言をすることを望むかどうか」と、オッペンハイマーに尋ねた。オッピーはこれを望んだ。そしてグレイは一般の法廷で要求される、「真実を述べ、真実以外述べない」という標準的な宣誓を行わせた。取り調べが始まった。オッペンハイマーは証人席に座り、被告側弁護人による質問を穏やかに受けて午後を過ごした。

翌朝一九五四年四月十三日火曜日、《ニューヨーク・タイムズ》は、ジェームズ・レストンの第一面特ダネ記事で事件をすっぱ抜いた。見出しは次のようであった。

AEC、保安調査でオッペンハイマー博士の身分を一時保留
同博士、記録に抗弁
聴聞会開始
機密データへの接近拒否さる
核専門家に対して共産党との関連疑惑

《ニューヨーク・タイムズ》は、ニコルズ将軍の告訴状とオッペンハイマーの反論のフルテキストを掲載した。レストンの記事は、国内外の新聞が取り上げげた。何百万もの読者は、オッペンハイマーの政治的および個人的な生活の詳細を、初めて知らされた。

このニュースは、瞬間的に二極化した影響をもたらした。著名な人物をこのような方法で攻撃できることに、自由主義者は仰天した。自由主義者論説委員であるドルー・ピアソンは日記に記した。「ストローズとアイゼンハワーの取り巻きは、確かに卑劣になっている。この戦前への逆戻りと、オッペンハイマーが一九三九年または一九四〇年にだれと会って、だれと話したかを見つけるためにオッペンハイマーのベッドの下まで探すような試みを見ていると、これ以上にマッカーシーを応援し、魔女狩りを助長する計算づくの試み

は思いつかない」。他方ウォルター・ウィンチェルのような保守的な解説者は、この話を聞いて大はしゃぎだった。ちょうど二日前、ウィンチェルは彼の日曜テレビ番組で、マッカーシー上院議員が「原爆開発の中心人物が、水爆製造禁止を主張した」ことを、まもなく明らかにするだろうと発表した。この有名な原子核科学者は、「活発な共産党メンバー」であり、「他の著名な原子核科学者を含む共産系組織のリーダーであった」と、ウィンチェルは主張した。

グレイ委員長は、レストンの報道に怒り心頭であった。ギャリソンに向かって、「あなたは昨日遅刻した理由として、『堤防の穴を指で塞いでいた』と言いましたね」と詰問した。レストンはオッペンハイマーの保安許可差し止めのことを、一月中旬から知っていたと、ギャリソンは説明した。しかしグレイはこれを払いのけて、ギャリソンがいつ同記者にAEC告訴状のコピーを渡したかと、厳しく問い詰めた。オッペンハイマーは話に割込んで言った。「これらの文書はわたしの弁護人が、金曜日の夜レストン氏に与えたと理解しています」。これはグレイの怒りを煽るだけだった。「昨日の朝、堤防の穴を指で塞いでいたと発言したとき、これらの文書がすでに《ニューヨーク・タイムズ》の手に渡っていたのを、知っていたというのですね？」

「確かに知っていました」と、オッペンハイマーが答えた。

オッペンハイマーと彼の弁護団に明らかにイライラしたグレイは、情報のリークについて彼らを非難した。怒りはルイス・ストローズに向けるべきであったことを、彼は決して知らなかった。AEC議長ストローズは、レストンがオッペンハイマーに電話していたことは、当初から知っていた。そして、《ニューヨーク・タイムズ》に公表のゴーサインを与えたのはストローズであって、ギャリソンではなかった。マッカーシーが最初にニュースを発表するのを恐れたストローズは、そろそろニュースを公表する時期であり、今ならリークをオッペンハイマーの弁護団のせいにすることができると計算した。アイゼンハワーの報道官ジェームズ・ハガティーも同意した。それで、四月九日に、ストローズは《ニューヨーク・タイムズ》の発行者アーサー・サルズバーガーに電話をして、事前に約束していた記事差し止めを解除した。

もう一つストローズが恐れていたのは、今や本件全体が「新聞報道に取り上げられる」危険性があり、聴聞が長引くとオッペンハイマー有利に働くことであった。長引けば長引くほど、オッペンハイマー側が科学界に「働きかける」時間を与えることになると、彼は計算したのだ。素早い決断が必須だった。そこでその週末に、彼はロブにメモを送り、聴聞会を加速するよう伝えた。

その数日前プリンストンで、エイブラハム・パイスは《ニューヨーク・タイムズ》が事件を記事にしようとしているのを知った。記者たちがコメントを求めて、アインシュタインのところに押しかけるのを予期したパイスは、マーサ通りに面したアインシュタインの家まで車で乗りつけた。パイスが訪問の理由を説明すると、アインシュタインはクスクス笑って言った。「オッペンハイマーの困った点は、彼を愛していない女を愛していることさ。女というのはアメリカ合衆国政府のことだがね。問題は簡単さ。オッペンハイマーがワシントンに出かけて行って、お偉方を相手に、お前らはバカだと言って帰って来ることだ」。個人的にはパイスも同意したかもしれないが、これでは新聞に載せられないと思った。そこで彼はアインシュタインを説得して、オッペンハイマーを援護する簡単な声明文の下書きを書いてくれるよう依頼した。「わたしはオッペンハイマーを科学者としてだけでなく、偉大な人間としても称賛している」、という内容であった。そしてこれを、UP通信の記者にアインシュタイン自身が電話で読み上げた。

四月十四日の水曜日は聴聞会の三日目であった。オッペンハイマーは朝から証人台に立ち、弟（フランク）についてギャリソンから質問を受けた。「そこでハーコン・シュバリエは、直接か、またはあなたの弟フランク・フリードマン・オッペンハイマーを通して、この問題に関連してあなたに接近した」という記述がAEC告訴状にあるのを、オッペンハイマーは非常に心配していた。フランクがシュバリエの接近と関係していたかどうか、ギャリソンが尋ねたとき、彼は次のように答えた。「わたしは、これについて非常にはっきりしています。鮮明で、間違いようのない記憶があります。彼は、まったく何もかかわりがありません。それは少しも意味がない、と言わせていただきたい。なぜなら、シュバリエはわたしの友人であったからです。弟は彼を知らなかったという意味ではありませんが、この話は異様に回りくどく、不自然です」。これは完全に筋の通った話であった。しかしストローズ、ロブ、ニコルズは、それを嘘だと思っており、何の証拠もなしにオッペンハイマーが聴聞委員会に嘘をついたと主張した。

ギャリソンのオッペンハイマーへの直接尋問は、始まったときと同様に、AECの告訴状に対するオッペンハイマーの答弁内容を裏付けて終了した。オッペンハイマーも彼の弁護団も、うまくいったと思った。しかしロブが反対尋問を開始すると、この好印象を覆すために入念に練り上げた戦略が彼にはあることが明らかになった。ほぼ二カ月間FBIファイルに埋まって、彼はよく準備をした。「オッペンハイマーへの反対尋問なんてできっこない、と前もって言われていた」と、ロブが後に語った。「彼はあまりに頭の回転が速く、そして摑みどころがないからだという。そこでわたしは、多分そうかもしれないが、やってみないことには分からない、と言った。いずれにせよわたしは、その手順およびFBIレポートの参照等々を含めて慎重を期して反対尋問の準備をした。最初にオッペンハイマーを揺さぶることができれば、その後は御しやすくなるだろう、というのがわたしの見解だった」

四月十四日水曜日は、おそらくオッペンハイマーの人生で最も屈辱的な日であったろう。ロブの質問は容赦なく、厳しかった。それはオッペンハイマーが経験したこともなく、まったく準備もできない厳しいものであった。ロブはまず、共産党との密接な関係は、「秘密の戦争プロジェクトの研究と矛盾する」と、オッペンハイマーに認めさせることから始めた。続いてロブは、以前共産党員であった人たちについて尋ねた。そのような人が秘密の戦争プロジェクトに取り組むことは妥当であると思うかと、ロブは尋ねた。

オッペンハイマー「現在のことを言っているのですか、それとも当時のことですか？」

ロブ「まず現在について伺いましょう。それから当時のことに戻ります」

オッペンハイマー「それは脱党の性格と全容次第であると思います。そしてその人となり、つまり正直な人であるか否かによります」

ロブ「それがあなたの、一九四一年、一九四二年、一九四三年当時の意見でしたか？」

オッペンハイマー「基本的にそうです」

ロブ「一九四一年、一九四二年、一九四三年当時、元党員がもはや危険でないと判断するのに、あなたはどのような手段を講じましたか？」
オッペンハイマー「申し上げたように、わたしはだれが元党員であったか、ほとんど知りませんでした。わたしの妻のケースでは、彼女がもはや危険でないことは完全に明らかでした。わたしの弟のケースでは、わたしは彼の常識と率直さ、そしてわたしに対する彼の誠実さから信頼しました」
ロブ「あなたの弟のことを例にとりましょう。あなたが今言われた信頼を獲得するために使った、テスト方法を話してください」
オッペンハイマー「兄弟の場合、あなたならテストしますか？　少なくとも、わたしはしません」

ロブの狙いは二つあった。第一に、ロバート・オッペンハイマーおよび弁護士がアクセスを許されなかった書面になっている記録と、オッペンハイマーの陳述の矛盾を突くことであった。第二に、オッペンハイマーが認めたことを使って、ロバートが共産主義者を雇うことによりロスアラモスを、よく言って無責任に、もっと悪く言えば意識的に、そして目的を持って管理していたと持っていきたかったのだ。ロブの狙いは、証言者に前に言ったことを単に繰り返させたりすることによって、至る所で証言者に恥をかかせることにあった。「博士、答弁書第五ページにおいて、あなたはシンパという言葉を使われています。シンパについてあなたの定義を聞かせていただけませんか？」

オッペンハイマー「それは、わたしがFBIとのインタビューにおいて、わたし自身について使用された不愉快な言葉です。共産党の公のプログラムを部分的に受け入れ、コミュニストたちと共同作業をして交わる意思があり、しかし党員ではない者を意味すると、わたしは理解していました」

ロブ「秘密のシンパを、秘密の戦争プロジェクトに採用すべきだと考えますか？」

オッペンハイマー「今日ですか？」

ロブ「はい」

オッペンハイマー「いいえ」

ロブ「一九四二年と一九四三年にも、そのように考えていましたか？」

オッペンハイマー「当時の考え方も、また大部分のことについては現在でも、判断の基準は、対象となる人の人間性に対する判断が肝要だということです。今日わたしは、共産党と関係を持つこと、共産党のシンパになることは、明白に敵を支持することだと考えています。あの戦争の期間にわたしは、その人間がどのような人柄か、その人が何をやるか何をやらないかが問題であると思っていました。確かに、シンパと党員資格は問題を、それも深刻な問題を提起しました」
ロブ「あなたは、シンパでしたか？」
オッペンハイマー「わたしは、シンパでした」
ロブ「いつですか？」
オッペンハイマー「一九三六年後半または一九三七年前半です。それから先細りになり、一九三九年以降はシンパの程度がぐっと低くなり、一九四二年以降はもっと低くなりました」
聴聞会の準備中、ロブはFBIファイルに、オッペンハイマーとボリス・パッシュ中佐との一九四三年のインタビューからの引用を多数発見した。ファイルは、このインタビューが録音されていたことを示していた。「それらの記録は、どこにあるか？」、ロブは尋ねた。FBIはすぐに十年前のプレスト盤を取り出し、ロブはシュバリエ事件に関するオッペンハイマーの最初の説明を聞いた。それは、彼が一九四六年にFBIに話したものと、著しく異なっていた。明らかに、オッペンハイマーはこれらの聴取のうちの一つにおいて嘘をついた。そこでロブは、矛盾した話を利用する用意ができた。もちろんオッペンハイマーは、パッシュとの会話が録音されているとはまったく知らなかった。だからロブがシュバリエ事件に矛先を転じたとき、彼はオッペンハイマーが当時を思い出すより、はるかに詳細を知っていた。

一九四三年八月二十五日にオッペンハイマーがバークレーで、ジョンソン中尉と短い聴取を行ったことを思い出させることから、ロブは始めた。

オッペンハイマー「このとおりです。わたしはそれ以上言わなかったと思います。というのは、エルテントンが心配な人物だったからです」

ロブ「そうですね」

オッペンハイマー「それから、なぜこれを言ったか、理由を尋ねられました。それから、わたしは話を創作しました」

この驚くべき陳述に動ずる様子もなく、ロブはオッペンハイマーが次の日、八月二十六日に、ボリス・パッシュ中佐に話した内容に集中する。

ロブ「あなたは、パッシュに真実を話しましたか？」

オッペンハイマー「いいえ」

ロブ「あなたは、嘘をついたということですか？」

オッペンハイマー「そうです」

ロブ「あなたは、パッシュに真実でない何を話しましたか？」

オッペンハイマー「エルテントンが、仲介者を通して、プロジェクトのメンバー三人に接触しようとしたということです」

しばらくしてロブが尋ねた。「あなたはパッシュに、X（シュバリエ）がプロジェクトについて、三人に話をもちかけたと話しましたか？」

オッペンハイマー「Xが三人いたと言ったか、あるいはXが三人に接近したと言ったか、わたしははっきり覚えていません」

ロブ「Xが三人に接近したと、言いませんでしたか？」

オッペンハイマー「多分、言いました」

ロブ「博士、なぜ、あなたはそう言ったのですか？」

オッペンハイマー「わたしが、バカだったからです」

ロブ「バカ、ですか？」

なぜ、オッペンハイマーはそのようなことを言ったのだろうか？　ロブによるとオッペンハイマーは、いわば賢い検察官に追い詰められ、苦し紛れの状態にいたという。聴聞の後、ロブは記者に向かってその瞬間を再現した。オッペンハイマーのこれらの言葉を口にしながら、「背中を丸め、手を握り締め、顔面蒼白だった。わたしは気分が悪くなった。その夜わたしは帰宅すると、今日は男性が自滅するところを見てきたと家内に話した」と、彼は言ったそうである。

この説明はナンセンスで、ロブの法廷イメージと人間性を良く見せようとする（「わたしは気分が……」）、自作の広告である。ジャーナリストと歴史家はこれまでこのときのロブの解釈を受け入れて来たが、これはロブとストローズがどれくらい上手に、オッペンハイマー聴聞の余波を操って来たかを示している。しかしロブの主張とは裏腹に、「わたしは、バカだった」というオッペンハイマーのコメントは、単にシュバリエ事件にまつわる曖昧さを除くためだったのである。X（シュバリエ）が三人に接近したと、なぜ自分が言ったかについて、合理的な説明ができないと彼ははっきり言っていた。ロバートがバカではないと、だれでも知っていることを彼は分かっていた。質問者にヨロイを脱がせるつもりで、自虐的にくだけた言葉を使ったのだ。しかし数分のうちに、だれのヨロイも脱がすことができなかったこと、破滅に一段と傾いたことが明らかになる。

ロブは、まだ始めたばかりだった。オッペンハイマーは、嘘をついたことを認めた。ここでロブは、証拠を手にオッペンハイマーに立ち向かい、生々しい詳細さで彼の嘘をドラマ化しようとしていた。一九四三年八月二十六日にパッシュ大佐がオッペンハイマーと出会ったときの資料を引き抜いてロブは言った。「博士、そのインタビューの抜粋を読み上げます」。彼はそう言うと、ソ連領事館のだれかが「リークまたはスキャンダルの危険一切なしで」情報を送る準備ができているとオッペンハイマーが主張した、十一年前の資料の一部を読み上げた。

パッシュにこれを話したことを覚えているかと、ロブがオッペンハイマーに尋ねたとき彼は、そのようなことを言ったかどうか、はっきりとは思い出せないと答えた。「言ったということを否定なさいますか？」。ロブは尋ねた。ロブが手の中にコピーを持っていることをもちろん理解して、「否定はしません」と、オッペンハイマーが答えた。

ロブは芝居がかって宣言した。「博士、ご参考までに申し上げます。われわれはあなたの声の記録を持っています」

「なるほど」と、オッペンハイマーが答えた。しかし彼は、シュバリエがエルテントンのアイデアについて語ったとき、彼がソ連領事館のだれであるかについて言及しなかったことは、かなり確かだと思っていると続けて言った。彼はパッシュ大佐にこの詳細を伝えて、一人ではなく「何人か」の科学者へのアプローチがあったと話した。

ロブ「ではあなたは、接触を受けた何人かがいたと、具体的かつ詳細に話したのですね？」

オッペンハイマー「そうです」

ロブ「そして現在の証言では、それは嘘であったと言うのですね？」

オッペンハイマー「そうです」

ロブが続けて、一九四三年の資料を読み上げた。

オッペンハイマーはパッシュに次のように話したことになっている。「もちろん事実は、起ころうとしていることはコミュニケーションなどではなく、反逆です」

「あなたは、そう言いましたか？」、ロブが尋ねた。

オッペンハイマー「もちろんです。会話は覚えていませんが、わたしはそれを認めます」

ロブ「あなたは、いずれにしろそれが反逆だと思ったのですね？」

オッペンハイマー「もちろん」

ロブは再びコピーを引用して言う。「でもそんな風には書かれていませんね。どちらかと言えば政府の方針と見られるようなある方針を遂行したかのように書かれています。信頼できるし、マイクロフィルムなどの経験も豊富な領事館付のさる外交官がいて、その外交官と密接な関係を持っているエルテントンなる男とのインタビューを手配することなどあり得ない、というようなかたちになっています」

「マイクロフィルムの話が出たことを、あなたはパッシュ大佐に言いましたか？」、ロブは尋ねた。

オッペンハイマー「確かに言いました」

ロブ「それは真実でしたか？」
オッペンハイマー「いいえ」
ロブ「それから、パッシュはあなたに言いました。さて、ちょっと系統だった見方に戻ってみましょう。あなたが言う人間のうち、二人は現在『ロスアラモスで』あなたの下で働いている。彼らは、エルテントンから直接に接触を受けたかと？　あなたは、いいえと答えています」
パッシュはそれから言った。「ほかのグループを通してですか？」
オッペンハイマー「そうです」
「言い換えると」、ロブが要約した。「あなたは、X（シュバリエ）がこれら他の人と連絡を取ったとパッシュに話したわけですね？」
オッペンハイマー「そのようですね」
ロブ「それは、真実でなかった？」
オッペンハイマー「そのとおりです。一人の名前エルテントン以外、これはすべて作り事でした」
依頼人がもたもたしているのを見たギャリソンは、ついにこの苛烈な質問を中断してグレイに尋ねた。「議長、ここでひとつ簡単な要請を聞いていただけますか？」

グレイ「どうぞ」

ギャリソンは礼儀正しく疑問を呈した。「このような議事進行において、委員が資料を読まれるときは、そのコピーをわれわれに提供されてしかるべきではないでしょうか。これはもちろん、法廷では正当な手続きです」

しばらく協議の末グレイとロブは、本日の議事が終了した段階で、保安担当官が当該資料の提供が可能か否かを決定すると同意した。もちろんその資料は、ロブが選択的に記録に読み込んだものに限るとした。

ギャリソンの介入は遅きに失し、あまりに気遣いが過ぎた。ロブが仕掛けた罠から依頼人を解放する、何の役にも立たなかった。

すぐにロブは、明らかににんまりしながら、パッシュとオッペンハイマーの資料の引用に戻った。「オッペンハイマー博士、あなたはでっち上げた話を、非常に詳しく語られたと思いませんか？」

オッペンハイマー「確かにそうですね」

ロブ「でたらめな話を語っているとしたら、なぜこれほど詳細な状況に踏み込んだのですか？」

オッペンハイマー「残念ながらこのこと全部が、愚かな芝居だったと思います。なぜ領事が出てくるのか、なぜマイクロフィルムがあったのか、なぜプロジェクト関連の三人が出てくるのか、なぜそのうちの二人がロスアラモスにいたのか、残念ながらわたしは説明できません」

ロブ「あなたがパッシュ大佐に話したという話が真実であるならば、それはシュバリエ氏にとって状況を非常に不利にすることになる。同意されますか、されませんか？」

オッペンハイマー「関係する人、だれにとってもそうでしょうね」

ロブ「あなたを含めて？」

オッペンハイマー「そうです」

ロブ「ただ今のオッペンハイマー博士の証言によると、パッシュ大佐に話されたのは一つの嘘でなく、多くの嘘を織り上げたものであるというのが、現時点で正当な陳述と考えてよろしいでしょうか？」

追いつめられ、おそらくパニックに陥ったオッペンハイマーは、不注意にも「そうです」と答えてしまった。

ロブの容赦ない質問は、ロバートをコーナーに追い詰めた。彼は、ロブの質問に適切に返答できるだけのレベルで、パッシュとの会話を覚えていたわけではなかった。そして彼は、自分を苦しめる人たちが恣意的に提示する資料の内容を受け入れてしまった。もしギャリソンが経験豊かな法廷弁護士であったら、資料を検討する機会が与えられない場合、彼の依頼人はパッシュとのインタビューについてこれ以上の質問には答えないと、もっと早くに主張していたはずだし、伏線を張ってオッペンハイマーを攻撃するためロブがこの資料を戦略的に利用することに、反対するべきであった。しかしギャリソンは、聴取への扉を大きく開いたままにし、そしてオッペンハイマーはそこを敢然と歩いていった。

しかし、オッペンハイマーはそれほど簡単に降伏する必要はなかった。彼がパッシュに言ったという、入り組んだ話には説明があった。そしてこの話はロブが仕組んでロバートに受け入れさせた解釈に比べれば、格段に害の少ないものだった。エルテントンが一九四六年にFBIに話したことを思い出してみよう。ソ連領事館のピーター・イワノフは、バークレーの放射線研究所に関係する三人の科学者と接触したと、まず示唆した。オッペンハイマー、アーネスト・ローレンス、ルイ・アルバレスである。エルテントンは、オッペンハイマーしか面識がなかった上、ロシアへ情報を流すよう頼めるほど親しくはなかった。しかし、エルテントンが三人の名前をシュバリエに伝え、シュバリエがそれを具体的にオッペンハイマーに伝えたか、あるいは少なくともエルテントンが特定されない二人の名前に触れたことは十分考えられる。

それで、彼がエルテントンの活動について知っていたものをパッシュに語る際に、オッペンハイマーは三人の科学者に言及した。オッペンハイマーの「でたらめな話」に関するすべての解釈の中で、この考え方が最も意味あるように見える。実際に、FBI自身のファイルで裏づけされているからである。AECの公式な歴史家リチャード・ヒューレットとジャック・ホールは、はっきりとこれに類似した結論に達している。「オッペンハイマーの話は、紛らわしいけれども、ここまでは正確だった。残念ながらそれ以降、混乱し、ねじれていく」。

なぜだろうか？

オッペンハイマーがなぜこのようなわざわざ混乱した表現で、シュバリエとの台所での会話をパッシュに話したか、その最も明瞭で、最も説得力のある説明は、オッペンハイマー自身によって、保安聴聞会が終わる前日に行われた。彼の説明は、動かしがたい既知の事実に沿っているだけでなく、オッペンハイマーの性格、特に五年前にデビッド・ボームに告白した、「物事が耐え難くなると、不合理なことを言う」癖にも適っている。一九四三年にパッシュとランズデールに本当のことを言って、そして現在はシュバリエ事件について話をこしらえているのか、というグレイ委員長の質問に答えて、オッペンハイマーは次のように言った。

わたしがパッシュに話したことは、実話ではありませんでした。三人またはそれ以上の数の人が、プロジェクトに関係していたことはありません。関係するのは一人、それは、わたしでした。わたしは、ロスアラモスにいました。ロスアラモスにいた他のだれも、関係ありませんでした。バークレーにいただれも関係ありませんでした。シュバリエがソ連領事館について言及したことはないと、わたしは証言しました。これが、一番正しいわたしの記憶です。わたしが領事館とエルテントンの関係を知っていたことは考えられますが、詳細な状況と共に語られる話、また、詳細にわたしから引き出された話は、間違った話であると、申し上げざるを得ません。そう言うことは、簡単なことではありません。さて今回あなたから、なぜわたしがこのようなことをしたかについて、わたしがバカだったという以上の説得力ある理由を求められましたが、理解していただくことは大変難しいことです。当時わたしは、二つか三つの懸念によって動かされていたと考えます。一つは、ランズデールが指摘するように、もし放射線研究所に問題があるならば、エルテントンこそこれにかかわる男で、容易ならざることだという事実を理解させなければならないという気持ちです。その重要性を強調するために、わたしが話を脚色したのか、それとも簡単な事実、つまりシュバリエがそれについてわたしに話したということに口をつぐむのを耐えやすくするために脚色したのか、それは分かりません。他に関係者はだれもいません。シュバリエとの会話は短いものでした。その内容から言って、まったく気楽にとは言えませんが、そのときの調子、それとかかわりを持ちたくないという彼の気持ちをわたしは正しく伝えたつもりです。

オッピーの説明は続く。

わたしはその話を直ちに告げるべきであり、完全かつ正確に伝えるべきでしたが、わたしにとっては心の相克《そうこく》がありましたし、情報関係者にヒントを与えているとも考えましたが、ヒントを与えるならば話全体を伝えるべきだということに気づきませんでした。詳しく述べるように言われたとき、わたしは間違ったパターンにいってしまいました。シュバリエがわたしのところへ来る代わりに、プロジェクト関係の多くの人々のところへ行き、ここでやったように彼らと話すだろう、という考えはまったく意味をなさなかったでしょう。彼はこのような任務には不向きで、へまな仲介者でした。陰謀などありませんでした。わたしがグローブス将軍にシュバリエの名前を特定したとき、もちろんわたしは、三人の関与はなかったこと、これはわが家で起こったこと、相手はわたしであったことを、話しました。したがってわたしがこの中傷的な話をしたとき、だれが仲介者であったかは明らかにしない意図がありました。

次にロブが目をつけた話題は、ジーン・タトロックとの情事を暴くことで、オッペンハイマーに恥をかかせる目的であったのは間違いない。

「わたしが理解するところでは、一九三九年から一九四四年にかけて、あなたと」、ロブは尋ねた。「ミス・タトロックとの関係は、かなり気安い関係だったようですね。どうですか？」

オッペンハイマー「われわれはたまにしか会っていませんでした。われわれの関係がかなり気安かったというのは、当たらないと思います。われわれはお互いの関係を深く意識していましたし、会ったときはお互いに深い感情を持ち続けていました」

ロブ「一九三九年から一九四四年までの間に何度くらい彼女に会ったとお思いですか？」

オッペンハイマー「それは、五年間ですね。まあ一〇回くらいというところですか」

ロブ「どういう機会に、あなたは彼女に会いましたか？」

オッペンハイマー「もちろんときどきは他の人々と一緒に、パーティーなどで会いました。わたしは、一九四一年の新年に彼女を訪ねたのを憶えています」

ロブ「どこで？」

オッペンハイマー「わたしは、彼女の家、あるいは病院に行きました。どっちだったか忘れました。それから、『トップ・オブ・ザ・マーク』へ飲みに行きました。彼女が一度ならず、バークレーのわれわれの家を訪問したことを覚えています」

ロブ「われわれとは、あなたとオッペンハイマー夫人ですね」

オッペンハイマー「そうです。彼女の父上は、バークレーでわが家の近くに住んでいました。わたしは、そこに彼女を訪ねたことがあります。申し上げたと思いますが、わたしは彼女を訪ねたことがあります。一九四三年の六月または七月でした」

ロブ「あなたはそれに関連して、彼女に会わなければと言ったと思います？」

オッペンハイマー「言いました」

ロブ「なぜ、あなたは彼女に会わなければならなかったのですか？」

オッペンハイマー「別れる前、彼女はわたしに会いたいという強い気持ちを伝えました。その当時、わたしは行くことができませんでした。一つには、わたしはどこに行くとか、など言ってはならないことになっていました。彼女はわたしに会う必要があると感じていました。彼女は、精神科の治療を受けていました。彼女は、とても不幸でした」

ロブ「彼女がなぜあなたに会わなければならなかったか、あなたは分かりましたか？」
オッペンハイマー「彼女がまだわたしを恋していたからです」
ロブ「どこで、あなたは彼女に会いましたか？」
オッペンハイマー「彼女の家です」
ロブ「それは、どこにありましたか？」
オッペンハイマー「テレグラフ・ヒルです」
ロブ「その後彼女に会ったのはいつですか？」
オッペンハイマー「彼女はわたしを空港へ送ってくれました。その後、わたしは二度と彼女に会っていません」
ロブ「それは、一九四三年でしたか？」
オッペンハイマー「はい」
ロブ「彼女は、その時共産党員でしたか？」
オッペンハイマー「われわれは、それについて話したことさえありません。それはなかったと思います」
ロブ「あなたは答弁の中で、彼女が共産党員であったということを知っていたと、おっしゃいましたね？」

オッペンハイマー「はい。わたしはそれを、一九三七年の秋に知りました」
ロブ「一九四三年にはもはや共産党員でなかったと、信ずる理由がありましたか?」
オッペンハイマー「いいえ」
ロブ「え? もう一度」
オッペンハイマー「理由はありません。ただ、彼女と共産党との関連について、わたしが考えたこと、考えていることを一般的な言葉で述べただけです。彼女が一九四三年に何をしていたか、わたしは知りません」
ロブ「あなたには、彼女が共産党員でないと思う理由がなかった。そうではありませんか?」
オッペンハイマー「ありませんでした」
ロブ「あなたは、彼女と夜を過ごしましたね?」
オッペンハイマー「はい」
ロブ「あなたは、それが機密保持と両立すると考えましたか?」
オッペンハイマー「実際問題として、それは両立しました。一言たりと漏らしていません。——それは良い行いではありませんでした」
ロブ「もし彼女が、あなたがここで描写した、または今朝話された種類の共産党員であ

ハヤカワ文庫の最新刊

●表示の価格は税込価格です。
＊価格は変更になる場合があります。
＊発売日は地域によって変わる場合があります。

1
2024

SF2428
宇宙英雄ローダン・シリーズ704
サトラングの隠者
ダールトン&ヴルチェク／鵜田良江訳

《シマロン》に乗るグッキーらは、惑星サトラングに到着し、助けを求める謎の隠者との接触に成功。その正体は驚くべき人物だった
定価1034円[絶賛発売中]

SF2429
宇宙英雄ローダン・シリーズ705
M-3の捜索者
エルマー&マール／小津 薫訳

《シマロン》は球状星団M-3へ向かうが亡霊船の攻撃を受け、ローダンは《シマロン》の虚像を作成してハイパー空間へ逃走する!?

定価1034円[24日発売]

漆黒の宇宙、そして……絶望的な恐怖

連絡が絶えた植民星へ向かったサ

メッセージ文からここまで分かる！

マッチングアプリの心理学
――メッセージから相手を見抜く

ミミ・ワインズバーグ／尼丁千津子訳

eb1月

「まだ起きてる？」というメッセージに込められた本当の意味は？ 文末が「……」で省略されているわけとは？ 「メッセージ文解釈の達人」である精神科医の著者が、マッチングアプリでのカップルのやり取りを分析。互いの性格や相性の読み取り方を伝授する。

四六判並製　定価２９７０円［24日発売］

根強い人気を誇るクリスティーの
名短篇集を子どもに

ミス・マープルの名推理
火曜クラブ

アガサ・クリスティー／矢沢聖子訳

作家に画家、警視総監……職業も年齢も様々な男女6人が推理合戦を楽しむ集まり「火曜クラブ」。ミス・マープルは、メンバーの中でも一番地味なふつうのおばあさん。でも推理力は誰にも負けない！ 13作品を収録した短篇集。ルビ・挿絵付き、小学校高学年～

四六判並製　定価１９８０円［24日発売］

作家デビュー、次作契約、結婚――夢が叶った
はずなのに、ぼくはただ、消えたかった。

デビュー作で思わぬ反響を呼んだ作家。次作の契約が決まるも原稿は一文字も進まず、前金は旅行に消えた。ある物理学者の回想録ゴー

レッド・アロー

ウィリアム・ブルワー／上野元美訳

eb

このまま消えるかサイケデリック療法か――窮地に立たされた作家の精神世界を巡る長篇

四六判並製　定価２９７０円［24日発売］

『このライトノベルがすごい！２０２４』女性部門第10位
ランクインの大人気異世界ファンタジー、待望の続篇登場！

元転生令嬢と数奇な人生を1
私のいなかった世界

かみはら／イラスト：しろ４６

eb1月

過酷な運命を乗り越えた転生令嬢カレン。新皇帝ライナルトとの挙式を控えたある日、異形の少女によばれて辿り着いたのは似て非なる場――転生人カレンが存在しないｉｆの世界だった。大切な人たちの元へ戻るため、カレンの新たな冒険が始まる。書き下ろし短篇付

四六判並製　定価２２００円［絶賛発売中］

HPB1999

二〇二三年度ＣＷＡ賞最優秀翻訳小説賞
受賞作のスペイン・ミステリ

テラ・アルタの憎悪

エル・セルカス／白川貴子訳

eb1月

獄中でユゴーの『レ・ミゼラブル』と出会い、犯罪をやめ警察官となったメルチョールは、カタルーニャ州郊外の町テラ・アルタで、富豪夫妻殺人事件の捜査に当たる。夫妻は拷問の末に惨殺されていた。メルチョールは夫妻の事業には裏があることを直感するが……

ポケット判　定価２５３０円［絶賛発売中］

逃げ
逃げ
と長崎

シリーズ

上未映子［訳］
対象年齢4歳～大人

おはなし

のおはなし

430円
?
24

ったとしたら、あなたの立場は難しくなるとは考えませんでしたか？」

オッペンハイマー「いや、彼女はそういうタイプではありませんでした」

ロブ「どうしてそれが分かりますか？」

オッペンハイマー「わたしは、彼女のことを知っていました」

キティと結婚してから三年目に、タトロックとの情事を持ったと証言させられるような屈辱をオッペンハイマーはなめさせられた後、彼の恋人の友人の名前を挙げて、そのうちだれが党員で、だれがシンパか示すよう、ロブは要求した。それは聴聞の目的からしたら、無意味な質問だったが、しかし狙いはあったのだ。時は一九五四年、マッカーシズムが頂点に達していた年であった。元共産主義者、シンパ、左翼活動家を議会委員会に喚問し、互いに名前を挙げさせるのが、マッカーシー派の政治的常套手段であった。それは、「密告者」（裏切り者）を軽蔑する文化においては屈辱的な経験であった。証言者が抱えている個人的尊厳の感覚を完全に破壊すること。それこそが狙いであった。

オッペンハイマーは、ロブに名前を明かした。トーマス・アディス博士は党に近かったが、党員であったかどうかは分からない。シュバリエはシンパだった。ケニス・メイ、ジョン・ピットマン、オーブリー・グロスマン、エディス・アーンスタインは共産主義者であった。強いられている応答が面目を失わせることを狙っているのは十分承知の上で、オッペンハイマーは皮肉っぽくロブに尋ねた。「リストの長さはこれだけあれば、十分ですか?」ほとんどが、名前の知られた人たちだった。ロブの厳しい追撃が被害を大きくしていた。「戦闘中の兵士のように」、と後年彼は記者に述懐したが、深く考えることなしに反応するようになっていた。「非常に多くのことが起こっており、また起ころうとしていたので、次の動き以外は何にも気にする時間がないほどだった。まるで戦闘のようだった。いや、これは戦闘そのものだった。わたしに、自意識はほとんどなかった」

何年か後に、ギャリソンはこれらひどく苦しかった日々の、オッペンハイマーの精神状態を思い出す。「彼には最初から、自暴自棄なところがあった。みんなが時代の空気に圧迫された感じを持っていたが、オッペンハイマーには特にそれを感じた」

ロブはストローズに、この秘密情報を扱う聴聞室で起こったことを毎日報告し、ストローズは進行の状況に満悦だった。彼はアイゼンハワー大統領に手紙を書いた。「水曜日、オッペンハイマーはついに落ち、宣誓の下で、彼が嘘をついたことを認めました」。勝利を予想した彼は、大喜びでアイゼンハワーに知らせた。「オッペンハイマーに対するきわめて悪い印象が、委員会メンバーの心中に、すでに出来上がりました」。大統領は、休暇を過ごしていたジョージア州オーガスタから電報を打って、ストローズの「中間報告」に感謝した。また大統領は、「中間報告」を燃やしたことをストローズに知らせた。彼またはストローズが、不当に保安聴聞会をモニターしている証拠を残したくなかったのは明らかである。

四月十五日木曜日の朝、聴聞会第四日目、レスリー・グローブス将軍が宣誓して証言台に立った。ギャリソンに質問されたグローブスは、ロスアラモスにおける戦時中のオッペンハイマーの成果を称賛し、オッペンハイマーが意識的に非愛国的な行為を行えたかと質問されたとき、彼ははっきりと答えた。「彼にそんなことができるはずがない」。特にシュバリエ事件について尋ねられると、グローブスは証言した。「わたしはこれまでに、たくさんのバージョンを見せられた。以前は混乱したと思わなかったが、今日は確かに混乱し始めている。わたしの結論は、アプローチがあった、そしてオッペンハイマー博士がこのアプローチを知っていたということだ」

グローブスは続けて、ロバートが口を閉ざしていたのは、「典型的アメリカ少年ということで説明できると、最初にこの話を聞いたときに思ったと説明した。つまり、友達のことを告げ口するのは良くない、という態度だ。彼がわたしに話したことがどういうことか、正直言ってわたしにはよく分からなかった。ただ、わたしが知っていたことは、彼が一番重要と考えていたことをやろうとしていることだった。つまりプロジェクトに潜入しようとする特定の企ての危険性をわたしに知らせるということだ。エルテントンが重要な役割を担っていたシェル研究所は、バークレーに近いという状況に関係がある。これこそプロジェクトにとって危険のもとであり、心配のタネであった。わたしは常に、オッペンハイマー博士が長年付き合いのある友人（おそらく弟も含めて）を保護したがっているという印象は持っていた。彼は弟を保護したかったということ、そして弟はこの一連の事件の中にあったというのが、常にわたしの印象だった」

グローブスの証言は、「おそらく」シュバリエ事件に関連する、登場人物を拡大した。フランクが「含まれるかもしれない」とグローブスは推測したが、悪意があったわけではなく、多分その仮定がもたらす結果を、完全に把握していなかったのだろう。というのは、もしフランクが関係しているとするなら、ロバートは一九四三年にパッシュに嘘をつき、一九四六年にFBIに嘘をつき、そして今一九五四年に聴聞委員会に対して嘘をついていることになる。何も悪いことをしていないことをよく知っている弟を庇いたいという、酌量すべき状況にもかかわらず、グローブスの推測はロバート発言の信憑性を蝕《むしば》み、最終的にはフランクのかかわりについては何の証拠もないまま、シュバリエ事件にまつわるミステリー、したがって聴聞委員会の関心を深めてしまった。

フランクとシュバリエをつなげるグローブス証言の、情報源とその仮説性をどんなに説明しようとしても、戦争中にオッペンハイマーのFBI関係書類に記録されたことに行きついてしまう。そこから、われわれの注目は十年先に飛び、一九五三年十二月に行われたFBI尋問に到達する。この尋問はAECの人事保安委員会にオッペンハイマーが出頭するのに備えて行われたものである。インタビューされる人はジョン・ランズデール、グローブス将軍の戦時中の副官ウィリアム・コンソダイン、グローブス自身、それと議会原子力合同委員会（JCAE）副委員長ウィリアム・ボーデンの跡を継いだコービン・アラダイスであった。

これらのインタビューは、グローブスの証言を形づくるにあたって重要な役割を演じた。なぜならば、コンソダインとランズデールは彼らがFBIのエージェントに話したものをグローブスに報告しているからである。彼らの記憶はグローブスを混乱させ、いくつかの重要なところでグローブスの記憶は、オッペンハイマーが彼に語ったものと異なっている。さらにまた彼らのFBIとのやり取りが、彼を妥協的な位置に置き、一九五四年においてはロバートの保安許可更新を支持できないと、聴聞委員会に認めざるを得なくさせた。

先に述べたように、シュバリエとフランクのかかわりが初めてFBI文書ファイルに登場するのは、一九四四年三月五日のFBIエージェントだったウィリアム・ハービーのメモであった。ハービーにはシュバリエ事件に関する独立した情報はなかったが、それの概要を組み立てるにあたって、彼はフランクをシュバリエが接近した「一人の人物」と特定した。しかしハービーは、この結論に対する証拠を挙げていない。十年後に上級エージェントがフーバーに報告するとき、この不注意が悩みのタネになる。「ファイルを検討したが、MEDプロジェクトに関するデータを求めてフランク・オッペンハイマーに接近があったこと、あるいはそのような情報がJ・ロバート・オッペンハイマーによって、MEDまたはFBIに報告されたことを確認できなかった」

しかし一九五三年十二月三日、ボーデンの手紙が送られてから数週間後、噂の提供者によってフランクの名前が再びFBIの注意を引く。コービン・アラダイスは、JCAEのボーデンの交替を務めるまでAECの職員であったが、明らかにだれかオッペンハイマーに反対する者に説得されて、フランクがシュバリエの接触相手であったとする疑惑に再び火をつけたのだ。「とても信頼できると思われる筋から、エルテントン－ハーコン・シュバリエのスパイ画策において、自分の接触相手は弟のフランク・オッペンハイマーであると、ロバート・オッペンハイマーが述べた」と伝えられたとアラダイスは報告している。アラダイスはさらに、この情報は本件に関するFBI記録にはなかったと考えると述べているが、これは彼の情報提供者が、オッペンハイマーのFBI書類ファイルに何らかの手づるがあったことを示唆している。ＦＢＩが彼の情報をチェックしたいなら、当時クリーブランドで弁護士を開業していたジョン・ランズデールと面談したらどうかと提案した。ランズデールの聴聞は、十二月十六日に行われた。しかしその前日、もう一人のグローブスの戦時副官ウィリアム・コンソダイン（アラダイスの友人、したがって多分彼の言う信頼できる情報提供者であろう）が、ＦＢＩエージェントと話している。

十二月十八日に書かれたＦＢＩ総括は、コンソダインが以下のように語ったとしている。「グローブス将軍はロスアラモスで、オッペンハイマーを誘導してエルテントンの仲介者を確認させた」ことになっているが、グローブスはそのロスアラモスから戻った翌日、彼のオフィスでランズデールとコンソダインと会議している。「オッペンハイマーは仲介者を特定した」と彼らに発表した後、グローブス将軍はコンソダインとランズデールの方へ黄色のパッドを差し出して、仲介者はだれだと思うか、三人を推測するよう命じた。ランズデールは、コンソダインが今や思い出すことができない三つの名前を書きとめた。コンソダインは一人しか名前を書かなかったが、それはフランク・オッペンハイマーだと述べた。グローブス将軍は驚いた様子で、そのとおりだと言った。グローブス将軍は、どうしてフランク・オッペンハイマーの名前を選んだかと、コンソダインに尋ねた。フランク・オッペンハイマーであると思ったのは、多分ロバート・オッペンハイマーは弟が関係するのを嫌うと考えたからだと、将軍に説明したとコンソダインは言った。

「コンソダインによれば、ＦＢＩへ通告しないとロバート・オッペンハイマーに約束した上で、フランク・オッペンハイマーが仲介者である確認を得たことを、グローブス将軍が言ったようだ。結論としてコンソダインは、この件に関してはランズデールと連絡を取ってはいないが、その二、三日前にグローブス将軍と電話で話をしたと述べた」

十二月十六日に、ランズデールはＦＢＩの係官にコンソダインの話を脚色して話した。彼がコンソダインの「黄色いパッド」の話について、覚えがないことははっきりしていた（なおグローブスにも記憶はなかった）。ランズデールが覚えているのは、グローブスがオッペンハイマーにエルテントンの接触を完全に明らかにするよう申し入れた後、「オッペンハイマーはグローブスにハーコン・シュバリエからフランク・オッペンハイマーにアプローチがあったと言った」という印象を、将軍から受けたことである。しかしながら結論としては、「グローブス将軍はアプローチが直接ロバート・オッペンハイマーになされたという意見であると、ランズデールは述べたが、ランズデールとしてはアプローチがフランク・オッペンハイマーになされたと感じたと述べた。ランズデールは自分が知る範囲では、この事件を知っていたのは彼とグローブス将軍だけだったと語った」。グローブスは「フランクだと思うと言ったのであって、フランクだと言ったのではない」可能性はあるか、とギャリソンが単刀直入にランズデールに尋ねたとき、ランズデールは「その可能性はあります」と認めた。

一九五三年十二月二十一日、保安許可が差し止められたと聞かされた日に、別のFBIエージェントはグローブスとコネチカット州ダリアンの自宅でインタビューした。

その時までグローブスは、オッペンハイマーとシュバリエ事件についてFBIと話すことを拒否してきた。彼は、一九四四年にFBIがこの話題で最初に質問してきたとき、答えようともしなかった。その後一九四六年六月に、FBIがシュバリエとエルテントンに面談しようとしたとき、FBI捜査官はグローブスに何か知っていることはないかと尋ねた。グローブスは、オッペンハイマーが「厳しく秘密を守ってくれ」と頼んだから話すわけにはいかない、と言って依頼を払いのけた。グローブスは、「オッピーを裏切って、シェル開発の社員がアプローチしてきた男の名前を明かすことはできない」と言った。FBIのエージェントは、シェルの男がエルテントンであることは知っており、近くインタビューしようと考えていると答えた。オッペンハイマーに対して今でも強い誠意を示しつつグローブスは、「われわれがこの問題でエルテントンと対立することを望まない。それをすればオッペンハイマーの耳に入り、グローブスが約束を破ったことが知れてしまうからである」と言った。グローブスは、「これ以上情報を提供することはためらう」とはっきりFBI捜査官に伝えた。

米国陸軍の将官がFBI調査への協力を拒否したことに、フーバーは驚愕したに違いない。一九四六年六月十三日、フーバーは個人的にグローブスに手紙を書いて、オッペンハイマーがジョージ・エルテントンについて、彼に何を話したか明かしてほしいと頼んだ。グローブスは六月二十一日に返事を書き、「オッペンハイマーとの関係を損なう恐れがあるため」として情報の提供を丁重に断った。FBI責任者からの直接の要請を断れる人は、ワシントンでも多くはなかったはずだが、一九四六年におけるグローブスの名声と自信は相当なものだった。

しかし今は一九五三年、エルテントン－シュバリエ事件でフランクが接点であると、コンソダインとランズデールがFBIに伝えたことを前もって注意されているグローブスは、彼らの記憶を自分の話に盛り込まざるを得なかった。問題は、一九四三年から四四年の間にオッペンハイマーが、彼に言ったことを彼自身が正確に覚えていないことであった。しかし元の副官たちに促されて、グローブスはインタビューに来た係官に次のように話した。一九四三年末ついに彼は、プロジェクトの情報に関して彼にアプローチしてきたのがだれか、「完全に開示するよう」オッペンハイマーに命令したというのだ。ロバートが開示しやすいように、グローブスはロバートに、事件についての正式なレポートは作成しないこと、あるいは有り体に言えば、FBIには知らせないことを保証した。その約束をしながらグローブスは、「シュバリエがフランクに接触してきた」こと、そしてフランクはどうすべきかロバートの意見を求めたことをグローブスに話したと報告したのだ。グローブスの話によると、ロバートは弟にエルテントンと「かかわりをもたないよう」言って聞かせ、同時に直接シュバリエとも話して、「当然の報い」を与えたことになっている。さらにグローブスは説明した。「情報をほしがったのはエルテントンで、仲介者（シュバリエとフランク）はこのスパイ活動の企てには無実であった」*

グローブスはさらに、「フランク・オッペンハイマーは地元の保安調査官に通告すべきだったという点は別として、彼がやったことは自然かつ当然なことだったと考える」と述べている。オッペンハイマー兄弟の関係は非常に密接であったから、シュバリエの「訪問を受けて動揺した」弟が、すぐに兄に連絡して事件を伝えたとしても十分に理解できるこ

＊　FBIがフランク・オッペンハイマーにこのことを問いただしたとき、シュバリエが彼にアプローチして来たこと、またはエルテントンからの質問について兄のロバートに相談したことはないと、フランクは断定的に否定した。

とだ。グローブスは、フランクのような処理の仕方は厳密に言えば保安規則の侵害であるが、彼がやったことは合理的に考えてすべて予想できることであったと語った。主人公オッペンハイマーが、弟、シュバリエ、そして自分自身を守ろうとしたことは明らかであると将軍は言った。

だがグローブスは続けて、はたしてロバートが「当初のアプローチに関する自分の報告の遅れを正当化するために、フランクを持ち出したのか、それともフランクが実際に関与していた」のかという「推測」を続けた。言い換えると、グローブスは一九四三年にフランクについてあることを言っており、それによってランズデールとコンソダインが、シュバリエはフランクに接触したと信じることになったが、グローブス自身はこの点について大きな疑問を抱いていた。フランクの役割について、グローブスの混乱が消えることはなかった。一九六八年末、彼は歴史家に告白している。「もちろんわたしには、オッペンハイマーがだれを庇おうとしていたか、はっきりは分からなかった。今日、それは多分彼の弟であっただろうと推測する。彼は弟を巻き込みたくなかったのだ」

グローブスは二つの点を確信していたようである。第一に、シュバリエが、エルテントンのためにロバートへ話をもちかけた。第二に、ロバートは一九四三年に、シュバリエから何か不適切な照会を受けたフランクが、速やかにロバートに報告したことを、自分（グローブス）に釈明するために何かを言っている。これ以上具体的なことは、すでに歴史に埋もれている。結局、グローブス自身が言っている。「ロバートがわたしに何を話したか、一度も確信を持ったことはない」。そして、それ以前の手紙で、「フランクがどの程度関与しているか、ロバートがどの程度関与しているか、断言するのは非常に難しかった」と言っている。フランクがシュバリエの接触先であると、ランズデールとコンソダインが思っていた理由の中で最も見込みがある説明は、グローブスが彼らにロバートとの会話について話したこと、その際フランクの関与に対する彼の疑いを明白にしなかったことだろう。インタビューや文書をすべてまとめて読むと、これ以外の説明はあり得ないと思われる。「シュバリエ事件」において、フランクがエルテントンのまたはシュバリエの接触先であった可能性はない。一九四六年にFBIが行ったエルテントンとシュバリエ同時インタビュー、バーバラ・シュバリエの非公開メモ、キティがバーナ・ホブソンに語った思い出、一九五四年一月初めFBIに語ったフランクの陳述、そして一九四六年FBIにおけるロバートの陳述、これらのすべてから言えるが、ロバートに接近したのはシュバリエだ。

それにもかかわらずグローブスは、オッペンハイマーの「話」を信用したことをFBIに隠すと約束したことに対して、個人的に妥協せざるを得なくなっていた。歴史家グレッグ・ハーケンは、ストローズとエドガー・フーバーの両方が、グローブス自身が「隠蔽《いんぺい》」

に関与している事実を利用して、来るべき保安聴聞会でオッペンハイマーに不利な証言をするよう圧力を掛けられると思っていたとする、信用度の高い状況を想定している。フーバーの主要な側近の一人アラン・ベルモントは、フーバー宛に次のような手紙を書いて、暗黙のうちにこう示唆した。「グローブスがスパイ活動の陰謀に関する重要な情報を出さずに隠そうとしたことは、言うまでもなく明らかです。今でもグローブスは、FBIとのやり取りと告白において、ある程度のためらいを見せています」

FBIの発見によって困ってはいたが、FBIにフランクの名前は出さないとオッペンハイマーに約束したことを、グローブスは詫びることはなかった。さらに、グローブスは未だにこの約束を守ろうとしていたのだ。「今調査官のインタビューを受けていることをもって、オッペンハイマーへの信義を破っているとは感じないと言った。なぜなら、本件はすでに当局の知るところとなっているからであると将軍は言った。また彼は、オッペンハイマーの友人がいつかこのファイルを目にする可能性もあり、わたしが約束を破ったと考えるかもしれないから、このことを記録に残してほしいとも言った」。いつの時点であれ、グローブスがたとえ一分でも、オッペンハイマーが本当にスパイを庇っていると考えたら、彼は躊躇《ちゅうちょ》なくFBIに届け出ただろう。彼は明らかに、オッペンハイマーの誠実さに確信を持っていたのだ。

もちろんこれは、ストローズの見方とは異なる。無罪を証明する証拠と解釈されるものは無視された。その代わりストローズはグローブスを追いかけ、二月にもう一度インタビューのためワシントンに来るよう要請した。その時グローブスは、オッペンハイマーに不利な証言をするよう要請されること、もし拒否すれば事実隠蔽に加担したとして糾弾されることを理解していた。

驚いたことに、ロブはフランクに関するグローブスの推測を追究できなかった。もしそうしていれば、弟の転落に責めを負う者というイメージを、ロバートに間違いなく植えつけたはずだ。またロブは、フランクの名前をFBIに明かさないとグローブスが約束していたことをグレイ委員会、またはオッペンハイマー弁護団に明らかにしなかった。これも、ロバートからスポットライトを奪ったはずだ。話のこの部分は、二十五年間FBI文書で機密扱いが続くことになる。ロブの反対尋問中でグローブスは、一九四三年にオッペンハイマーに保安許可を与えたことは、当時としては正しい決定だったと今でも考えているが、あれが今日だったら事情は変わっていたかもしれないと述べた。「今日だったら、オッペンハイマー博士に保安許可を出しましたか？」というロブの単刀直入な質問に対して、グローブスは曖昧な回答をした。「その質問に答える前に、原子力法が義務づけるものに対する、わたしの解釈を述べたいと思う」。文字どおり読むと、機密情報への接近を認められた者は、「国全体の国防および機密保持を損なわない」ようAECが決定しなければならないことを同法は求めていると、彼は言った。グローブスの意見によると、解釈が揺れる余地はない。「今回のケースは、ある人物が危険であることを証明する裁判ではなく、危険であるかもしれないことを考えるケースである」と彼は言った。「この観点に立ち、そしてオッペンハイマーの過去の交友関係を考えるならば、わたしが上述の解釈に立ったAECの委員であるならば、今日オッペンハイマー博士に保安許可を出すことはないだろう」。ロブが将軍に言ってほしかったこと、必要としたことは、これで十分だった。それにしても、今まで断固として弁護してきた男に、なぜグローブスは背を向けたのだろうか？ ストローズは知っていた。もしグローブスが協力しないならば、彼にとって重大な結末がもたらされるだろうと、あまり繊細とも呼べない形で、グローブスに知らせていたのである。

その翌日の四月十六日金曜日、ロブはオッペンハイマーの反対尋問を再開した。ロブはサーバー夫妻、デビッド・ボーム、ジョー・ワインバーグとの関係について、オッペンハイマーを厳しく尋問し、その日遅くになって、水素爆弾開発への反対について尋ねることになった。ほぼ丸五日間の激しい質問の後、オッペンハイマーは身体的にも、精神的にも疲れ切っていたに違いなかった。その日は証人席に座る最後の日であったが、オッペンハイマーは剃刀のようなシャープな機知を発揮した。経験から落とし穴に慎重にはなり、問題について非常に明晰で、ロブからの質問の受け流し方は堂に入っていた。

ロブ「あなたは、一九五〇年一月の大統領決定の後、道徳的な見地から、水素爆弾の製造に反対したことがありますか？」

オッペンハイマー「これが恐ろしい武器、またはそれに近いものであると、言ったことはあると思います。わたしには具体的な記憶はありませんし、あなたが考えていらっしゃるような会話の筋立ての中で、質問されたり思い出させたりされるなら、むしろ記憶がない方が良いくらいです」

ロブ「なぜあなたは、それを言ったかもしれないと考えるのですか？」

オッペンハイマー「わたしは常に、それがひどい武器であると考えていたからです。たとえそれが技術的な見地から、甘く優しく美しい仕事であったとしても、それが恐ろしい武器であるという考え方は変わりません」

ロブ「それで、そう言ったのですね？」

オッペンハイマー「わたしはそう言ったと仮定しましょう」

ロブ「あなたはそのようなひどい武器の製造に対して、道徳的な嫌悪感を覚えたという
わけですね？」
オッペンハイマー「それは、あまりに強すぎます」
ロブ「何とおっしゃいました？」
オッペンハイマー「それは、あまりに強すぎます」
ロブ「どちらが？　武器ですか、わたしの表現ですか？」
オッペンハイマー「あなたの表現です。わたしには、重大な懸念と不安がありました」
ロブ「あなたには、それについて道徳的な不安があった。これで正確ですか？」
オッペンハイマー「道徳的な、という言葉はやめにしましょう」
ロブ「あなたには、それについて不安があった」
オッペンハイマー「それについて、不安のない人などいるでしょうか？　それについて
不安がない人など、思い浮かびません」
その日遅く、ロブはオッペンハイマーが一九四九年十月二十一日付で、ジェームズ・コナントに書いた手紙を取り出した。その文書は前年の十二月に、オッペンハイマー自身の書類ファイルからFBIが没収したものである。「親愛なるアンクル・ジム」で始まるこの手紙には、「二人の経験豊かなプロモーター、すなわちアーネスト・ローレンスとエド

ワード・テラー」が、水素爆弾のためにロビー活動をしていると、不満を述べている。不機嫌なやり取りの中でロブは、「先生、ローレンス博士やテラー博士に対するあなたの言葉は、ちょっと失礼ではありませんか？」と質問した。

オッペンハイマー「ローレンス博士は、ワシントンへやって来ました。彼は委員会とは話をしませんでした。彼は出かけて行って、議会合同委員会と軍上層部のメンバーに話しました。わたしは、それが失礼な評価に値すると考えます」

ロブ「それでは、手紙の中にある、これらの人物に対するあなたの言葉は、『軽視』であることに同意しますか？」

オッペンハイマー「いいえ。わたしはプロモーターとしての二人に、大きな敬意を表しています。わたしは、彼らを正当に扱わなかったと思っています」

ロブ「あなたは、忌々《いまいま》しいという語感で『プロモーター』という言葉を使いましたね？」

オッペンハイマー「わたしには分かりません」

ロブ「今ここで、ローレンスとテラーに関してこの言葉を使用するとき、あなたはそれを、忌々しい言葉として使っていませんか？」

オッペンハイマー「いいえ」

ロブ「彼らのプロモートは称賛に値する仕事と、あなたは思いますか？」

オッペンハイマー「彼らは称賛に値するプロモートの仕事をしたと、わたしは思います」

金曜日までにロブとオッペンハイマーが互いを軽蔑し合ったことは、だれの目にも明らかだった。「わたしの感覚は」と、ロブが回想する。「彼がまるで、魚のように冷たい脳髄だと感じた。彼の両眼は見たこともないような、冷たく青い目だった」。オッペンハイマーは、ロブの存在にひたすら嫌悪を感じた。ある日短い休憩時間に、二人の男は偶然互いの近くに立っていた。そのときオッペンハイマーが、突然咳の発作に見舞われた。ロブが心配して声を掛けると、オッペンハイマーは怒って彼を遮り何かを言った。それを聞くとロブはきびすを返して離れていった。

聴聞が終わると毎日、ロブはストローズと閉じこもって、その日の出来事をじっくり検討した。彼らは、成果に関してほとんど疑いを持たなかった。ストローズはFBI捜査官に話した。「今日までの証言から見れば、委員会としてはオッペンハイマーの許可取り消しを進言する以外の行動は取れないと、確信している」

オッペンハイマーの弁護団も、ほぼ同じように感じた。記者団の執拗な取材を逃れるため、当時オッペンハイマー夫妻は、ジョージタウンにあるランドルフ・ポール（ギャリソンの事務所のパートナー）の自宅で、夜を過ごしていた。新聞は彼らの居場所を発見するのに一週間かかったが、FBI捜査官は家の張り込みをし、オッペンハイマーが夜遅くまで起きて部屋の中を行ったり来たりしていると報告した。

ギャリソンとマークスは、毎日ほとんど夕方の数時間をポールの家で過ごし、翌日の戦術を練った。「われわれに残っているエネルギーは、準備だけで精いっぱいであった。疲れすぎて事後分析をする気力はなかった」。ギャリソンが言った。「もちろんロバートは最もひどい興奮状態にあった。キティもひどかったが、やはりロバートの方がひどかった」

オッペンハイマー夫妻がポールに毎日の出来事を説明すると、彼はふくらむ不安を抱えながら話を聞いた。彼らが語るところを聞いていると、行政的聴聞会というより、裁判のように聞こえた。そこで四月十八日復活祭の日曜日の夕方、ポールはジョー・ボルピーと相談させるため、ギャリソンとマークスを彼の家に招待した。飲物が出された後オッペンハイマーは、この元AEC弁護人の方を向いて言った。「ジョー、聴聞会で何が続いているか、この人たちに説明してもらいたいと思う」。次の一時間にわたってボルピーは、マークスとギャリソンがロブの非道な戦術と、オッピーの日々の試練の概略をまとめて説明するのを、湧き上がる怒りを抑えつつ耳を傾けた。最終的に、彼はオッペンハイマーを振り向いて言った。「ロバート、くそくらえと言って忘れることだ。巻き込まれては駄目だ。君に勝ち目はない」

オッペンハイマーは、前にアインシュタインからこのアドバイスを聞いたことを思い出した。しかし今度は、AEC審理規則を作るのを手伝った、経験豊かな弁護士から出た言葉である。そして、その人の意見によれば、規則の精神と言葉が法外に冒瀆されているというのだ。それでもオッペンハイマーは、審理のプロセスを結論まで見守るしか途はないと決心した。それは自制的で、むしろ受身の反応であった。何年も昔、キャンプで氷室に閉じ込められた少年時代の、静かな受容と似たものであった。

第35章　ヒステリーの徴候

わたしはオッペンハイマーの件で非常に苦しんでおりますが、閣下もそうであろうと推察いたします。何か、ニュートンやガリレオの教会審判を見ているようです。

アイゼンハワー大統領へのジョン・マックロイの手紙

金曜日にオッペンハイマーの証言がすべて終わった後、ギャリソンはオッペンハイマーの人格と忠誠心を保証するため、二十数人におよぶ被告側証人の喚問を許された。顔ぶれとしては、ハンス・ベーテ、ジョージ・ケナン、ジョン・マックロイ、ゴードン・ディーン、バネバー・ブッシュ、ジェームズ・コナントなど、科学、政治、ビジネスの世界から錚々たる人物が集まった。中でも断然興味深かったのは、マンハッタン計画の元保安責任者で、当時はクリーブランドで弁護士事務所を開いていたジョン・ランズデールであった。

ロスアラモス時代の重要な陸軍保安官が、被告側の証人として出頭することは、聴聞委員会側にかなりの影響をおよぼしたはずである。さらにオッペンハイマーとは異なり、ランズデールはロブの積極的な戦術をかわす術を最初から心得ていた。反対尋問中にランズデールは、オッペンハイマーのことを忠実な市民であると、彼が「強く」感じていると述べた。それから、彼は付け加えた。「わたしは、今の時代のヒステリーとでもいうべきものにきわめて心を痛めており、今回の件はその一つの徴候であると考える」

ロブはおそらくこれを聞き逃すわけにはいかなかった。「この審問をヒステリーの徴候とお考えですか?」

ランズデール「わたしの考えは……」

ロブ「イエスですかノーですか?」

ランズデール「わたしはその質問に、イエスかノーで答えたくありません。あなたがそれを認めるなら、そして続けさせるなら、質問に喜んでお答えしましょう」

ロブ「分かりました」

ランズデール「共産主義に対する時代のヒステリーは、とても危険であると思います」。

次いで彼は説明した。一九四三年に彼がオッペンハイマーの保安許可問題を取り扱っていたちょうどそのころ、スペイン共和国でファシストとの戦いに志願したコミュニストと分かっている人間を、陸軍の士官に任官すべきか否か、という微妙な問題にも取り組んでいた。彼が一五人から二〇人のコミュニスト・グループの「任官をあえてストップ」したため、彼は上官から「非難」されたという。その決定はホワイトハウスによって覆された。そしてランズデールは、共産主義者が士官に任官できるという雰囲気を作ったルーズベルト夫人とその取り巻きを非難したという。

このように、自分の反共主義者としての証明を確立した上でランズデールは、次のように続けた。「今日われわれは、振り子が大きく反対に動くのを経験していますが、わたしに言わせれば、これも同じくらい危険なことです。さて、この審問をヒステリーの徴候と考えるかというご質問ですが、私の答えはノーです。多くの疑惑があります、ありますが……。そうだこう説明しよう。一九四〇年の共産党とのかかわり合いが、今日同程度のかかわり合いを見るときと同じ由々しさで取りあげられているという事実、これがヒステリーの徴候であるとわたしは思います」

当時チェイズ・ナショナル銀行の会長であったジョン・マックロイは、ランズデールに同意した。アイゼンハワー大統領の個人的アドバイザー、いわゆる「キッチン・キャビネット」のメンバーであるマックロイは、外交評議会の議長であり、同時にフォード財団および米国で最も裕福な企業六社ほどの役員会メンバーであった。一九五四年四月十三日の朝刊で、オッペンハイマー事件についてのレストンの記事を読み、マックロイは「困ったことだ」と、深く心配した。「彼が共産党員の愛人と寝ようが寝まいが、これっぽっちも気にしなかった」。彼が後に回想している。

マックロイは外交評議会で定期的にオッピーと会っており、彼の愛国心をまったく疑っていなかった。だから彼はアイゼンハワーの同意を得ようと、直ちに手紙を書いた。「わたしはオッペンハイマーの件で非常に苦しんでおりますが、閣下もそうであろうと推察いたします。何か、ニュートンやガリレオの教会審判を見ているようです。こういう人物は、常に彼ら自身が『最高機密』なのです」。アイゼンハワーはぎこちなく答えた。「名誉ある」グレイ委員会のことだから、この科学者の身の証を立てるだろうと望んでいると。

マックロイとギャリソンは、ハーバード・ロー・スクール時代からの友人であったが、四月末にマックロイは、聴聞会の土壇場で「被告」側証人として審理に出席するよう頼まれ、簡単に説得されてしまった。マックロイはこの問題全体を重く受け止めていた。マックロイは証言の中で、聴聞委員会そのものの法的正当性に直接触れる問題点を提起したため、印象深いいくつかのやり取りを生み出した。彼はオッペンハイマーの弁護を始めるにあたって、まずグレイ委員会の保安の定義を質すことから入った。

「わたしは、あなたが保安上の危険と呼ぶものを正確に理解できません。わたしは自分に保安上の危険があることを知っており、個人はだれでも保安上の危険人物になれるということを知っています。わたしは逆の意味の保安上の危険があると思います。われわれが最高の頭脳と、最高に広い心を持っているとき、われわれははじめて安全であります。アメリカ合衆国の科学者全部が、このように大きな制約、そして多分大きな嫌疑の下で働かねばならないという印象が蔓延するなら、この（原子核）分野の将来は失われるでありましょう。このことは、わが国にとってきわめて危険なことだと考えます」

ギャリソンが彼にシュバリエ事件について尋ねたときマックロイは、理論物理学者としての国にとっての価値を犠牲にして、友人を守るため嘘をついたオッペンハイマーの意志を、グレイ委員会は尊重してしかるべきであると答えた。この議論の進め方は大いにグレイ委員会を揺さぶった。なぜなら、保安の問題に絶対ということはあり得ないこと、価値判断は各個人のメリットとなるようにすることを示唆していたからだ。事実AEC保安規則はこれを提案している。マックロイを反対尋問する間、ロブは賢い比喩を持ち出して反撃した。チェイズ・ナショナル銀行の会長は、一定期間銀行強盗と関係のあった人間を雇うだろうか？　という質問だ。「ノー」、マックロイが答えた。「わたしは、そういう人はだれも知らない」。そして、チェイズ銀行支店長が、自分の銀行の強盗を計画した人間を知っていると進んで申告したら、マックロイはその支店長に会話の内容を報告させないだろうか？　マックロイはもちろん、「イエス」と答えざるを得なかった。

マックロイは、このやり取りがオッピーのケースに打撃となったことを理解した。そしてその後しばらくしてグレイが類似の比喩をまた持ち出したとき、打撃はいっそう大きくなった。「あなたは、何らかの疑いを心の中に抱いている人間を、金庫室の担当にしておきますか？」

いいえ、とマックロイは言ったが、すぐに言い足した。疑わしい過去を持った従業員が、「時限装置の複雑な機構をだれよりもよく知っていた場合、解雇する前にもう一度考え直すだろう。リスクとのバランスを考えるからだ」。オッペンハイマー博士の心に関して言うならば、「わたしは、次の時代にわれわれが依存することになる、この難解で、不明確で、理論的な思考と引き換えに、彼の相当な政治的未成熟を受け容れたいと思う」と、彼は言った。

このようなドラマティックなやり取りは、決して珍しくなかった。一六丁目とコンスティチューション通りの交差点にあったこの単調な聴聞室は、あっという間に錚々たる俳優がシェークスピア的テーマに取り組む舞台に変身した。人間はどのように裁かれるべきか。

人間関係によるべきか、それともその人の行動によるべきか？　政府の方針を批判したことを、国に対する背信行為と同等視すべきだろうか？　国家の政策遂行のために個人の関係を犠牲にするような風潮の中で、民主主義は生き残ることができるだろうか？　国家安全保障は、公務員に政策への遵守《じゅんしゅ》テストを課しさえすれば守られるのだろうか？

オッペンハイマーの人柄に関する証人たちは、雄弁な、そして時に心に訴えるものを提供した。ジョージ・ケナンは明確だった。われわれはオッペンハイマーの中に、「現代アメリカ人の偉大な心の一つを見る」、ケナンは言った。「そのような男は、自分の知性が責任ある対応を求められる主題に関しては、不正直に語ることができない。ロバート・オッペンハイマーに不正直に話すよう求めるのは、レオナルド・ダ・ヴィンチに人体解剖図をゆがめて描くよう頼むのと同じだ」

これを聞きとがめたロブは、「才能ある人物」を判断するときは異なる基準を適用すべきだということかと、反対尋問のときケナンに問いかけた。

ケナン「教会はそう理解していたと、わたしは思う。もし教会が、聖フランシスに彼の青春期だけを見た基準を適用していたら、のちの彼はなかったでしょう。大罪人だったからこそ、偉大な聖者になったのです。そして、政府に関しても同じことが言えると思う」。

グレイ委員会のメンバーの一人ウォード・エバンズ博士はこれを、「才能ある人というのは、多かれ少なかれ変人の部分がある」という意味だと解釈した。

ケナンは礼儀正しく異議を唱えた。「いいえ。彼らが変人だとは言いません。しかし、才能ある個人が成長して立派な公人になったとき、彼らのたどった道を見れば、他の人が通った道のようにありきたりではなかったことが、分かるだろうと言っているのです。そこにはいろいろな類いの紆余曲折があることでしょう」

エバンズ博士は同意したように答えた。「それは文学の世界では通用すると思う。アディソンだったと思うが、違っていたら指摘してほしい、『偉大な機知は狂気に近く、狂気と密接な関係があり、その間の仕切りは薄い』と言っている」

これに対して、「オッペンハイマー博士は微笑んでいた。わたしの言うことが正しいか、間違っているか、彼には分かっていた。それだけでいい」と、エバンズ博士はメモに記している。

その日四月二十日火曜日、デビッド・リリエンソールは、ケナンに続いて証人席についた。ケナンは無傷で出てきたが、ロブは新しい証人にある罠を用意した。前の日リリエンソールは、記憶を新たにするためにということで、彼自身のAEC書類に目を通すことを許可された。しかしロブが反対尋問を開始するとすぐに明らかになったことだが、ロブの手元にはリリエンソールに隠されていた何通かの文書があったのだ。一九四七年のオッペンハイマー保安審査について語るよう誘導した後、ロブは突如、リリエンソール自身が「オッペンハイマーの件を徹底的に検討するため、著名な法律専門家をメンバーとする評価委員会の設置」を提案したことを明らかに示すメモを取り出した。

ロブ「言い換えるとあなたは、現在採られているのとまったく同じ手順を、一九四七年当時に採るべきであったと提案されていたわけですね？」

狼狽し腹を立てたリリエンソールは、愚かにもそうだと認めた。実はリリエンソールが昔提案したのは、今スターン・チェンバーで進められているものとは、まったく異なるものだった。厳しく追及するロブに対してリリエンソールは、ある時点で次のように抗議した。「真実と正確さを確保する簡単な方法は、昨日わたしがこれらのファイルを要求したときに書類を渡すことでした。そうすれば、ここに出席したときには多分最高の証人になっていたはずで、当時の状況を最も正確に開示できたはずですから」

ここでギャリソンがもう一度遮り、「文書を突然に提示するのは、真実に到達する最短の方法ではない。わたしには調査というより刑事裁判のように思われる。ここでそれが行われなければならないのは遺憾である」と抗議した。そしてグレイ委員長は、再度ギャリソンの抗議を斥けた。そしてギャリソンは、再度黙ってしまった。

この非常に長かった日も終わり、リリエンソールは家に帰ると日記に記した。「わたしは、落とし穴戦術と、あの光景全部の悲しさと吐き気に腹が立って眠れなかった」

リリエンソールが経験したことに怒りを抑えながら退出した聴聞室から、イジドール・ラビは、昂然として無傷で出てきた。聴聞会全体の中で最も忘れがたい陳述の中で、ラビは言った。「本件全体がこの上なく不幸なことであるという意見を、わたしはストローズ氏に隠さなかった。オッペンハイマー博士の保安許可の停止は、きわめて遺憾なことであり、絶対に実行してはならない。言い換えると、彼はAECに関係していた。彼はコンサルタントである。あなたが人の意見を聞きたくないならば、聞かなければよい。以上。それなのに、なぜ保安許可を取り消すことに奔走し、このような儀式をする必要があるのか。彼はそこにいて呼ばれればすぐ来るではないか。それでわたしには、オッペンハイマー博士のような偉業を成し遂げた人間に対して、この種の儀式を必要としたとは思えない。わたしがある友人に表明した、現実の明白な記録がある。われわれは、原爆とその一連のもの（以下、機密につき削除）を手に入れた。それ以上に何がほしいのか。人魚でもほしいと言うのか？　これは、ものすごい業績なのだ。その道のりの果てが、この孤軍奮闘の屈辱的聴聞会か！　まさに最低のショーである。わたしは、今でもそう思っている」

反対尋問にあたってロブは、シュバリエ事件についてもう一つの仮定的質問をすることによって、ラビの自信を揺すぶろうとした。そのような状況に置かれたら、「あなたは真実をすべて話したでしょうね」と、ロブは尋ねた。
ラビ「わたしは、生まれつき正直な人間です」
ロブ「あなたは、それについて嘘をつかなかったでしょうか？」
ラビ「わたしは現在何を考えているかを、あなたに話しているんです。わたしがそのとき、何をしたかどうかは、神様だけが知っている。これが、現在わたしが考えていることだ」
しばらく間をおいて、ロブが尋ねた。「先生、その事件に関するオッペンハイマー博士の証言がどんなものであったか、本委員会が始まるまで、もちろんご存じなかったですよね？」
ラビ「知らない」
ロブ「したがって、その件に関して判断を述べるのは、あなたよりも委員会の方が良い立場にあるかもしれませんね？」
決して言葉に詰まることもなく、ラビは受け流した。「そうかもしれない。しかし、わたしはこの男と一九二九年からの長い付き合いがある。二十五年だ。そこにはわたし自身が重きを置いている、直感的なものがある。言い換えると、わたしはあえて委員会の完全性を非難することなく、判断を別にしようとしているのかもしれない」

「話は全部を取り入れる必要がある」と、ラビは主張した。「それは、小説がやっていることだ。人間を突き動かすもの、人間がやったこと、またその人の人間性には、劇的な瞬間、歴史というものがある。ここで行われているのは、まさにそれだ。あなた方は、一人の人間の人生を書いているのだ」

ラビの証言の最中に、オッペンハイマーは一時聴聞室を出て数分後に戻って来た。そのときグレイ委員長は彼の着席に気づいて言った。「戻られたのですね、オッペンハイマー博士」

すると、オッペンハイマーが簡潔に答えた。「これだけは、わたしが本当に自信をもってイエスと答えられるものの一つです」。

ラビは聴聞室の敵対的な空気にびっくりしただけでなく、オッペンハイマーの変貌《へんぼう》にも打たれた。ロバートが二〇二二号室に入ってきたときは、名高く、誇り高く、自信に満ちた科学者兼政治家の雰囲気があったが、今は政治的殉教者の役割を演じている。「彼は非常に順応性のある人だった」と、ラビが後に述べた。「順風のときは非常に尊大なことがあった。ものごとが逆風になると、犠牲者を演ずることができた。彼は大した男だった」

手続きは現実離れして見えたが、それでもここは時に深遠な感情があふれる、高級劇場であった。四月二十三日金曜日、バネバー・ブッシュ博士は証人席について尋ねられた。一九五二年夏と秋に初期水素爆弾テストにオッペンハイマーが反対したことについて尋ねられた。ブッシュは説明した。「わたしはそのテストが、当時ロシアとの間で可能であると考えていた、ただ一つの可能性に終止符を打ったと強く感じました。つまり、もう実験は行わないという合意です。このような合意は、破られた場合直ちに知れるという意味で、自己監視可能なものです。わたしは、あの時期にあの実験を行ったことで、われわれは重大な過ちを犯したと未だに思っています」。彼の結論には何の妥協もなかった。「わたしはそれが、われわれがたった今踏み入っている厳しい世界に入った分岐点であったこと、これを最終結論まで推し進めた人たちは大きな責任を負っていることを、歴史がいずれ示すと考えます」

水素爆弾の突貫開発へのオッペンハイマーの反対を巡る論争のすべてに関して、ブッシュははっきり言った。そのとき国中のほとんどの科学者には、オッペンハイマーが「正直な意見を表明したために、さらし台に据えられ、試練を与えられようとしている」ように見えた。オッペンハイマーに対する告発状に関して、それは「不完全な文書」であり、グレイ委員会が初めから拒絶すべき代物であったと、ブッシュははっきり言った。

グレイ委員長はここで言葉を挟み、水素爆弾についての主張はさておき、今の話には「いわゆる不名誉な情報項目」があり、これは単なる意見の開陳から逸脱していると述べた。

「そのとおりです」と、ブッシュが言った。「そして、本件はこれについて裁判しなければならなかったのです」

グレイ委員長「これは、裁判ではありません」

ブッシュ「これが裁判であるならば、わたしは裁判官にこんなことを言いません。それはよくお分かりだと思います」

エバンズ博士「ブッシュ博士、当委員会がどのような過ちを犯したとお考えか、はっきりさせていただきたい。わたしはこの仕事を委嘱されたとき、乗り気ではありませんでした。これは国のためだと思って務めているのです」

ブッシュ「あなたはその依頼状を受け取ったら、即座に手紙を返送し、問題点を明らかにして書き直し、改めて送り直すよう申し入れるべきだったと思います。強硬な意見を表明したことを理由に、その人が果たして国のためになるか否かを論ずるような委員会は、この委員会に限らず、この国で一切開かれるべきではないと考えます。あなたがこのようなケースを裁判にかけたいとお考えなら、わたしを裁いてください。わたしはしばしば強硬な意見を吐いてきました。これからも、そうするつもりです。その意見は、ときどき嫌われることもありました。そのような行為で人が笑いものにされれば、この国は深刻な状況になります。みなさん、もしわたしが興奮していたらご容赦ください。そう、興奮しています」

四月二十六日月曜日、キティ・オッペンハイマーは証人席に座り、共産主義者としての過去について証言した。彼女は各々の質問に答えるにあたっていともたやすく、冷静に、そして正確に振る舞った。彼女は友人のパット・シャーにはとても緊張していると打ち明けたけれども、グレイ委員会から見ると、彼女は率直で、少しもおろおろした様子はなかった。少女時代にキティは、ドイツ生まれの両親によって、そわそわせずじっと座る訓練を受けた。そして今、極度の自制を実行するために昔の訓練が役立った。ソビエト共産主義とアメリカの共産党の違いを示すことができるかと、グレイ委員長が彼女に尋ねたときキティは、「わたしに関する限り、それに対して二つの答えがあります」と答えた。「わたしが共産党のメンバーであった当時、わたしははっきり別物だと思っていました。ソビエト連邦はソビエト連邦の共産党を持っており、わが国は独自の共産党を持っていました。

アメリカ合衆国の共産党は国内問題に関心を持つと、わたしは考えました。現在では、もうこれを信じていません。全部が結びついて、世界中に広がっているとわたしは信じています」

エバンズ博士が、「知的コミュニスト」とごく一般のコミュニスト」の二種類の共産主義者がいるかと彼女に尋ねたとき、「その質問には答えられません」とセンスの良い答えをしている。「わたしも答えられません」と、エバンズ博士が答えた。

オッペンハイマーの弁護側証人に呼ばれたのは、ほとんどが近い友人と学者仲間だった。ジョン・フォン・ノイマンは違った。フォン・ノイマンとオッペンハイマーは個人的には親しい関係を常に維持したけれども、彼らの政治的意見は大きく相違している。その意味でフォン・ノイマンは、潜在的には特に説得力ある被告側証人であった。水素爆弾プログラムの熱烈な支持者であったフォン・ノイマンを、かつてオッペンハイマーが説得しようとしたとき、フォン・ノイマンも同じようにオッペンハイマーを説得しようとした。しかしフォン・ノイマンは、オッペンハイマーが「スーパー」の邪魔をしたとは、決して言うことはできなかった。シュバリエ事件について尋ねられたとき、フォン・ノイマンは陽気に説明した。「だれかが子供のころいたずらをした話を聞かされた程度にしか感じません」。そしてロブが、例の一九四三年に保安担当官に嘘をついたとする仮説をもってノイマンに迫ったとき、ノイマンは答えた。「わたしは、この質問にどう答えたらよいか分かりません。もちろん、そんなことはしなかったとご返事したいです。しかし今あなたは、だれか他の人が悪い行いをしたと仮定するように命じています。そして、わたしも同じことをやっただろうかとお尋ねになる。このような質問は、いつ妻の虐待を止めましたか、というようなものではないですか？」

この時点で、グレイ委員会メンバーは割り込み、フォン・ノイマンに同じ仮定に答えさせようとした。

エバンズ博士「だれかがあなたに接近して、彼には秘密の情報をロシアへ運ぶ方法があるとあなたに話したことがあったと仮定します。その男があなたに接近して来たら非常に驚きますか？」

フォン・ノイマン博士「それは、その男がだれであるかによります」

エバンズ博士「あなたの友人……だとしたら？　すぐにそれを報告してもらえましたか？」

フォン・ノイマン博士「それは、時期次第です。つまり、保安に慣れる前でしたら、ノーでしょう。もし後だったら、もちろんイエスです。わたしが申し上げたいのは、一九四一年以前、わたしは機密という言葉の意味さえ知りませんでした。ですから、このような問題を含む状況において、わたしがどれくらい賢く振る舞ったか、神のみぞ知るです。わたしが、機密ということをかなり急速に学習したことは確かです。しかし、わたしには学習期間がありましたから、その間に誤りを犯したかもしれませんし、犯す可能性があったかもしれません」

フォン・ノイマンに得点を奪われているとおそらく感じ取ったのだろう、ロブは検察官の戦術の中でも最も古いものを持ち出した。反対尋問で、ただ一つの質問を続けることである。「博士」、と彼は尋ねた。「あなたは、精神科医としての訓練は一度も受けてはいませんよね?」。ノイマンは当時最高の数学者の一人だった。彼は専門的世界でも、一般の交際でもオッペンハイマーを知っていた。しかし、彼は精神科医ではなかった。したがって、ロブの見え透いた意見によると、フォン・ノイマンにはシュバリエ事件におけるオッペンハイマーの行動を判定する資格がなかったというのだ。

聴聞会の中途でロブは、次のように発表した。「委員会が命じた場合を除き、われわれは喚問を予定している証人の名前を、事前にギャリソン氏に明らかにしない」。ギャリソンは自分側の証人のリストは、聴聞会の冒頭に提出してあったので、ロブはそれぞれに対する質問を、しばしば機密文書を使って、詳細に準備することができた。その時ロブが説明したのは、同じ便宜を相手には与えないということであった。理由として挙げたのは、「率直に申し上げる。科学者の世界から証人を喚問する場合、彼らはプレッシャーを感ずる可能性がある」。おそらくそうかもしれないが、この理由付けに対して、ギャリソンは明らかに強い疑問を呈さなければならなかった。第一に、エドワード・テラーが呼ばれることはだれにもはっきりしていた。だから彼の同僚が意図していたプレッシャーは、どっちみち掛かっただろう。アーネスト・ローレンスとルイ・アルバレスも候補に挙がっている可能性がある。かくしてリストは続く。検察側の公然たる懸念には、この見世物裁判のプロデューサーであるストローズが、敵意ある証人を集めるために労を厭わず関わっていたのは皮肉であった。

証言から一週間後、ラビはオークリッジでアーネスト・ローレンスに出会って、オッペンハイマーについてどのような証言をするつもりかと尋ねた。ローレンスは、オッペンハイマーに不利な証言をすることで、すでに同意していた。彼は、旧友オッピーにはうんざりしていた。オッピーは水素爆弾の件で彼に反対し、リバモアに第二の武器研究所を建設することにも邪魔をした。そしてごく最近、自分の親友リチャード・トールマンの妻ルースとオッピーが関係を持っていると、あるカクテル・パーティーで耳にして憤慨して帰宅したことがあった。彼は大変立腹していたので、ワシントンでオッペンハイマーに不利な証言をしてほしいというストローズの要請に応じた。しかし予定していた出頭の前日、ローレンスは大腸炎の発作を起こした。翌朝彼はストローズに電話をし、行けなくなったことを告げた。ローレンスが言いわけをしていると確信したストローズは、ローレンスと言い合い、彼を臆病者と呼んだ。

ローレンスが、オッペンハイマーに不利な証言をするようには思えなかった。しかしロブは以前に彼と面談したことがあり、今回グレイ委員会のメンバーには、このインタビューのコピーを読ませた。もちろんギャリソンには渡らない。したがって、オッペンハイマーが非常に悪い判断を下すという罪を犯したので、「いかなる形であれ、政策決定作業に二度と関係してはならない」とするローレンスの結論は表に出ず、オッペンハイマーの弁護団が問題にすることもなかった。確かにこれは、手続き停止の根拠ともなりうるほどの、正規な法手続き違反であった。

ローレンスと違ってエドワード・テラーには、証言することについて躊躇がなかった。証言の六日前の四月二十二日、テラーはAEC広報担当官チャーター・ヘスレップと一時間にわたって話をした。テラーはその会話の間に、オッペンハイマーと「その取り巻き」

に対する、心からの憎しみを表現した。オッペンハイマーの影響を無効にする、何らかの方法を見つけなければならないとテラーは思っていた。ヘスレップのストローズ宛レポートには、以下の文章が含まれている。「本件は保安関連として開かれているので、オッペンハイマーが下した『一貫して不当なアドバイス』を示す文書を、一九四五年の戦争末期まで遡って探し、含めることによって、『嫌疑を深める』何らかの方法を見つけられないかとテラーは考えています」。ヘスレップは付け加えた。「この聖職剥奪を実行しなければならないと、テラーは強く思っています。さもないと、今回の聴聞の結果いかんにかかわらず、科学者たちは計画（核兵器計画）に熱意を失うと言うのです」ヘスレップのストローズ宛メモは、オッペンハイマー事件の背後にあった完全に政治的な動機を描き出している。

テラーは聴聞が保安関連であることを残念に思っている。それは保安だけでは筋道が立たないと感じたからだ。彼はオッピーが、国に対して不誠実ではないと信じていたが、どちらかというと「平和主義者」であるといういく分曖昧な言葉でしか、オッピーの哲学を表現できなかった。

テラーは言う。必要なことは、そしてそれは最も難しいことだが、オッピーはプログラムにとって脅威とは言えないが、もはやプログラムにとって価値がないことを仲間の科学者に示すことであった。

「科学者のわずか一パーセントまたはそれ以下」しか実状を知っているものはおらず、しかもオッピーが科学者仲間で大きな「政治的」力を持っているため、「彼の教会内で彼の法衣をはぐ」ことは難しいだろうと、テラーは言った（この最後のフレーズは著者のものであるが、テラーは適切であるとして同意した）。

テラーは、いろいろな名前で動いている「オッピー・マシン」について詳細に語った。あるものにテラーは「オッピー人脈」と名づけた。その他のものは「チーム」にはなっていないが、彼の影響下にあるという。

四月二十七日に、テラーはロジャー・ロブに会った。ロブは、移り気な物理学者が今でも旧友に不利な証言をする用意があるかを確かめたかった。テラーは後に、この会見は翌日、彼が証人席で宣誓をする数分前に行われたという。しかし彼の記憶は、後にストローズに送った手書きのメモと食い違っている。そこではロブと会ったのは証言した日の前日の晩であったという。テラーの話によると、ロブの質問は「オッペンハイマーに保安許可を出すべきだと思いますか?」というぶっきらぼうなもので、テラーはこれに「はい、オッペンハイマーに保安許可を出すべきです」と答えた。そこでロブはコピーを取り出して、そこに書いてあったオッペンハイマーの証言の一部をテラーに読ませた。そこではオッペンハイマーが「でたらめな話」を捏造《ねつぞう》したことを認めている。オッペンハイマーがあっけらかんと嘘をついていたことを認めたのに驚いて、保安許可を認めるべきだと証言するか否かを明言せずに、ロブと別れたとテラーは後に語っている。

この事件について、テラーが後年語った話はどうも信頼が置けない。十年以上の間、彼は仲間の科学者の間でオッペンハイマーの影響と人気が強いことに深く憤慨していた。一九五四年までに、「オッピー自身の教会で彼の法衣をはぐ」ことを必死に望むようになっていた。ロブが未だ機密のはずの聴聞会資料を見せたことによって、オッペンハイマーに不利な証言をするのが一段と容易になった。*

翌日の午後、二、三歩離れたソファーにオッペンハイマーが座っている傍らで、テラーは証人席に座った。ロブはテラーに、水爆開発その他の問題に対するオッペンハイマーの態度に関して、かなり長時間の証言をさせた。テラーが相反する感情を持っていることに、ようやく気づいたロブは、たった一つのことを言わせたくて、穏やかにテラーを誘導した。

ロブ「多分次のことをお尋ねするのが、ここで問題を単純化するのに役立つでしょう。

要するに、オッペンハイマー博士がアメリカ合衆国に忠実でないことを証言し、示唆するのがあなたの意図ですか？」

テラー「わたしは、そのような種類の示唆をするつもりはありません。わたしはオッペンハイマーが、知的に油断がなく非常に複雑な人間であることを知っていますし、いかなる方法であれ、わたしが彼の動機を分析するなど、おこがましく、間違っていると思います。しかしわたしは、彼がアメリカ合衆国に忠実であると今まで常に考えてきましたし、現在でもそのように仮定しています。わたしはこれを信じています。そして、反対のきわめて決定的証拠を見るまで、わたしはそれを信じます」

ロブ「では、その必然的帰結としての質問をします。オッペンハイマー博士が保安上危険人物であると、あなたは思いますか、思いませんか？」

テラー「わたしが目にしたオッペンハイマー博士の多くの行為において、博士はわたしには非常に理解しがたい方法で行動されました。わたしは多数の問題で、完全に博士と意見が合わず、率直に言って彼の行動は、わたしには混乱し、複雑になっていると感じられました。この範囲において、わが国の重要な国益は、わたくしがより良く理解し、より信頼を置いている人の手に委ねたいと考えます」

委員長グレイによる反対尋問中、テラーは自分の言葉を誇張して言った。「それが、一九四五年以降の行動によって示されてきた知恵と判断にかかわる質問であるならば、わたしは保安許可を出さない方が賢明だと申し上げたいと思います。この問題に関してわたし自身が少々混乱していることを、申し上げねばなりません。オッペンハイマー博士の名声と影響力に関することになればなおさらです。これらに関するコメントは差し控えさせていただけますか？」

ロブは、これ以上何も必要としなかった。証人席から離れて向きを変えると、革のソファーに座っていたオッペンハイマーの前を通り過ぎながら、テラーは手を差し出すと「すみません」と言った。

オッピーは彼と握手しながら素っ気なく答えた。「あの証言の後で、すみませんとはど

＊　ロブが万全の準備をした検察側証人は、テラーだけではなかった。ある晩ギャリソンのアシスタント（アラン・エッカー）は、遅くまで聴聞室で仕事をしていた。そのとき廊下の向うで大きな声がしたので彼は気が散った。「わたしは、テープが再生されているのを耳にした」と、エッカーが言う。それから彼は、ロブを始めとして、その後証人として出頭することになる多くの人々が目に入った。「ロブ氏は、その後証人となる人々を引き入れており、一九四三年八月、パッシュ大佐が行ったオッペンハイマーの尋問テープを聴いていたのだ」

ういう意味だ」

テラーは、自分が言った言葉に高い代償を支払うことになる。その夏の終わり、ロスアラモスを訪問中のテラーは食堂で旧友ボブ・クリスティを見つけた。歩いて行って、挨拶しようと手を伸ばしたが、クリスティは握手を拒みくるりと背を向けたのにはテラーも驚いた。すぐ近くに立っていたのは、怒り心頭のラビであった。「ぼくも君とは握手しないよ、エドワード」。びっくりしたテラーは、ホテルの部屋に戻ると早々に帰り支度を始めた。

テラーの証言の後、山場を過ぎた聴聞会は、だらだらともう一週間続いた。五月四日、聴聞会が始まってから約三週間たったころ、キティが再び証人席に呼び戻された。委員長グレイとエバンズ博士は、彼女がいつ共産党と関係を絶ったか、彼女を追及した。キティは、一九三六年以降「わたしは、共産党と一切関係を絶ちました」と、前の証言を繰り返した。彼らのやり取りは、それからかなりトゲトゲしいものになった。

委員長グレイ「オッペンハイマー博士の献金が、多分一九四二年まで続いたということは、共産党と何らかの関係が続いていたと、考えてよろしいですか？　わたしは、あなたがイエスかノーでお答えになることを強要はしません。あなたが望むようにお答えください」

キティ・オッペンハイマー「ありがとう、承知しました。あなたの質問はきちんと整理されていないと思います」

委員長グレイ「あなたは、わたしが何を言おうとしているかお分かりか？」

キティ・オッペンハイマー「はい。分かっています」

委員長グレイ「ではなぜ、そう答えないのですか？」

キティ・オッペンハイマー「わたしがその言葉（共産党と関係を絶ったという）を好まない理由は、ロバートが元来共産党とそのような関係にあったと思わないからです。わたしは彼がスペインの難民にお金を与えたことも知っています。共産党を通してそれを与えたことも知っています」

委員長グレイ「たとえば彼がアイザック・フォルコフにお金を与えたとき、これは必ずしもスペイン難民のためだけではなかったでしょう？」

キティ・オッペンハイマー「そう思います」

委員長グレイ「一九四二年ころまでですか？」

キティ・オッペンハイマー「それほど後までとは思いません」

彼女の夫はその日付を使ったと、グレイが彼女に述べたとき、彼女は応えた。「グレイ委員長、ロバートとわたしは、すべてについて合意しているわけではありません。彼はときどき、わたしが覚えているのとは異なるように覚えています」

オッペンハイマー側弁護団の一人がこの点で会話に入ろうとしたが、グレイは質問を続けると言ってゆずらなかった。自分が言おうとしたのは、彼女の夫が共産党との関係を止めたのはいつかということだ、と彼は主張した。

キティ・オッペンハイマー「知りません、委員長。われわれにはほかにも、共産党員であると言われていた友人がいることを、わたしは知っています」（彼女の言葉はもちろん、シュバリエを意味した）この何気なく認めた言葉に驚いたロブが割り込む。「何と言いました？」しかし、グレイは話を進め、ある人が共産党から「明確に離党される」メカニズムについて再度尋ねた。キティはとても賢明に答えた。「それは人によって異なると思います、委員長。衝突をして辞める人もいるでしょうし、それについて論文を書く人だっているでしょう。とてもゆっくり離れる人もいます。わたしは、共産党を去りました。わたしは、過去（友好）を引きずることはありませんでした。何人かは、しばらくの間続けました。わたしは共産党を去ってから、コミュニストの実態が分かりました」

質問は続いた。エバンズ博士は、共産主義者とシンパの違いを定義するよう質問した。キティは簡単に答えた。「わたしにとって、コミュニストといった場合は共産党員のことで、多かれ少なかれ命令されたことを正確に実行します」

『人民の世界』購読に関してロブが質問したときキティは、これまでに購読したことはないと思うと、もっともらしく説明した。「わたしは、購読したことはありません」と、キティは言った。「ロバートは購読したと言いますが、わたしは疑っています。わたしがそう思う理由は、昔オハイオ州にいたころ、共産党への勧誘のため、購読しなくても《デイリー・ワーカー》紙を無償で配ったことがあるのを知っているからです」

キティは一歩も譲らなかった。ロブでさえ、きっかけが掴めなかった。穏やかだが、あらゆるニュアンスに気を配り、彼女は弁護している夫本人よりも疑いもなく良い証人であった。

五月五日聴聞会最終日、オッペンハイマーが証人席から解放されようとしていたとき、彼は最後にもう一つコメントを述べたいと申し出た。ほぼ四週間耐えがたい屈辱に耐えた後に、オッペンハイマーはギャリソン調停戦略の最後の一幕として、彼を苦しめた人々に感謝した。「今回の手続きの間、当委員会が見せてくれた忍耐と配慮にわたくしは感謝します」。ロバート・オッペンハイマーが分別ある、協力的人物であったこと、共に働き信頼し合うに足る組織の一員であることを、グレイ委員会に証明するデモンストレーションであった。グレイ委員長は心を動かされなかった。「ありがとうございます、オッペンハイマー博士」と、彼は答えた。

翌朝ギャリソンは、今回の案件を総括するために、三時間を費やした。再び、今までより穏やかにではあるが、ギャリソンは聴聞会が「裁判」にすり替えられたことに抗議した。彼はグレイ委員会が、聴聞の始まる丸々一週間前に、オッペンハイマーに関するFBI資料を読んだことを思い出させようとした。「わたしは、気が滅入る感じを覚えている」と、ギャリソンが言った。「あの時点でわたしは、FBIファイルを一週間じっくり読むつもりだった。しかし、ついに目を通す機会を与えられなかった」。しかし、厳しく抗議すべきでないと感じて、ギャリソンはすぐに後退した。「われわれからすると、敵対的な性格の進行は予想外であったのは事実であるが、委員会のメンバーが示した公正さに、誠意をもって深く感謝するものであることを申し上げたい」。彼はこのように述べた。

ギャリソンが気恥ずかしいほどに従順であるとしても、彼の総括はまた雄弁であった。彼はグレイ委員会に対して、「今回の時間遠近法の処理は、わたしにとって幻想のようでこした」と警告した。一九四三年のシュバリエ事件で起こったことは、その時代の空気の中で判断されなければならない。「ロシアは、われわれの、いわゆる勇敢な同盟国であった。ロシアに対する態度、ロシアに好意的な人々に対する態度のすべてが、今日見られるものと異なっていた」。オッペンハイマーの個人的性格と一貫性に関して、ギャリソンは委員会に注意を喚起した。「あなた方は、この紳士を三週間半ソファーの上に縛りつけた。あなた方は、彼について多くを学んだはずだ。彼には、あなた方が知らない面がまだたくさんある。あなた方は、彼と暮らしたことはないはずだ」

ギャリソンは続ける。「この部屋で裁判を受けていたオッペンハイマー博士より、もっと別のオッペンハイマー博士がいる。ここで裁判にかけられているのは、アメリカ合衆国でもある」。遠まわしながら、マッカーシズムへ言及したギャリソンは、「この国に対して、海外がどれほど不安を感じているか」にも触れた。反共主義者のヒステリーが、トルーマンとアイゼンハワー政権に非常に蔓延しているので、保安維持の道具が、まるで「人間に与えられた贈物を破壊する、統制された機械のように暴れている。アメリカは、わが子を喰い殺すようなことをしてはならない」。グレイ委員会がもう一度「全人格を裁く」ようこのメモの上で訴え、ギャリソンは彼の要約を締めくくった。

「裁判」は終わった。そして一九五四年五月六日、「被告」はプリンストンに戻り、委員会の結論を待つことになった。

ギャリソンは遅ればせながら、グレイ委員会の聴聞の明白な不公平さと、恐ろしく法を逸脱したものであることを示そうとしたのだった。手続き進行の最大の責任は、ルイス・ストローズにあった。しかし、委員会議長としてのゴードン・グレイは、聴聞が適正かつ公正に行われるよう保証することはできたはずだ。彼は、その責任を果たさなかった。公正さを維持するよう聴聞会を運営するためには、ロブの違法な戦術を制御する必要があったのに、グレイはそれをやらず、ロブが進行を牛耳ることを許してしまった。聴聞会に先立って、ロブが独占的に委員会メンバーと会い、FBIファイルを検討することをグレイは許可した。これは一九五〇年AEC「保安許可手続き」に直接抵触する。グレイはまた、ギャリソンが同様な会合の許可を申請したのに、ロブの勧告を受け入れてこれを拒絶した。ロブが証人リストをギャリソンに開示することを拒絶したとき、グレイはこれを黙認した。彼は、ローレンスの不利な証言書を弁護側に見せなかった。彼は、ギャリソンの保安許可を促進するための、何の手も打たなかった。要するにグレイ委員会のやったことは、主任裁判官が検察官のリードに順応した、文字どおりの「つるし上げ」であった。AEC理事長のヘンリー・スマイスが主張するように、聴聞がどのように実行されたかに対して客観的で法的な検討を行えば、今回の結果が破棄されるのは間違いなかった。

第36章　わが国旗についた汚点

それは、言葉にならないほど悲しい。彼らはとても間違っている。恐ろしく間違っている。ロバートについてだけ間違ったのではない。賢明な公職者に求められるものに対する考え方が間違っているのだ。

デビッド・リリエンソール

オッペンハイマーは、疲労困憊しながらも神経がいらだったままオールデン・メイナーに戻ってきた。万事がうまくいかなかったことを、彼は知っていた。またグレイ委員会の判定を待つしかないことも分かっていた。決定が出るまでには、数週間かかるだろうと思った。そのときでもFBI盗聴器は、「状況はまだまだ一件落着とはいかないと思う」と、オッペンハイマーがある友人に話しているのを傍受した。「時代の悪がすべてこの状況に集約されていて、この件が静かに終息するなど信じられない」。数日後FBIは、オッペンハイマーが「現在非常に落ち込んでおり、妻にあたっている」と報告した。

委員会の決定を待ちながら、キティとオッペンハイマーは白黒テレビの前で、時間を過ごした。そして、軍対マッカーシー上院議員の査問劇を観た。このとんでもないドラマは、オッペンハイマー自身の苦しい体験の真最中、一九五四年四月二十一日に開始し、五月になってもずるずると続いたので、推定で二〇〇〇万人のアメリカ人が、毎日マッカーシーと軍の弁護人、ボストンの弁護士ジョセフ・ナイ・ウェルチによる尋問の様子に見入った。多くのアメリカ人と同様、オッペンハイマーもこの生のテレビドラマを観て立ちすくんだ。しかし彼にとっては、たった今終わったばかりのスター・チェンバーにおける聴聞の、辛い個人的経験を思い出させるものだったに違いない。もしウェルチまたは彼のような人が自分の弁護を引き受けていたら、もう少しましだったと思わざるを得なかっただろう。

ゴードン・グレイは、万事が申し分なくいったと思った。手続きが終わった翌日、彼は最初の反応を要約してファイルするため、個人的なメモを口述した。「現時点までの手続きは、状況が許す範囲内で、最大限に公平であったと、わたしは確信している。限定を設けた理由は、もちろん、オッペンハイマー博士と彼の弁護人が、FBI文書その他古い資料の閲覧を許されなかったことにある」。グレイは次のように告白さえしている。「わたしはロブ氏の反対尋問と、文書の小刻みで突然の言及と引用については、少々不快だった」。しかし結局彼は、「進行を全体として見るならば、オッペンハイマー博士の利益が損なわれたことはなかった」と、理由づけしている。

彼のパネルメンバーとの非公式な討議から、結果はもう目に見えていると思われた。彼の意見では、「ある個人に対する誠実を、政府に対する忠誠心または義務の上に置いたという点で」、オッペンハイマーは確かに有罪だった。または、グレイがその週の初めにモーガンとエバンズに話したように、オッペンハイマー博士には、「判断を下す責任のある人々により考慮済みとされ、公式なものとされた多くのケースに関する判断よりも、ある状況に関する自分の判断を優先する傾向がしばしば見られた」。グレイは、シュバリエ事件、オッペンハイマーのバーナード・ピータースの擁護、水素爆弾論議、その他核政策に関するオッペンハイマーのいくつかの態度を例に挙げた。モーガンとエバンズは賛意を示した。特にエバンズ博士は、「オッペンハイマーは、確かに非常に不当な判断をしたことで罪があるのは確かである」と、コメントした。

だから、十日間の休暇から戻ると同時にエバンズ博士がオッペンハイマーを支持する意見書の草案を書いていることを知って、グレイはショックを受けた。グレイはエバンズが

「最初から」、オッペンハイマーに保安許可を出してはならない、と決めていたと思っていた。「ほとんど例外なく、破壊的な背景や関心を持っているのはユダヤ人であった」と、エバンズは個人的にグレイに話していた。はっきり言えば、エバンズの反ユダヤ主義が彼の判断に先入観を植え付けると、グレイは思っていた。一カ月におよぶ手続きを通して、「わたしの同僚は両方とも見方がほとんど一致しているとの印象が強くなっていた」とグレイが述べている。しかし現在シカゴから戻って見ると、「エバンズ博士の見解は一八〇度反転してしまった」。エバンズは単に記録を再検討しただけだが、嫌疑には何も新しいことがないと結論したと言う。「だれかが影響を与えたな」と、ＦＢＩは考えた。

ストローズはこの経緯を知って半狂乱になった。彼とロブはオッペンハイマーの弁護団を盗聴した。保安許可を得ようとするギャリソンの試みを妨害した。秘密文書を隠して証言者に伏線を張った。ＦＢＩファイルから取り出した伝聞証拠で、グレイ委員会に先入観を植え付けようとした。有罪評決を得るためのこういった彼らの努力にもかかわらず、オッペンハイマーが身の証《あかし》を立てる可能性が出てきたのだ。

エバンズが他のパネルメンバーのうちの一人に影響するかもしれないと恐れたストローズはロブに電話をした。二人の男は、何とかしなければならないという点で一致した。そしてロブは、ストローズの了承を得て、ＦＢＩを呼んでフーバーの介入を求めた。

ロブはFBIのC・E・ヘンリックに、「FBI長官がこの問題を委員会と議論することが、非常に重要」と考えると言った。もし委員会の決定が間違った方向へいったら悲劇であること、またこれは緊急を要する問題であるとロブは言った。ほとんど同じころ、ストローズはA・H・ベルモント（フーバーの私設秘書の一人）に電話して、FBI長官に介入をお願いしたいと頼んでいた。問題はきわめて「きわどく、ちょっとしたバランスの崩れが、委員会の重大なエラーにつながる」と言った。

エージェントのヘンリックは観察している。「これは要するに、オッペンハイマーが保安上の危険人物であることを委員会に決めさせたいストローズとロブが、この時点では委員会にそれができるか否か疑わしく思っているように見えた。わたしの感じでは、長官が委員会にお会いにならない方がよい」

フーバーの側がそのような干渉をしようものなら、公になった場合きわめて不利になる。フーバーはそれが分かっていた。彼は側近に話した。「わたしがオッペンハイマー事件に口を出すことは非常に不適切であると考える」。彼はグレイ委員会と会わないことになった。

何年も後に、フーバーの介入を画策する様子を記したFBIメモを突きつけられたロブは、委員会の判断に影響するよう、FBI長官の力を借りようとしたことはないと否定した。彼は映画製作者でもある歴史家のピーター・グッドチャイルドに次のように話した。「FBI長官の影響力を委員会に利用する目的で、わたしが委員会と長官との会談を進めようとしたとの疑惑は、これを具体的、かつ完全に否定する。また、わたしがヘンリックに、もし長官が委員会と会ってくれないとオッペンハイマーに有利な決定が下されるから、この問題は『きわめて緊急を要すると考える』と言ったという点も否定する」。しかし記録は歴然としている。彼は嘘をついていた。

皮肉にも、グレイはエバンズの報告書の書き方が下手だとして、ロブに書き直させている。「わたしは、エバンズ先生の意見があまりにも不用意なのが、気に入らなかった」、ロブが説明した。「そのままだと、まるで彼が委員会の回し者みたいなものだった。意味が分かるかな？　まるでまぬけ者を委員会に置いたようなものだ」

五月二十三日、グレイ委員会は正式な評決を下した。二対一の票によって、委員会はオッペンハイマーを、忠実な市民ではあるが、保安上の危険人物であると見なした。したがって、委員長グレイとモーガン委員は、オッペンハイマーの保安許可を更新しないよう提言した。「以下の考慮点」は、とグレイとモーガンは書いた。「われわれがこの結論に到達する上で大きな要素であった」

一、オッペンハイマー博士の継続的な行いおよび交友関係は、保安制度の要求するところに対する多大なる無視を反映していた。
二、われわれは、国の保安上の利益に大きく影響する可能性を発見した。
三、われわれは、水素爆弾プログラムにおける彼の行いは、将来におよぶ彼の参加が、国防に関するある政府プログラムで同様な態度を示した場合、果たして最善の保安と両立するか否かという疑惑を高める程度に、十分妨害的であると考える。
四、われわれは、残念ながら、オッペンハイマー博士は当委員会における証言にあたって、何度か率直でなかったケースがあったと結論した。

その理由はこじつけだった。彼らは、オッペンハイマーが何か法律違反をしたとか、保安規則を破ったとして告発したのではない。しかし彼の交友関係が、ある漠然とした悪い判断に根拠を与えてしまった。保安組織に対して、オッペンハイマーが意図的に敬意を払わなかったことも、彼らの目にはのっぴきならない罪状と映った。「友人への信義は、人間の特性の中で最も立派なものの一つである」と、グレイとモーガンは彼らの多数意見の中で書いている。「しかしながら、国とその保安システムへの合理的な義務を超えて、友人への信義を優先することが、保安の利益に沿わないことは明白である」。他のいくつかの逸脱の中で、オッペンハイマーは過度の友情という罪を犯していた。

他方エバンズの異議は、仲間の委員会メンバーの評決に対する、明瞭で曖昧さのない批判であった。「大部分の不名誉情報は」、と、エバンズは彼の異議の中で述べた。「オッペンハイマー博士が一九四七年に保安許可を得たとき、委員会の手に入っていた」

当時彼らは、明らかにオッペンハイマーの交友関係と左翼思想に気づいていた。それでも、彼らは許可を与えたのだ。特別な才能に彼らは賭けたのであった。そして彼は立派な仕事をし続けた。今やその仕事は終わり、われわれは当時とほとんど同じ不名誉情報について彼を調査するよう求められている。彼はその職を、完全で念入りな方法で遂行した。オッペンハイマー博士がこの国の忠実な住民でないことを示す情報は、わずかな痕跡さえも委員会の前にはない。彼はロシアを憎んでいる。彼には共産主義者の友人がいたということは事実である。今でもそのうちの何人かは友人である。しかし、その数は一九四一年より少ないという証拠がある。彼は当時のように単純ではない。彼には、以前よりも判断力がある。委員会メンバーの中に、彼の愛国心を疑う者はだれもいない。彼に反対する証言をした証人でさえ、それは疑っていない。しかも今日の彼の保安リスクは、許可を受けた一九四七年に比べて小さくなっている。

一九四七年に許可されたものを今拒絶することは、自由主義の国で採用されるべき手続きとは到底考えられない。

オッペンハイマー博士に許可を与えないこととなったら、それはわが国の国旗についた汚点である、とわたしは個人的に思う。彼の証人たちは、わが国科学界のバックボーンを形成するかなりの人物の集まりで、その彼らがオッペンハイマーを支持しているのである。

エバンズの異議が完全に彼自身の手によって書かれたものか、ロブが編集したものであるかに関係なく、これは注目に値する文書である。グレイとモーガンが評決の根拠とした、上記「考慮した問題」中の項目一、二および四は、引用したエバンズの短い文章の中で崩されている。にもかかわらず、それは項目三への反論には失敗している。これこそ、後年オッペンハイマーが言ったように、今回の「列車衝突事故」を引き起こした問題だったのだ。「われわれは、水素爆弾プログラムにおける彼の行いは、十分妨害的であると考える」と、グレイとモーガンが書いた。

なぜ、水素爆弾プログラムに関する彼の行いは、不穏だったのか？　オッペンハイマーは水素爆弾開発の突貫計画に反対したが、GACの他のメンバー七人も反対したのである。

そして彼らは全員が、はっきりと理由を説明した。実はグレイとモーガンが言いたかったのは、彼らがオッペンハイマーの判断に反対であったということ、そして彼の意見が政府委員会の意見となることを望まなかったということだ。オッペンハイマーは、核兵器開発競争を囲い込もうとした、いやおそらく方向転換させたいと思っていた。アメリカ合衆国が主要な防衛戦略として、大量虐殺を採用すべきか否か、オープンで民主的な議論を彼は喚起したかったのである。これらの感情が一九五四年には受け入れがたいと、グレイとモーガンは明らかに思っていた。それ以上に大きな問題点は、軍の方針にかかわる問題に科学者が強い反対を表明することが、合法的でなく許されることでもないと、彼らが実質的に主張していたという点である。

委員会がぎりぎりで有罪評決に近いものを出したことで、ストローズは一応安心したが、今度はエバンズの異議によって、AEC理事会が説得されるのではないかという心配が生まれた。何といっても評決は勧告にすぎず、AEC理事会にはそれを確認するか拒否するかの選択肢があった。オッペンハイマーの弁護団は、標準的な手順は守られ、AECの事務長ケニス・ニコルズが単にグレイ委員会のレポートを理事会に届けるだけだと頭から決めていた。オッペンハイマーを「摑みどころのないチクショウ」と見ていたニコルズは、実質的には完全な要約を理事会に届けていた。ストローズ、チャールズ・マーフィー（《フォーチュン》誌編集者）ならびにロブの指示の下に、ニコルズが書いた手紙は、委員会のレポートにまったく新しい作り話を加えていた。

ニコルズの手紙は、オッペンハイマーの保安許可がなぜ更新されてはならないかについて、まったく新しい論点を提示している。彼の推測は、グレイ委員会の評決をはるかに超えたものである。三カ月間にわたってストローズが調べた、オッペンハイマーFBI関係書類の結果を利用して、ニコルズはまずオッペンハイマーが単なる「口先だけの」シンパではないと主張した。「これら筋金入りの共産党員との関係は、彼らがオッペンハイマーのことをメンバーの一員と考えるような関係であった」。オッペンハイマーが共産党を通して渡した拠出金を引用して、ニコルズは次のように結論している。「記録を見る限り、党員カードを持っていなかったという事実以外、オッペンハイマー博士があらゆる点で党員であったことが示されている」

グレイ委員会の評決は、水爆開発突貫計画へのオッペンハイマーの反対を強調しているが、ニコルズは告発からこの政治的に厄介な部分を退けて、オッペンハイマー博士のような科学者が「正直な意見」を表明する権利に疑義を唱えることはAECの意図ではないと、抜け目なく付け加えている。

その代わりにニコルズは、シュバリエ事件の方へ重点をシフトした。しかしニコルズはこの闇に包まれた事件に関して、グレイ委員会が提示した解釈とは大分異なる解釈を取り入れている。委員会は、シュバリエ－エルテントン事件について初めて話した一九四三年に、パッシュ大佐に嘘をついたという、オッペンハイマーの告白を受け入れた。ニコルズはこの結論を拒否し、驚くべき、またおそらく超法規的な操作を加えて、この事件を完全に解釈し直した。実質的にニコルズは、オッペンハイマーを再び裁判にかけ、グレイ委員会の多数意見を退け、AEC理事会にオッペンハイマーの保安許可停止のための、まったく新しい基礎を提示したのである。

オッペンハイマーとパッシュ大佐の一九四三年八月二十六日の宿命的な出会いに関する一六ページの文書コピーを検討した後ニコルズは、「オッペンハイマー博士がパッシュ大佐に語った、詳細で状況的な話が偽りで、現在オッペンハイマー博士が語っている話が正直なものであると結論することは難しい」と、主張している。なぜオッペンハイマーは、「そのような複雑な偽りの話をパッシュ大佐にしようとしたのか」と、ニコルズは問いかける。シュバリエと彼自身から注意をそらそうとしたとする、オッペンハイマーの非常にもっともらしい説明を拒絶してニコルズは指摘する。「オッペンハイマーが現在のバージョンを語りだしたのは、シュバリエがこの件に関してFBIにどのように語ったかを知った直後、一九四六年以降のことであった」。FBIによるシュバリエの尋問と同時並行的に行われたエルテントンの尋問は、論駁《ろんばく》の余地がないほど一九四六年バージョンのシュバリエ－オッペンハイマー事件を裏づけたという重大な事実を、AEC理事会には知らせずに、ニコルズはオッペンハイマーが一九四六年、FBIに対して嘘をつき、再び一九五四年に聴聞会でも嘘をついたと結論した。

ニコルズは、追加の事実を明らかにすることはなかった。実際に、事実を隠したのだ。オッペンハイマーは弟を守るために嘘をついたとだけ主張した。この説は、すでに見たように、それを支える証拠が乏しい。奇妙なことにグレイ委員会は、フランク・オッペンハイマーから証言を得る努力をしなかったし、この件に関する二人の主要な人物、ハーコン・シュバリエとジョージ・エルテントンも召喚していない（シュバリエは当時パリに住んでおり、エルテントンは英国に戻っていたが、両者とも海外で面談することはできた）。

ニコルズの手紙は、仮定と個人的解釈しか含んでいない。そして、グレイ委員会が作成した手紙でもない。なぜこのように遅い時点で、彼はまた別の説を持ち出したのか？　答えは明らかだ。オッペンハイマーが一九五四年に聴聞委員会で嘘をついたという方が、十一年前ある大佐に嘘をついたという主張よりもはるかに打撃が大きいからだ。

ニコルズがストローズの了承なしでこのように過激な解釈を提示したとは想像できないから、ストローズが恐れたのは多数決の曖昧さにエバンズの異議の明快さが結びついて、

AEC理事会がグレイ委員会の決定を覆すことであったのは明白である。オッペンハイマーの弁護団は、ニコルズの手紙については何も知らなかった。ギャリソンがAEC理事会の前に口頭弁論を行う機会を与えられていたら、彼はそれについて知り得たかもしれない。「オッペンハイマー博士の弁護士に、ニコルズの手紙についてコメントする機会を与えないならば、この手紙が発表されたとき、われわれは深刻な批判に直面するだろう」と、ギャリソンの要請に同情的な一人の理事ヘンリー・スマイス博士が警告した。しかしここでもストローズは再び勝った。そして、ギャリソンの要請は説明なしで却下された。

オッペンハイマーの弁護団は、五人のAEC理事がグレイ委員会の勧告を逆転してくれることに、わずかな希望を託した。何といっても、理事会には三人の民主党員（ヘンリー・スマイス、トーマス・マレー、ユージン・ツッカート）がおり、共和党員はルイス・ストローズとジョセフ・キャンベルの二名だけだった。当初ストローズ自身は、三対二でオッペンハイマー支持になることを恐れていた。しかし議長としてストローズは、仲間の理事に影響を行使できる立場にあった。ワシントンにおける権力の力学を彼はよく理解していたし、有形の報償を払うことによって、自分の思いどおりにことを運ぶのに、何の不安も感じていなかった。彼は理事に贅沢な昼食をおごり、スマイスには民間企業でのおいしい働き口を紹介すると持ちかけた。ある時点でスマイスは、ストローズが自分を買収しようとしているのでは、と考えた。オッペンハイマーに対する最初の告訴状の起草を依頼された、AECの顧問弁護士ハロルド・グリーンは、ストローズが圧力をかけていると思った。ツッカートが初めはオッペンハイマーを無実と見ていたことを、グリーンは知っていた。事実五月十九日にストローズは、「ジーン・ツッカートは、この保安案件の最終投票段階で、自分の立場を明らかにしない選択をするかもしれない」と知らされた。しかしある時点で、ツッカートはひっくり返る。彼はオッペンハイマーに反対する多数決に票を投じた翌日、六月の三十日付でAEC理事を辞任し、ワシントンで弁護士を開業する予定だった。何か予期せぬことが起こると、グリーンは確信していた。特にストローズが法律案件をたくさんツッカートに移していることを知った後、その感を強くした。グリーンは知らなかったが、ツッカートはストローズの「個人的アドバイザー兼コンサルタント」となる契約にも署名していたのだ。

六月末までに、ストローズは一人の理事を除き全員の票を確保した。理事会ただ一人の科学者メンバーであったスマイス教授が、オッペンハイマーの保安許可は更新すべきであると考える旨を明らかにした。一九四五年の「スマイス・レポート」（マンハッタン計画の機密扱いでない科学的な歴史）の著者として、スマイスはオッペンハイマーを知っており、また問題となっている保安についても精通していた。個人レベルでは、彼は特にオッペンハイマーを好むということはなかった。彼らは十年間プリンストンの隣人であり、彼にはオッペンハイマーが、うぬぼれの強いもったいぶった男のように常に思えた。スマイスにとって重要だったのは、証拠に説得力が感じられないということであった。五月の初め、彼とストローズは昼食をとりながら、評決について議論を始めた。昼食が終ったところでスマイスが、「ルイス、君とわたしの違いは、君は物事を白か黒かで割り切るが、わたしにはすべてが灰色に見えることだ」と言った。

「ハリー、君に良い眼科を紹介しよう」、ストローズが切り返した。

数週間後スマイスは、不賛成のレポートを書く決心であると、ストローズに伝えた。毎晩真夜中まで働いて、スマイスはグレイ・レポートと聴聞記録のコピー（高さ四フィートの書類の山）に目を通した。この仕事で彼を助けるために、二人のAEC職員の応援を要請した。ニコルズはこれらの職員の一人フィリップ・ファーリーに、この仕事を引き受けると経歴に将来傷がつくかもしれないと警告したが、ファーリーは勇敢にもスマイスの助けに乗り出した。六月二十七日までに、スマイスは反対意見の原稿を書き上げたが、その段階で最終的な多数意見が完全に書き直されたことを知り、自分の原稿も書き直さざるを得なかった。

六月二十八日月曜日の午後七時〇〇分から、スマイスとアシスタントは、完全に新しい異議書を書き始めた。最終的な意見の提出に関し、AECが自ら課した最終期限に間に合わせるためには、後十二時間しかなかった。彼らが徹夜で仕事をしている間、スマイスは窓を通して家の外に一台の車が停まっているのが見えた。車の中には二人の男性が座って、彼の家を監視していた。AECかFBIのだれかが彼を脅迫するために寄こしたのだと、スマイスは思った。「オッペンハイマーのために、こんな迷惑を被るなんておかしいよ」。その晩遅く、彼はアシスタントの一人に告げた。「その上わたしは、別にあの男が好きでもないのに」

翌朝十時にファーリーは、ダウンタウンにあるAECオフィスにスマイスの反対意見を持ち込み、全部が複写されたことを確認するために脇に立って見ていた。その日の午後、スマイスの異議と多数意見が報道陣に発表された。理事会は、四対一でオッペンハイマーが国に対して忠誠心があったことを認め、彼が危険人物であったことについても、四対一で決定した。グレイ委員会決定の中心テーマであった水素爆弾問題に関する言及は、多数意見からは一切消えていた。ストローズが草案を書いた多数意見は、オッペンハイマーの性格の「基本的欠陥」に集中した。具体的に言うと、シュバリエ事件および、一九三〇年代における、共産主義者であったさまざまな学生との過去の付き合いが、中心的位置に取り上げられていた。「オッペンハイマー博士は、他の人間を律する規則の外に、常に彼自身を置いていたことを、記録は示している。彼は、国益に資するよう重大な責任を負っている問題で歪曲《わいきょく》を行った。交際関係において、保安上の通常かつ適正な義務を、故意に無視する態度を繰り返し示した」

かくして、オッペンハイマーの保安許可は、期限切れのちょうど一日前に取り消された。AEC理事会の評決を読んだ後、デビッド・リリエンソールは、彼の日記に記した。「言葉にならないほど悲しい。彼らはとても間違っている。恐ろしく間違っている。ロバートについてだけ間違ったのではない。賢明な公職者に求められるものに対する考え方が間違っているのだ」。うんざりしたアインシュタインは、「これからはAECを『原子力根絶委員会』と呼ぼう」と、皮肉った。

六月の初め、書類の写しが列車内で盗難に遭った（それは、ニューヨークのペンシルベニア駅の遺失物取扱所ですぐに見つかった）ことを弁解として利用し、ストローズは彼の仲間の理事を説得して、タイプ印刷で三〇〇〇ページの聴聞会議事録を、政府印刷局から発行させた。これは、すべての証言者の証言内容の秘密を守るという、グレイ委員会の約束を破ったことになる。しかしストローズは、広報活動戦では勝っていないと感じていたので、この懸念を払いのけた。

九九三ページに約七五万語がびっしり印刷された文書「J・ロバート・オッペンハイマーの問題に関して」は、ほどなく冷戦初期に関する影響力のある文書となる。最初の報道記事がオッペンハイマーを困らせることを狙ったストローズは、AECの職員に命じて最も大きな打撃を与えられるような証言を記者たちのために際立たせた。攻撃的な右翼のお抱えコラムニスト、ウォルター・ウィンチェルは、喜々として次のように書いた。「オッペンハイマーの証言『大部分の人々は、それを無視するが』には、狂信的な『アカ』で彼が結婚後も『最も親しい関係』を持ったと認める愛人（故ジーン・タトロック）の名前が含まれている。これを彼は、ビッグ・ボムに取り組んでいた時期に、彼女が赤色機関の活発なメンバーであることを知りつつやっていたのだ」

過激な保守派《アメリカン・マーキュリー》紙は、この「長年君臨してきた原子科学界エリート」の転落を歓迎し、オッペンハイマーの支持者たちのことを、「潜在的裏切り者を甘やかす」として批判した。理事会の最終判断が下院議場で発表されたとき、一部の議員は立ち上がって拍手喝采した。

しかし長い目で見ると、ストローズの戦略は逆効果であった。文書は、聴聞会の尋問的特徴とマッカーシズムの正義の堕落をむき出しにした。四年の内に、この文書はルイス・ストローズの評判と政府内での出世を台無しにする。

皮肉にも、裁判とその評決周辺の報道は、国内・国外両方でオッペンハイマーの名声を高めることになった。かつては「原爆の父」とだけ知られていたところへ、今度はもっと魅惑的な「ガリレオのように迫害された科学者」のイメージが加わった。この決定に憤慨しショックを受けたロスアラモスの科学者二八二人は、オッペンハイマーを弁護する抗議の手紙をストローズに出した。国中で一一〇〇人以上の科学者と研究者が、決定に抗議してもう一通の嘆願書に署名した。ストローズは答えた。「AECの決定は厳しいものがあるが、適切なものである」。放送解説者エリック・セバライドは次のように述べた。「オッペンハイマーは、もはや政府ファイル内の機密にはアクセスすることなく、また政府は、オッペンハイマーの頭脳に生まれるかもしれない秘密に、もはやアクセスできないことになる」

オッペンハイマーの友人であったコラムニストのジョー・オルソップは、この決定に大層憤慨した。「たった一回の愚かで不名誉な行為によって、この国へのあなたの貢献は一切帳消しになった」と、グレイに手紙を書いた。ジョーと弟のスチュワートは直ちに、

「衝撃的な正義の誤審」と題する一万五〇〇〇語のエッセイを《ハーパーズ》誌に発表した。ドレフュス事件に関するエミール・ゾラのエッセイ「われは弾劾する」になぞらえて、「われらは糾弾する」とタイトルを付けた。AECはロバート・オッペンハイマーだけでなく、「アメリカの自由という崇高な名前」をも辱《はずかし》めたと、熱血あふれる言葉で彼らは主張した。二つの事件には明らかな類似点があった。オッペンハイマーとアルフレッド・ドレフュス大尉は、裕福なユダヤ人の家系に生まれた。そして二人とも、国家に対する背信行為を理由に裁判により責め立てられた。オッペンハイマー事件の長期的な波及効果は、ドレフュス事件のそれに匹敵するだろうと、オルソップ兄弟は予測した。「フランスの最も醜い権力が、ふくれ上がった誇りとうぬぼれからドレフュス事件を引き起こし、そして彼ら自身の不潔な陰謀によって自分の牙を折り、力を弱めていった。アメリカにおいても、オッペンハイマー裁判の風土をつくり出した同様な権力が、オッペンハイマー事件によって彼らの牙と力を弱める可能性がある」

評決のニュースが発表された後、ジョン・マックロイは最高裁判所判事フェリクス・フランクフルターに手紙を書いた。「わたしが知っている勲章をもらった将軍全員の半分よりも多く、国家の安全保障に貢献をした人物が、たったこれだけの年月が過ぎただけで、安全保障の脅威と呼ばれなくてはならないとは、何という悲劇だろう。提督（ルイス・ストローズ）はわたしの証言に悩んだと了解しているが、偉大なる神よ、ストローズはいったい何を期待しているのだろう。わたしはオッピーが巨大な貢献をした現場に居合わせたので、まだまだ言うべきことはいっぱいある。しかし今さらそれが何の役に立つだろう？」

フランクフルターは、彼の旧友を安心させようと返事を書いた。「あなたは、あなたの言う、肯定的保安概念の深い重要性の実現に向けて、多くの人の心を開いた」。この嘆かわしい事件全体を通じて、一番の罪人はストローズであると、フランクフルターとマックロイは同意した。

マッカーシズムのヒステリーの頂点で、オッペンハイマーはその最も著名な犠牲者になった。「このケースは最終的に、マッカーシー自身がいないマッカーシー旋風の勝利であった」と、歴史家バートン・バーンスタインが書いている。アイゼンハワー大統領は結果に満足しているようであったが、それを得るためにストローズが用いた戦術を知っている様子はなかった。六月中旬、聴聞会の性格も意味も多分理解しないアイゼンハワーは、短いメモをストローズ宛に書いて、海水の淡水化問題にオッペンハイマーを起用したらどうかと提案した。「人類への利益から見ると、今までの科学的成功の中で、これに匹敵するものは思いつかない」。ストローズは黙って無視した。

ルイス・ストローズは、同じような魂胆を持った友人の助けを借りて、オッペンハイマーの「聖衣剝奪」に成功したのだ。アメリカ社会へ及ぼした影響は計り知れなかった。一人の科学者が除名されたのだ。しかし今やすべての科学者は、国家政策に疑問を呈した人々には深刻な結果が待っているという警告を受けたのである。聴聞会の直前、オッペンハイマーのMITの同僚バネバー・ブッシュ博士は、次のように手紙を書いた。「軍隊と共同で働いている技術者が、どれくらい公的に意見を述べる権利があるかというのはなかなか大きな問題だ。わたしは、どちらかと言えば細心に筋道を守ったが、それも多分やり過ぎるほどだったのだろう」。政府内部の審議内容を公に話すと、自分の利用価値を損なうだけだと、ブッシュは経験から信じていた。一方で、「自分の国が破滅への道を歩んでいると考えるとき、個々の市民は意見を述べる義務がある」。核兵器に依存する度合いがワシントンで高まっていることに対する、オッペンハイマーの批判精神の多くをブッシュも共有していた。しかしオッペンハイマーとは異なり、決して実際に意見を述べることはなかった。オッペンハイマーはこれを実現した。その勇気と愛国心を理由に彼が罰せられたのを、彼の同僚すべてが理解できた。

科学界は長い間トラウマに悩まされてきた。テラーは、元の友人の多くからのけ者にされた。事件から三年後、ラビは未だに友人を裁いた者たちに対する怒りを抑えることができなかった。ニューヨーク市の高級フランス料理店プラース・バンドームでユージン・ツッカートにばったり出くわしたラビは、延々と悪口雑言を展開し、その声はピッチが上がって熱を帯びていた。今回の事件で、AEC委員としてツッカートが行った決定を、ラビは大声で非難した。恥ずかしさにいたたまれず、ツッカートは急いで退散し、後にラビの振る舞いをストローズにこぼした。

リー・デュブリッジは、エド・コンドンに書いた。「オッペンハイマー事件そのものについて、何らかの手を打つことは多分無理だろう。『保安上の危険』という用語は、非常に広い意味を持っているので、ある男を最初反逆罪で訴え、最終的に軽い嘘をついた罪で有罪判決を下すことができる。その場合でも同じ罰を科すことができる。ロバートが軽い嘘をついたことは疑いないとわたしは思うし、一般人の気持ちとしては、軽い嘘をついて、かつある時期コミュニストであったら、明らかに許せない性格と考えるだろう」

第二次世界大戦後の数年間、科学者は新しい知識階層、あるいは科学者としてだけでなく、公共の理論家としても、合法的に専門知識を提供する公共政策の聖職者の一員と考えられてきた。オッペンハイマーの聖職剥奪によって科学者たちは、将来彼らが狭い科学的な問題の専門家としてしか、国のために奉仕できなくなることを理解した。社会学者ダニエル・ベルが後年述べているように、オッペンハイマーの試練は、戦後における「科学者の救世主的な役割」が終焉したことを示した。オッペンハイマーは一九五三年《フォーリン・アフェアーズ》に政府批判のエッセイを書き、その後も政府各種諮問委員会に出席できると考えていたが、システムの範囲内で働いている科学者たちは、今後このように政府の政策に異を唱えることができなくなる。かくしてこの裁判は、科学者と政府の関係における転換点となった。米国科学者の国に対する奉仕のビジョンとしては、最も狭いものが勝利を収めたわけだ。

それまでの数十年間にわたって、アメリカの科学者は産業界の研究所で働くために大挙して象牙の塔を去っていた。一八九〇年、このような研究所はアメリカ全体でわずか四つしかなかった。一九三〇年までに、それが一〇〇〇以上に増えた。そして第二次世界大戦は、この傾向にいっそう拍車をかけた。もちろんオッペンハイマーは、ロスアラモスで、仕事の中心人物だった。しかしその後、彼のコースは変わっていく。プリンストンでは、彼はもはやどの武器研究所にも関係していなかった。アイゼンハワー大統領の唱える、いわゆる「軍産複合体制」の進行に警戒心を強めたオッペンハイマーは、科学界がますます軍に依存する傾向に一石を投じるため、彼の有名人としての地位を利用してきた。一九五四年、彼は負けた。科学歴史家パトリック・マグラーが後に述べている。「エドワード・テラー、ルイス・ストローズ、アーネスト・ローレンスのような科学者と行政官は、彼らの声高な軍国主義と反共主義によって、アメリカの科学者と研究所を軍事的利益の方向へ、ほとんど完璧かつ傲慢に追いやった」

オッペンハイマーの敗北は、アメリカ自由主義の敗北でもあった。ローゼンバーグ原子力スパイ事件の間に、自由主義者が裁判にかけられることはなかった。アルジャー・ヒスは偽証で訴えられたが、根底にあった嫌疑はスパイ活動であった。オッペンハイマー事件は違った。ストローズの個人的な疑念にもかかわらず、オッペンハイマーが少しでも秘密を漏らした証拠は明らかにならなかった。事実グレイ委員会は、そのようないかなる告発からもオッペンハイマーを解放している。しかし多くのルーズベルト・ニュー・ディール支持者のように、オッペンハイマーはかつて広い意味での左翼であり、人民戦線運動に活発であり、多くの共産主義者および党との付き合いがあった。ソビエト連邦に幻滅を感じる自由主義者に進化した彼は、自分の偶像的地位を利用して、自由主義的外交政策立案グループの一員となり、ジョージ・マーシャル将軍、ディーン・アチソン、マックジョージ・バンディといった個人的友人もできた。それ以後リベラル派は、オッペンハイマーを仲間として扱った。したがって彼の屈辱は、このように自由主義にもおよび、リベラルな政治家たちはゲームの規則が変わったことを理解した。今や、たとえ問題がスパイ活動でなかろうと、たとえその人の忠誠心が問題にされなかろうと、米国の核武装の通念に疑問を呈することは危険であった。かくしてオッペンハイマーの聴聞は、冷戦初期段階における世論狭小化の大きな一歩になった。

第37章　いまだに生温かい血が手についている感じ

それは敵が狙ったとおりになった。彼を押しつぶした。

イシドール・ラビ

オッペンハイマー夫妻には手紙が殺到した。ファンからの支援の手紙、変人からの罵倒の手紙、心配する親友からの手紙と多様だった。ジェーン・ウィルソン（コーネル大学の物理学者ロバート・ウィルソンの妻）は、キティに書いた。「ロバートとわたしは最初からショックを受けました。そして事態が進展するたびに、吐き気と嫌悪感でいっぱいになりました。おそらく歴史上では、もっと醜い愚かな喜劇が演じられたでしょうが、それらを忘れさせるような出来事でした」。ロバートは事件全体を極力大げさにしないように努め、いとこのバベット・オッペンハイマーに言った。「ぼくのことばかりを読むのは、うんざりじゃないか？　ぼくはうんざりだ」。しかし、その後の皮肉っぽい言葉には苦々しさがにじむ。「ロスアラモスでぼくに払った給料より、ぼくの電話を盗聴する費用の方が多かったんだよ」

弟との電話でロバートは、「事態がどう展開するか」は、いつでも知っていたと話している。確かに落胆はしたけれども、彼はすでに試練を過去のものとみなそうとしていた。「歴史家と学者の研究のために、二〇〇〇ドル出して聴聞会の速記録のコピーを手に入れた」と、ロバートは七月初めにフランクに話している。

最も親しい友人の何人かは、この半年で彼が目に見えて年をとったと思った。「ある時は本当にげっそりと、やつれて見えたが、また別の日には、これまでどおり元気で生き生きしていた」と、ハロルド・チャーニスが言う。ロバートの幼なじみフランシス・ファーガソンは、彼の風貌《ふうぼう》の変化に驚いた。短く刈り込まれたグレイの髪はシルバーホワイトに変わっていた。ちょうど五十歳を過ぎたところだが、年齢より老けて見えたのは初めてであった。ロバートはファーガソンに、自分は「大ばか」だった、今回の事件は自業自得だったのだろうと告白した。彼が何か罪を犯したというわけではないが、「自分の知らないことを知ったふりする」といった過ちを犯したのだ。「最も残念な間違いは、自分自身のうぬぼれによって生じた」ことを、オッペンハイマーが今理解したとファーガソンは考えた。「彼は傷ついた動物のようだった」と、ファーガソンが回想する。「彼は退却し、より単純な生活に戻った」

十四歳のときに示したのと同じ「がまん」で反応したオッペンハイマーは、評決に抗議することを拒否した。「わたしはこれを大きな事故とみている」と、彼は記者に話した。「電車の衝突とか建物の崩壊と同じだ。それはわたしの人生と何ら関係もつながりもない。わたしはたまたまそこに居合わせたのだ」。しかし裁判の六カ月後に作家ジョン・メイ・ブラウンが、彼の試練を「乾いた磔《はりつけ》」と比較したとき、オッペンハイマーはかすかな微笑を浮かべて答えた。「まあ、それほど乾いてはいなかったがね。わたしは未だに、生温かい血を手に感じることができる」。事実、「自分の人生とつながりのない大事故」として、試練を矮小化しようとすればするほど、それはいっそう重く彼の精神にのしかかってくるのだった。

ロバートは深く落ち込むこともなく、目に見える形で精神への打撃はなかったが、友人の何人かは微妙な変化に気づいた。「以前の機知と活気の多くがなくなった」と、ハンス・ベーテは言う。ラビは後に保安聴聞会に言及した。「実際に彼を殺すに等しいところまでいったと、わたしはある程度確信している。もちろん精神的にだが。それは敵が狙ったとおりになった。彼を押しつぶした」。ロバート・サーバーは、聴聞の余波の中で、オッピーは「かわいそうな男だ。彼の心は破壊された」と、常に思っていた。しかしその年遅くデビッド・リリエンソールが、名士マリエッタ・トリー主催のニューヨークのあるパーティーでオッペンハイマーに出会った後、彼は日記に書いた。「キティは輝いて見え、ロバートは今までの彼からは想像できないほど、文字どおり楽しそうに見えた」。ハロルド・チャーニスのような親友は、「ロバートとキティが共に、驚くほど元気に審理を切り抜けた」と考えた。事実、ロバートが少しでも変わったとしたら、それは良い方に変わったとチャーニスは思った。試練の後、ロバートは今までより人の話をよく聞き、「他人に対するより深い理解」を示すようになった。

オッペンハイマーは打ちのめされたが、同時に注目に値する落ち着きがその後生まれた。彼は起こったことを不合理な事故としてとりつくろうことはできたが、そのような気後れからは、他の男なら反撃するために利用しただろうと思われるエネルギーと怒りが消えていた。おそらくこの気後れは、心の奥深くにある生き残りの戦略であったのだろうが、だとしたらそのためのコストはかなりのものだった。

しばらくの間オッペンハイマーは、プリンストン高等研究所の理事会が現職にとどまることを許可するか否かさえ、よく分からなかった。彼を所長から追い出したいと、ストローズが考えていることは知っていた。七月にストローズはFBIに、一三人の理事のうち八人はオッペンハイマーの解雇に賛成すると思うと語っている。しかし彼はこれに関する投票を、秋まで延期することにしていた。それは理事長として、ストローズが個人的執念から行動していると見せたくなかったからである。これは誤算だと分かった。というのは投票を遅らせたために、研究者のメンバーがオッペンハイマーを支持する公開状を作成する時間を与えてしまったのだ。研究所の終身研究員は全員がこの手紙に署名をしたが、長年にわたって数多くの自尊心を傷つけてきた所長に対して、これだけの団結が示されたことは、非常に印象的な出来事であった。ストローズは後退を余儀なくされ、その年の秋、理事会はオッペンハイマーの所長留任を票決した。怒りでむかむかしたストローズは、研究所の役員会でオッペンハイマーと衝突し続けた。ストローズはオッペンハイマーについての強迫観念を決して放棄しなかった。そして、ロバートの嫌疑のかかっている違反事項を、強迫観念的に詳述したメモで自分のファイルを満たした。「彼は真実を語ることができない」と、彼は一九五五年一月に書いた。彼は長年にわたって、研究員の長期有給休暇の支払いに関するささいな議論について書いた。彼は長年にわたって、オッピーの友人と擁護者に関する報復的なメモを整理してきた。彼はフランクフルター判事を「良心のない嘘つき」呼ばわりし、ジョー・オルソップはその性的指向から、「ソビエトに弱みを握られている」という噂をせっせと流した。*

ここ数ヵ月の重圧がオッペンハイマーに出始めたとしたら、身近にいる肉親も例外ではなかった。キティは保安委員の前ではみごとな演技を示したが、友人たちは彼女が苦しんでいるのを目の当たりにした。ある日夜中の二時に、彼女は旧友のパット・シャーを電話で起こした。「ぐっすり眠っていたわ」と、シャーが思い出して言う。「彼女は明らかに、ひどく酔っぱらっていました。ろれつが回らず、脈絡の無いことをしゃべっていました」。七月の初め、判決を支持する旨のAEC決定の直後、違法なFBI電話盗聴器は、キティがちょうど原因不明の病気でひどい発作に襲われており、オールデン・メイナーに医者を呼ぶという情報を入手した。

九歳のトニーは、すべてを冷静に受け止めたようであるが、ハロルド・チャーニスによれば、ピーター（十三歳）は「ロバートの試練の間、学校で非常に大変な目にあっていたようだ」。ある日彼は学校から帰って来てキティに告げた。あるクラスメートが「お前の父さんは共産主義者だ」、とからかったというのだ。元々神経過敏な子供であったピーターは、その頃からいっそう寡黙になった。その夏初めのある日、テレビ放送された軍対マッカーシーの審理を見た後、ピーターは二階のベッドルームに取り付けられた黒板に書き付けた。「アメリカ政府はアンフェアだ。私の知っているある特定の人たちがアンフェアだからといって告発するなんて。だとしたら、ある人たち、いや政府のある人たちは地獄へ落ちるべきです。　敬具　ある人より」

もっともなことだが、ロバートは長期休暇を取るのが皆のために良いかもしれないと思った。彼とキティはバージン諸島に出かけることに決めたが、彼らが計画を立てる間にロバートは、自分たちの通信は未だに監視されていると考えたので、サンクロワに電報を打ってはいけないとキティに話した。当局が邪魔に入ることを恐れた彼は言った。「もし別荘にまだ盗聴器が入っていなかったら、電報を傍受されてすぐ盗聴器を付けられてしまうよ」。キティはこのアドバイスを無視して、結局電報を送った。それは、友人のエドワード（テッド）・デイルが所有している、七二フィートの帆走ケッチ（コマンチ号）を確保するためであった。

FBI盗聴装置による監視は、六月の初めに取り払われていた。しかし、AEC理事会がオッペンハイマーに対する最終的な評決を公表した一カ月後に、ストローズはFBIに再びロバートの監視を続けるよう迫った。違法で、正当な理由のない電話の盗聴が、七月

＊　一九五七年にオルソップは、同性愛の密会現場の証拠写真をソ連秘密警察に突きつけられた。その事件の記録の一部である手紙が、CIA長官アレン・ダレスの個人金庫に保存されていることをストローズは確認した。

初めに再び始まった。そして同時にFBIは、六人のエージェントに命じて、毎日朝七時から真夜中まで物理的にオッペンハイマーを監視下に置いた。ストローズとフーバーは共に、彼が亡命するかもしれないと恐れた。暖かいカリブ海に浮上して、鉄のカーテンの向うにオッペンハイマーをさらっていくソビエト潜水艦を、ストローズはイメージしていた。オッペンハイマー自身は、《ニューズウィーク》の記事を読んでおかしがった。「保安担当の中枢部は、ロバート・オッペンハイマー博士を誘拐しようとする共産党の努力に対して待機態勢に入った。まずヨーロッパを訪問させて、それからうまく彼をポンティ・コルボさせるだろうというのだ」。ポンティ・コルボとは、一九五〇年にソビエトへ逃走したイタリアの物理学者ブルーノ・ポンテコルボをもじったものだ。FBIの盗聴器は、現状では休暇計画をFBIのフーバー長官に知らせる手紙を書くべきだ、とオッペンハイマーに助言するハーブ・マークスの声を捉えている。彼らの会話をまとめたFBI報告書は記録している。「その手紙は、流布しているばかげた噂が根拠になっている。いわくオッペンハイマーが国を出るかもしれない、誘拐されるかもしれない、ロシアの潜水艦が迎えに来るかもしれない、ヨーロッパでの休暇を計画するかもしれない、等々である」。オッペンハイマーは丁重にもフーバーに手紙を送り、バージン諸島で三週間から四週間のヨット旅行をする休暇計画を知らせた。

ロバートと家族は、一九五四年七月十九日にサンクロワ行きの飛行機に乗り込み、そこからセントジョン島へと向かった。このカリブ海に浮かぶ原始そのままの島は、だいたいマンハッタンくらい（二一平方マイル）の大きさで、居住者は八〇〇人以下、そのうち一割が「大陸」から来た人たちであった。一九五四年には、湾に二、三の帆走スループ船が係留されていた程度だろう。島でただ一つの村であり商業港であるクルス湾は、数百人の住民がいるが、大部分はセントジョン島の奴隷の子孫であった。村に一軒だけあるバー「ムーイーズ」は、建てられてから二年たっていない。最大の建物ミード・ホテルは、西インド諸島風のけばけばしい平屋建ての小屋であった。クジャクとロバが、未舗装の通りに放し飼いにされている。

フェリーから降り立ったオッペンハイマー一家は、ジープ・タクシーで島の北部海岸線に沿った砂ぼこりの道を走った。身元を隠すため、島でただ一つの高級リゾート地カニール・プランテーションを横目で通り過ぎた。ここはローレンス・ロックフェラーが開発したところである。彼らはトランク湾のゲストハウスに乗り付けた。ゲストハウスといっても、永年ここに住み着いているイルバ・ブーロンが経営する、朝食とベッド付きの粗野なロッジであった。電話も電気もない部屋全部で、せいぜい一ダースの客しか泊まれなかった。孤独な隠れ家を探している彼らにとっては、絶好な場所だった。「皆さんは、いわばショック状態にあったようでした」と、イルバ・クレール・デナム（オーナーの娘）が回想する。「完全に孤立しているので、だれからも連絡はありませんでした。皆さん、話しかける相手がだれかまで用心していました。奥さんはとても用心深い方でした。ご主人はだれとでもお話しになる方なので、奥さんはだれかが旦那さんに近づくと、まるで雌のトラのように用心していました」。キティは不機嫌なときよく物を投げつけ、翌朝ロバートがブーロンのところへ行って、十分な弁償をするのだった。クルス湾を停泊基地とし、オッペンハイマー一家は次の五週間、「コマンチ号」でセントジョンや近隣の英領バージン諸島を航海して回った。

FBIは一九五四年八月二十五日になっても未だに、オッペンハイマーを鉄のカーテンの向うに誘拐するという、勝手に「オッペンハイマー作戦」と名づけた、コミュニストの計画について心配していた。「計画によると、オッペンハイマーはまず英国へ旅立ち、そこからフランスへ行く。そしてフランス滞在中に彼はソビエトの手の中に消える」と、FBI報告には書いてある。

オッペンハイマーがセントジョンに滞在中は、監視を続けるのが不可能であることをFBIは理解した。そこで、ようやく一九五四年八月二十九日に彼が飛行機でニューヨークに戻ったとき、FBI捜査官は彼に近寄って話しかけ、空港ターミナルの個室まで同行されたいと要請した。オッペンハイマーは同意したが、妻の同席を主張した。彼らが部屋に入ったとき、エージェントはずばりと尋ねた。バージン諸島でソ連のエージェントが接近して、亡命するよう勧めなかったかと。彼は答えた。ロシア人は「間抜けではあるが、そのような提案をもって自分に接近するほどばかだとは思わない」。もしそのようなことが起きたら、すぐにFBIに通知すると、彼は進んで言った。この短い質問の後、オッペンハイマー一家は空港を後にした。FBIはプリンストンまでオッペンハイマー一家の車を尾行し、翌日には再び電話に盗聴器を設置した。

信じられないことにFBIは、オッペンハイマーが帰ってから六カ月後の一九五五年三月に、別のチームをセントジョンに送り込んだ。エージェントは住民の間を聞き込みをし、オッペンハイマーが島でだれと会ったかを尋ねた。

海外の世論は聴聞会に疑いの目を向けた。ヨーロッパの知識人は、それをアメリカが不合理な恐怖に取り付かれたさらなる証拠とみなした。「独立した実験意欲に満ちた心が、このような空気の中でどうしたら生き残れるというのか？」。R・H・S・クロスマンは、英国の指導的リベラル週刊誌である《ニューステイツマン・アンド・ネーション》上でこのように問いかけた。パリでは、オッペンハイマーが送った聴聞会記録のコピーを受け取ったシュバリエが、その一部をアンドレ・マルローに読んで聞かせた。二人とも、質問者に対するオッペンハイマーの、不思議に受け身な態度が強く印象に残った。友人や関係者の政治的見解についての質問に、オッペンハイマーがあっさりと答えているのが、マルローには特に気になった。聴聞会は、彼を情報提供者に変えた。マルローがシュバリエに話した。「問題は、彼が最初から告発人の条件を受け入れたことだ。即座に言わなければいけなかった。『原爆、それはわたしだ!』。自分は原爆を開発した人間であり、自分は科学者であり、自分は情報提供者ではない、という立場を守るべきだった」

まず当初、少なくとも主流派の間では、オッペンハイマーは排除される運命にあると思われた。ほぼ十年間、彼は単なる有名な科学者以上の何かであった。一時はよく知られ、影響力を持っていた公的な人物が、突然いなくなった。生きてはいるが姿を消した。ロバート・カフランが後に《ライフ》誌へ寄稿したように、「一九五四年の保安審査の後、彼は公人として存在することをやめた。彼は世界で最も有名な男の一人であった。称賛され、引合いに出され、写真を撮られ、相談され、称えられ、新しい英雄のすばらしく魅力的な典型——科学と知性の英雄、発信者、新しい原子力時代の生きたシンボルとしてほとんど神格化された。それが突然、すべての栄光は過ぎ去り、そして彼も去って行った」。メディアにおいては、原型的な科学者兼政治家として、テラーがオッペンハイマーに代わって登場した。「一九五〇年代におけるテラーの栄光には、彼の最大のライバルであった男ロバート・オッペンハイマーを中傷することが付きまとったことは、多分必然であったろう」と、ジェレミー・グンデルが書いている。

オッペンハイマーは政府のサークルからは排除される一方、共和党に対立するすべてのことで、リベラル派のシンボルとなった。その年の夏《ワシントン・ポスト》は、副編集長アルフレッド・フレンドリによる連載記事を発表した。FBIはこれを、「オッペンハイマーの肩を持つもの」と見なした。「オッペンハイマーの驚くべき裁判記録の詰まったドラマ」という見出しの記事でフレンドリは、聴聞会を「アリストテレス的ドラマ」「豊かさと多様性においてはシェークスピア的」「スパイ活動についてはエリック・アンブラーを彷彿させる」『風と共に去りぬ』よりも複雑な筋立て」『戦争と平和』の半分ほどの登場人物」と描写した。

多くのアメリカ人はオッペンハイマーのことを、時代の過剰なマッカーシズムの犠牲者である科学的殉教者と見なすようになった。一九五四年の末コロンビア大学は、創立二百年祭で彼に講演を依頼した。講演は全国に報道された。彼のメッセージは厳しく、悲観的だった。以前彼はリース講義の中で、共同体的努力における科学の長所を絶賛したが、今回は世論の厳しい風に追い詰められた、知識人の孤独な条件について説明した。「われわれの一人ひとりが、宇宙的混乱の中で分解されないため、何も知らず、何も愛さない状態から解放されるため、自分の限界を知り、浅薄さの害を知り、身近にあるもの、自分の知っているもの、できるもの、友達、伝統、愛にすがりつかざるを得ないような世界です」と、彼は言った。「ある人間が、われわれの見方とは異なるように見えると言った場合、われわれには醜いと思うものを美しいと言った場合、われわれは疲労し、悩みながら、その場から去らなくてはならないかもしれません」

数日後何百万ものアメリカ人は、エドワード・マローが彼の全国向けテレビ番組「シー・イット・ナウ」でオッペンハイマーにインタビューするのを観た。ロバートは、ショーに出たくなかった。どたん場になって断ろうとした。マロー自身のネットワークにも深刻な懸念が押し寄せていたが、この著名なテレビ司会者はそれでも何とかオッペンハイマーを説き伏せて、研究所内のオッペンハイマーの部屋で収録が始まった。

マローは、オッペンハイマーとの二時間半の会話を二十五分に編集し、これが一九五五年一月四日に放映された。オッペンハイマーはこの機会を利用して、秘密主義の持つ衰弱的効果について話した。「秘密主義の困った点は、それによって政府自身が、国家全体の知恵と資源を利用できなくなることです」と、彼は言った。ロバートが前もって保安聴聞会の件は持ち出さないよう主張していたので、マローもこれを直接持ち出すことは決してしなかった。その代わり彼は、科学者たちが政府から遠ざけられる結果になりましたか、と静かにオッペンハイマーに問いかけた。「彼らは招聘され、助言を求められるのが好きです」と、オッペンハイマーは間接的に答えた。「人間だれでも、何かを知っていると認められるのは嬉しいものです。あなたが関係している分野で政府の行動がひどい場合、また臆病で、報復的で、近視眼的で、または卑怯に見える決定がなされた場合、あなたは落胆しジョージ・ハーバートの詩『外国へ』を口ずさむかもしれませんね。もちろん仮定の話ですよ。しかし、それは科学的というよりはむしろ人間的ですね」。人間性が自滅する可能性があるか、と尋ねられたオッペンハイマーは答えた。「それはありません。まったくありません。確かに、大きな信仰がなければ残ったものが人間的であると確信が持てなくなるほど、人間性を破壊することはできるでしょうが」

オッペンハイマーがこの番組に出演してほんの数週間後に、彼の名前が再び全国紙に登場した。今回は学問の自由を巡る論争であった。一九五三年にワシントン大学は、オッペンハイマーに短期の客員教授職を提供していた。保安聴聞会のため、オッペンハイマーはこの受諾を延期していた。しかし一九五四年後半になって、物理学科はこの招聘を更新したが、学長ヘンリー・シュミッツの意向でこれはキャンセルされた。《シアトル・タイムズ》がシュミッツの決定をかぎつけたとき、このニュースは学問の自由についての国家的議論を巻き起こした。一部の科学者は、ワシントン大学をボイコットするつもりであると発表した。《シアトル・ポスト・インテリジェンス》紙は、シュミッツ学長を支持する論説を発表した。「学問の自由という考え方は、感情的で青年のたわごとである」。オッペンハイマーの招聘を支持する者たちは、「全体主義のための弁解者である」と、同紙は主張した。

オッペンハイマーは、論争に巻き込まれないよう努めた。今回の招聘のキャンセルは学問の自由と衝突するかと、記者が尋ねたときオッペンハイマーは、「それはわたしの問題ではない」と答えた。しかし記者が突っ込んで、科学者たちのボイコットによって大学が多少でも当惑するだろうかと尋ねたとき、「大学はすでに戸惑っているように見える」と、鋭く答えた。

このようないくつかの事件が、オッペンハイマーの新しいイメージを補強した。ワシントンのインサイダーから追放された知識人へ、一般人の眼に映る彼の変貌は、すでに動かしがたかった。だがそれでも個人としてのオッペンハイマーは、自分を反体制派とは考えていなかった。そして、活動的民間知識人の役割を演じるつもりもなかった。善意の運動のために募金活動を組織したり、あるいは嘆願書に署名したりする日々は、すでに過ぎ去っていた。事実友人の何人かは、当時彼が権力に対して妙に受け身、あるいは丁重であるとさえ考えた。彼の友人でありファンでもあるデビッド・リリエンソールは、保安聴聞会から一年もたっていない一九五五年三月、オッペンハイマーと交わした会話に打たれた。場所は、リリエンソール、オッペンハイマー、アドルフ・バールが理事を務める自由な財団、「二十世紀基金」の理事会の席であった。理事としてはこの他に、共にフランクリン・ルーズベルトの元補佐官であったジム・ローとベン・コーエン、ならびにルーズベルトの元司法長官フランシス・ビドルがいた。彼らの主要な用件が終わった後バールは、台湾海峡を挟んだ共産中国と台湾の蔣介石の間で現在高まっている危機の議論に話を向けた。戦争が差し迫っている、そしてそれは「小さな原爆で始まるかもしれないが、果たしてそれからどこへ行くのだろう」と、バールは思った。彼は一部の将軍たちが、「中国が大きくならないうちに、今核兵器で破壊すべき」だと言っていると付け加えた。それでは何をすべきかについて、活発な議論を誘発した。そのうちに、国が軽率な軍事行動に出ないよう警告する公式声明に署名すべきだ、というコンセンサスが出来上がった。

だがリリエンソールとしては思いもかけないことに、オッペンハイマーが次のように発言し説明したのだ。「自分は声明に賛同はするが、署名をすべきではないと考える。それはこれが引き起こす可能性のある騒動を心配するからである」。彼はさらに続けて、アイゼンハワー政権が戦争に向かって流されていくことに抗議するという考え全体に冷水を浴びせた。何といっても、台湾を巡る戦争は、ある状況下での平和より必ずしも悪くはないと彼は言った。また戦争になれば、戦術的原爆の限定的使用が、都市を総なめする爆撃につながることはないだろう、とも言った。自分が同意したが署名しないと言った声明書は、「関連した問題に対する思慮深く、慎重で知的な配慮が、ワシントンで未だ実行されていない」ことを意味すべきではない、とさえオッペンハイマーは論じたのである。ロバートはどんな場合でも聞いている者に対して説得力があり、会議が終わるころには、おそらく公式声明は適切でないことについて全員が同意した。リリエンソールは不思議に思いつつ去った。「わたしを始めとして、激しい攻撃に曝されてきた者は、国や政府の立場を議論するとき、非親米的と思われないよう保守的な枠をはみ出さないのだろうか？」

彼が信頼できる愛国者であること、国への忠誠心を疑ったのは批判者たちの間違いであったことを証明しようと、ロバートが決心していたのは明らかなようである。すべての公的政策への反対、特に核兵器に関連する反対は避けていた。自ら核戦略家になった若いヘンリー・キッシンジャーのような、自称専門家をオッペンハイマーは認めなかった。「ゲームの理論とか行動研究によって解決できる問題だと考えることは、ナンセンス至極だ！」と、火のついていないパイプを空中で振り回しながら、彼は個人的にリリエンソールに話した。しかし彼は、キッシンジャー始めその他のどの核戦略家をも公には非難することはなかった。

その同じ春オッペンハイマーは、パグウォッシュ会議の開会式に出席するようにとの、バートランド・ラッセルからの誘いを断った。この会議は、実業家サイラス・イートン、ラッセル、レオ・シラード、ジョセフ・ロートブラットによって組織された国際的科学者の集会である。ちなみにロートブラットは、ポーランド生まれの物理学者で、一九四四年秋にロスアラモスを去っている。オッペンハイマーはラッセルに書いた。「提案された課題を拝見して、少々頭を悩ませています。とりわけ、『核兵器の連続的開発から発生する危険』という用語は、最大の危険があるという早まった判断をさせることになると考えます」。困惑したラッセルが答えた。「核兵器の連続的開発に関連する危険があることを、あなたが否定するとは思いもよりませんでした」

このやりとりその他を引用して科学社会学者チャールズ・ロバート・ソープは、オッペンハイマーが、「この核保有国の内部グループからは仲間はずれにされていたかもしれないが」、それでも「彼自身の心の中では、その政策の方向を未だに支持していた」と主張した。ソープの目から見るとオッペンハイマーは、「勝ち目のある核戦争のための科学的な軍事戦略家、および当局のための弁解者としての、以前の役割に戻っていた」。何人かの人々の目にも、そのように映った。確かに、米国主導の軍拡競争に抗議する嘆願書にしばしば署名してきた、ラッセル卿、ロートブラット、シラード、アインシュタイン他といった政治活動家と運命を共にする気は、オッペンハイマーになかったようだ。事実、一九五五年七月九日付で、ラッセル、ロートブラット、アインシュタインばかりでなく、マックス・ボルン、ライナス・ポーリングとパーシー・ブリッジマンといった以前の恩師や友人も署名している公開状に、彼の名前が見当たらないことが際立っていた。

しかしオッペンハイマーは、批評家であることはまだ可能だった。彼は仲間の科学者たちよりずっと曖昧な形で、独立していたかったのである。彼は核兵器がもたらした深い倫理的、哲学的ジレンマによって神経を消耗していたが、ソープが言うように、「オッペンハイマーは、世界のために泣くことを提言はするが、世界を変えることには力を貸さなかった」と思うことがあった。

実は、世界を変えたいというオッペンハイマーの願いはとても強かったのだが、ワシントンの権力を動かすことは封じられていると知っていたし、一九三〇年代の彼を突き動かしていた社会行動の精神は、もはや影を潜めていた。除名によって、現在行われている大きな議論に参加する自由が得られたかというと、そうでもない。むしろ、彼自身を「検閲」する傾向が見られた。公的なグループに復帰できないことが、兄を非常にいらだたせていると、フランク・オッペンハイマーは思った。「彼は戻りたかったと、わたしは思と、フランクが言った。「なぜだかわたしには分からないが、一度味を覚えると忘れられない、といった類ではないかと思う」

　しかし時には、公の場で広島について話すことがあり、そしてかすかな後悔の念を感ずるのであった。一九五六年六月に、息子のピーターが通っていたジョージ・スクールの最終学年のクラスで、広島への原爆投下は「悲劇的な過ちであった」と話した。日本の都市で原子爆弾を使ったとき、アメリカの指導者たちは「一種の自制心を失っていた」と、彼は言った。彼はその数年後、ゲッチンゲン時代の恩師で、オッペンハイマーが原子爆弾にかかわる決心をしたことを、どちらかというと認めていなかったマックス・ボルンに対して、そのころの感情のヒントを明らかにした。「このように賢く有能な生徒たちを持ったことは満足である」と、ボルンは回顧録に書いた。「しかし、彼らが利口さを抑え、もっと叡智を発揮してくれたら良かった」。オッペンハイマーはボルンに返事を書いた。「長年にわたってわたしは、わたしがやってきた多くのことで、先生のお許しをいただけないものがあると感じてきました。これは常にまったく当然のことと思われました。なぜなら、それはわたし自身も感じていることだからです」

　一九五〇年代中ごろにおけるアイゼンハワー政権の核政策に対する議論の渦に、公に参加する気はオッペンハイマーになかったとしても、文化的、科学的な問題について話すことについては何の躊躇もなかった。保安聴聞会からわずか一年後に、彼は『開かれたところ』と題するエッセイ集を発表した。そこには彼が一九四六年以降に行った八つの講演が含まれていたが、いずれも核兵器、科学、戦後文化の関係を論じたものであった。サイモン＆シュスターから出版され、広く書評に取り上げられたこの本は、現代の予言者、現代世界における科学の役割に関する思慮深く謎めいた哲学者として、彼を紹介するのに役立った。これらのエッセイの中で彼は、開かれた社会をつくるためには、構成要素として「広い心」が必要であることを訴えた。「秘密の極小化」を主張して、彼は次のように述べた。「外交政策分野におけるわが国の目的は、威圧によっては実質的または永続的に達成することはできない。このことをわれわれは知っていると思うし、何度も何度もこの考え方に立ち戻っていると思う」。強大で核武装した米国は、一方的に行動できると考える人々への潜在的な非難を込めて、オッペンハイマーは唱えた。「声を上げないもの、評価不能なもの、未知なるものに対して正義を行うという問題は、もちろん政治だけに特有の問題ではない。それは科学において常につきまとう問題であり、それはどんなにささいな個人的できごとにもつきまとう問題であり、それは文学やあらゆる形式のアートにおける大きな問題の一つである。それが解決される手段は、時にスタイルと呼ばれることがある。

それは、確信を制約と謙遜で補うスタイルである。それは、絶対的にではなく、効果的に行動することを可能にするスタイルである。それは、外交政策の分野において、われわれに緊急目的の追求と、その問題を別の局面から見ている人たちの、見解、感受性、願望に対する配慮との調和を発見させるスタイルである。それは、行動する際に不確定さに対して払うべき敬意のスタイルである。そして何より、権力が理性に対して払うべき敬意のスタイルである」

一九五七年の春、オッペンハイマーはハーバード大学の哲学・心理学科から招かれて、権威あるウィリアム・ジェームズの講義を行った。友人であり、同大学の学部長であるマックジョージ・バンディの招きによる講演は、予想どおりかなりの論争を巻き起こした。アーチボールド・ルーズベルト率いるハーバード卒業生の一団は、オッペンハイマーに講演を許すなら寄付を差し控えると脅迫した。ルーズベルトは言った。「われわれは、『真実』をモットーとする学校で、嘘をつく人間に講演させるべきではない」。バンディ学部長は抗議を聞いて、それからわざわざ四月八日の講義に出席する意思を鮮明にした。第一回の講演では、オッペンハイマーは「秩序への希望」と題した。第一回の講演では、ハーバード最大のサンダーズ講堂に一二〇〇人が詰め掛けた。溢れた八〇〇人は、近くのホールで放送される講演を聞いた。抗議を予想して、武装警官がドアに立っていた。

大きなアメリカ国旗が演台の後の壁に下がっており、妙に映画の一場面のような雰囲気であった。偶然の一致だが、ジョー・マッカーシー上院議員がその四日前に亡くなっており、彼の遺体はまさしくその日の午後、議事堂に正装で安置されていた。演壇に進もうと立ち上がったとき、オッペンハイマーはしばらくためらったが、黒板に大きく「ＲＩＰ」（ここに眠る）と書いた。死んだ上院議員に対する、無言の非難の大胆さを理解した聴衆の何人かがつぶやく中を、オッペンハイマーは顔色一つ変えず演台に戻り、講演を始めた。講義の一つを聴講したエドモンド・ウィルソンは、その後日記に印象を記述した。「ハーバードの学長ネーサン・ピューシーが紹介している間、オッペンハイマーは一人舞台の上に座り、不格好なユダヤ人風に腕と足を神経質に動かしていた。しかし話し始めると、彼は全観衆を釘付けにした。会場はしんとして、音もなかった。話し方は非常に静かであったが、指摘するポイントは峻烈であった。ウィリアム・ジェームズについてメモだけ見ながら話す、その説明の何と驚くべき簡潔さと正確さだろう。その中でウィリアムの父、ヘンリー・ジェームズにも言及した。始まりは非常にスリリングであった。少しもドラマチックなところはなかったが、だれの心にも深く突き刺さっていた大変な問題を提起した。そしてエレナが言うように、彼の感じる強烈な責任感を、われわれも感じた」

しかしその後ウィルソンは、次のような疑問を抱くようになった。「オッペンハイマーは、時代に打ちのめされた普通の人と同じく、それにどう対処すべきか分からなかった、普通の人と同じくそれをリードする力の無かった、単に頭のいい男だったのではないか？　彼の謙虚さは、今になってみると卑屈さのように思える」。オッペンハイマーの話を聞いた多くの人々と同様、ウィルソンはこの男の持つ繊細な曖昧さに悩まされつつ会場を去った。

研究所の講壇から、そして国中を回る多数の講演旅行を通じて、オッペンハイマーは彼自身の新しい役割を切り開いていった。かつて、彼は科学者としてインサイダーであった。現在彼は中枢からは遠く離れたが、カリスマ的な知的アウトサイダーになりつつあった。ひんぱんに会う機会のあったデビッド・リリエンソールは、オッペンハイマーのことを円熟したと思った。確かに年はとった。一九五八年になると、ロバートの痩せた五十四歳の体型は、前かがみになり老人くさくなった。しかし、オッペンハイマーの顔にあった気苦労のしわが、一種の成功者の落ち着きに変わったとリリエンソールは思った。「今まで人間が経験した、最も激しく苦しい嵐の一つを彼は切り抜けたのだ」

オッペンハイマーは、器用さと感受性で研究所を統轄し続けた。彼は自分の創造性を誇りにすることができた。一九三〇年代のバークレーのように、研究所は理論物理学に関しては世界最先端のセンターの一つになったが、それだけにとどまらなかった。ここは、老若合わせて、多数の分野の才能ある学者にとって避難所であった。ジョン・ナッシュは、そのような若い学者の一人であった。才能のある数学者で、一九五七年に研究所の研究員となった。*ヴェルナー・ハイゼンベルクが一九二五年に発表した、「不確定性原理」に関する論文を読んだナッシュは、量子論の未解決の矛盾のいくつかについて、ベテラン物理学者たちに尋ね始めた。アインシュタインと同様、ナッシュは理論の小ぎれいな整い方に悩んでいた。一九五七年夏、彼がオッペンハイマーにこれら異論をぶつけたとき、所長はこらえかねてその質問をはねつけた。それでもナッシュは固執し、オッペンハイマーもいつの間にか重大な議論に引き入れられているのに気づく。その後ナッシュは、オッペンハイマーに謝罪の手紙を書くが、同時に彼は大部分の物理学者が「態度においてあまりに独断的である」と主張した。

ナッシュはその夏研究所を去り、その後長年にわたって消耗性精神疾患と闘ったので、ある時期施設に収容されることもあった。オッペンハイマーはナッシュの精神医学的な試練に同情しており、最も厳しい統合失調症の徴候から回復した後、研究所へ呼び戻した。ロバートは人間精神の弱さ、狂気と天才の紙一重の差に対しては、本能的に寛大なところがあった。したがって一九六一年夏、ナッシュの医者がオッペンハイマーに電話をして、ナッシュはまだ正気かと尋ねたとき、「先生それは、地球上のだれもが答えられない質問です」と答えた。

オッペンハイマーは彼自身の複雑な個人生活を、あきれるほど不透明にしていた。二十七歳のジェレミー・バーンスタインは、一九五七年に研究所に赴任したとき、オッペンハイマー博士がすぐに彼に会いたがっていると、聞かされた。バーンスタインが所長室に入って行くと、オッペンハイマーは元気に挨拶した後尋ねた。「物理学で、新しく確定的なことは何かね？」。バーンスタインが答えをまとめる前に電話が鳴った。オッペンハイマーは電話が終わるまでそこにいるようバーンスタインに合図した。彼は電話を切るとバーンスタインの方を向いたが、その顔は今まで見たことのないものだった。彼はさりげなく言った。「キティだよ。また飲んでいる」。それから若い物理学者に、いくらか「絵」があるから見においでと、オールデン・メイナーに招待した。

バーンスタインは研究所で二年を過ごしたが、オッペンハイマーのことを「限りなく魅惑的」だと思うようになった。この人は、鋭く恐ろしいときと、魅惑的で憎めないときが

＊　ナッシュは、シルヴィア・ナサーの著書『ビューティフル・マインド　天才数学者の絶望と奇跡』に描かれ、この本は後に同名の映画になった。

交互にあった。所長との定期的「告解」のために、ある日オッペンハイマーのオフィスに呼ばれたバーンスタインは、偶然のきっかけからプルーストを読んでいると話した。「彼は、優しくわたしを見た」、バーンスタインは後に書いている。「そして、彼がわたしの年齢のころ、コルシカを徒歩旅行しながら、夜は懐中電灯でプルーストを読んだと言う。彼は、自慢しているのではなかった。何かを共有しているという感じだった」

一九五九年にオッペンハイマーは、西ドイツのラインフェルデンで、文化的自由に関する会議主催の大会に出席した。彼の他に二〇人の世界的に名高い知識人が、バーゼルに近いライン河畔の豪華なサリナー・ホテルに集まった。議題は西洋の工業世界の運命を議論することであった。この実生活を離れた環境に安心したオッペンハイマーは、核兵器に関する沈黙を破って、核兵器がアメリカの社会でどのように見られ、どのように評価されているかについて、彼らしくない明快さで話した。「これまで文明は倫理が人間生活の最も重要なものだとしてきたのに、ほとんどすべての人類を殺してしまう可能性についていざ話そうとすると、慎重に損得を考えながらでしか話すことができないような文明とは一体何なのでしょうか？」、彼は問うた。

オッペンハイマーは、会議の自由な反共主義的メッセージに深く共感した。一度はコミュニストに囲まれていた人間として、オッペンハイマーは今、「軽薄なシンパ」の幻想を払いのけることに専念しつつ、知識人の中にいた。彼は、その年次大会で出会った人々との集まりを楽しんだ。その中には、スティーブン・スペンダー、レーモンド・アロンのような作家、ならびに歴史家アーサー・シュレディンガーJr.などが含まれていた。彼と会議の執行委員ニコラス・ナボコフは親友になった。ナボコフ（小説家ナボコフのいとこ）は名声の高い作曲家で、一年の半分をパリで、残りをプリンストンで過ごしていた。ナボコフは、この会議が中央情報局（CIA）から資金提供を受けていることは確かに知っていた。そしてオッペンハイマーも、そのことを知っていた。「知らなかった人がいたら、教えてほしいくらいだ。これはかなり公然の秘密だった」。CIA係官でドイツに駐在していた、ローレンス・デヌーフビルが回想して言う。《ニューヨーク・タイムズ》が一九六六年の春にこのニュースを報道したとき、オッペンハイマーはケナン、ジョン・ガルブレイス、アーサー・シュレディンガーJr.と一緒に、編集者への共同声明に署名した。その声明は、会議の独立性と役員の誠実さを弁護したものである。彼らは、CIAとの関連を否定さえしなかった。その年の後半に、オッペンハイマーはナボコフに手紙を書いて、同会議が戦後における「偉大で善意に満ちた影響力」の一つと見ていると保証した。

時間がたつにつれて、オッペンハイマーはますます国際的な有名人として目立つようになった。彼は、以前より頻繁に海外旅行を始めた。一九五八年には、パリ、ブリュッセル、アテネ、テル・アビブを訪問した。ブリュッセルで彼とキティは、キティの遠い親戚であるベルギー王室に迎えられた。イスラエルでのホストは、デビッド・ベングリオン首相であった。一九六〇年に彼は東京を訪問した。記者は空港で、彼を質問の集中攻撃で迎えた。「原子爆弾の技術的な成功に関わりを持ったことは後悔していません」と、彼は穏やかに言った。「悪いと思っていないわけではなく、ただ昨日の晩よりは今晩のほうが悪く感じていないということです」。曖昧に表現された感情を、日本語に翻訳するのは容易ではなかったはずだ。次の年彼は、米州機構の後援でラテンアメリカを旅行した。現地新聞の見出しには、「原爆の父」の文字が見えた。

オッペンハイマーの知性を非常に称賛していたリリエンソールは、ロバートの家庭生活を観察して悲しく思っていた。彼が後に語ったように、そこには「オッペンハイマーのすばらしい精神と厄介な個性との間の矛盾があった。彼は、人間の扱い方、特に自分の子供たちの扱い方を知らなかった」。後にリリエンソールは、オッペンハイマーが子供たちの命を「滅ぼした」と、厳しく結論した。「彼は、窮屈な鎖に子供らをしばり付けた」。ピーターは人見知りをするが、非常に感受性の強い知的な青年に成長した。しかし、彼は母とは疎遠のまま生きた。ロバートが息子を愛していたことは、フランシス・ファーガソンも知っていたが、ロバートは息子を母の不安定な気分から守ってやることができなかった、と見ていた。一九五五年にロバートとキティは、当時十四歳のピーターを、ペンシルベニア州ニュータウンのジョージ・スクールに入れた。ここはクエーカー系のエリート全寮制学校であった。少し家から離すことで、息子と妻の緊張を緩和できるとロバートは考えたのだ。

危機は一九五八年に起こった。そのころロバートはパリで一学期間の、客員教授の席を提供されていた。彼とキティは、トニー（当時十二歳）をプリンストンの私立学校から転校させて、彼らと一緒に連れて行くことに決めていた。しかし、十七歳のピーターをジョージ・スクールに残すことにした。ロバートは、ピーターが牧場にフランクを訪ねて、ニューメキシコの観光用牧場の一つで、夏休みにアルバイトをしたいと希望している旨の手紙を書いた。「彼は、まだ非常に不安定なムードにあるので、六月に何が起きるか、残念ながらはっきりと予測することができない」と、ロバートはフランクに伝えている。ロバートの個人的秘書バーナ・ホブソンは、不賛成だった。「ピーターを置いていくなんて、ひどいことです。彼は非常に敏感な子でした。わたしは、ものすごく彼の気持ちが分かりました」。ホブソンはロバートに自分の考えを話したが、すでにキティが決心をしていたのは明らかだった。ホブソンは、ピーターと父の関係がここで本当の分岐点に立ったと見た。「ロバートが、非常にかわいがっていたピーターと、妻のキティのどちらを選ぶか、決断を迫られる時が来ました」とホブソンは言った。「彼女はもう決めていましたから、彼にできることはキティとピーターのどちらを選ぶか、二つに一つしかありませんでした。そして彼は神との、あるいは彼自身との盟約によってキティを選んだのです」

第38章　そこはまさに、ネバー・ネバー・ランドでした

ロバートは、非常に控え目な男性でした。
わたしは、大好きでした。

インガ・ヒリビルタ

一九五四年からオッペンハイマー夫妻は、毎年バージン諸島の小さな島セントジョンで、数カ月を過ごした。衝撃的なほど原始の美しさに囲まれた島で、ロバートはまるで社会的追放者のように、自発的な「島流し」を楽しんだ。ハーバードの青年時代に書いた詩の中で、彼はセントジョンを「もう一つの刑務所」と描写している。そしてその経験が現在彼を若返らせているようだった。それはちょうど、数十年前にニューメキシコの夏が、彼を生き返らせたのに似ている。最初の数回は、島の北端海岸にあるトランク湾に面した、イルバ・ブーロン所有の小さなゲストハウスに投宿した。だが一九五七年、ロバートはホー

クスネスト湾（島の北西端の美しい入江）に、二エーカーの土地を買った。この場所は、少なくともロバートにとっては皮肉に聞こえる、「平和の丘」という名の、丘のように露出した岩のすぐ足元にあった。入江の穏やかに傾斜した白砂の浜辺にはヤシの木が点在しており、トルコ石のように青緑色の海には、ブダイ、ブルータング、グルーパー、ときにバラクーダの群れが満ち溢れていた。

一九五八年にロバートは、ロックフェラーセンター、国連ビル、リンカーンセンターなどの設計に携わった有名な建築家ウォーレス・ハリソンを雇い、ペロカリエンテのカリブ版とでもいうべき質素な浜辺の小屋を設計させた。しかしこのプロジェクトのためにロバートが雇った建設会社が、間違えて水辺近くの危険な場所に基礎のコンクリートを注入してしまった（建設会社は、ロバに測量士の図面を食べられたと主張）。最終的に出来上がったコテージは、長さ六〇から七〇フィートの大きな長方形の部屋が、コンクリートの厚板の上に乗っている。この部屋を高さわずか四フィートの壁だけで仕切り、ベッドルームだけは他の部分から切り離されていた。床は、かわいいテラコッタのタイルで敷き詰められていた。設備の整った台所と小さなバスルームは、建物の裏側を占めた。シャッター付きの窓を通して、日光が三方から差し込む。しかし入江に面している小屋の表口は、完全に入江と、暖かい貿易風に向かって開放されている。だからこの家には、壁は三枚しかない。トタン屋根は、台風シーズンには引きずりおろして建物の前面を覆うように設計されている。彼らはこの家を、「平和の丘」のてっぺんに鎮座する大きな卵形の岩にちなんで、「イースターロック」と呼んだ。

浜辺を約一〇〇ヤード行ったところに、たった一軒の隣人、ロバートとナンシー・ギブニーが住んでいた。この敷地の元の地主で、売りたくないのにロバートの優しい言葉に丸め込まれてしぶしぶ手放したのである。ギブニー夫妻は一九四六年に、ホークスネスト湾のまわり七〇エーカーをわずかな金額で買い、それ以降島に住んでいた。《ニューリパブリック》誌の元編集者ボブ・ギブニーには、文学的な野心があった。しかし島に住めば住むほど、彼は書かなくなった。

ギブニーの妻ナンシーは、ボストンの裕福な一族の出であった。エレガントな女性で、かつて《ヴォーグ》誌の編集者として働いたことがある。三人の小さい子供を抱え、ほとんど定収入のない一家は、土地持ちではあるが現金に事欠いていた。一九五六年ナンシー・ギブニーは、トランク湾のゲストハウスで昼食中に、オッペンハイマー夫妻に初めて会った。「お二人は、お決まりの旅行者スタイルでした」。彼女が後に書いている。「コットンのシャツとショーツ、それにサンダル。しかし、二人ともやせ細って青白く、この世のものと思えないくらいでした。二人を比べれば、キティの方が多少は人間らしかったようですが、黒い目以外はまったく特徴がありませんでした。彼女の声は低く、しわがれて、彼女の小さい胸では発声できないような感じでした」

紹介された途端にキティが言った。「あなた、その髪で腹が立たない?」。それはナンシーにとって、「あきれるほど失礼な」意見であった。しかしまず、彼女はロバートが好きになった。彼の印象はこんな風だった。「まるで糸に吊るされた人形芝居のピノキオそっくりの、ぎごちない歩き方でした。しかし、態度にはぎごちないところはまったくありませんでした。あの有名なパイプの煙と一緒に、温かさと思いやりと礼儀が伝わって来ました」。ご主人は何のお仕事をされていますか、とロバートが礼儀正しく尋ねたときナンシーは、ローランス・ロックフェラーのカニール湾ホテルでときどき働いています、と説明した。

「ロックフェラーの仕事をしていたのですか?」、オッペンハイマーはパイプを吹かしながら言った。それから声をひそめて、彼はからかった。「わたしもね、悪いことをしてお金を儲けたんですよ」

ナンシーは畏敬の念を抱いた。彼女はこれまで、こんなに変わった人に会ったことがなかった。その翌年オッペンハイマーは、別荘建築用に土地を売るよう、ギブニー夫妻を説得した。それから一九五九年の春、まだ建設会社が家を建設中に、キティはナンシーに手紙を書いた。六月にセントジョンに行きたいのだが、泊まるところがないというのだ。ナンシーにはもっと良い考えがあったのだが、ギブニーは彼らの大きなビーチハウスの一室を提供した。

数週間後オッペンハイマー夫妻は、十四歳のトニーと、彼女の同級生イザベルを伴ってやって来た。キティは、二人の女の子は持参したテントに泊まると言った。次いで彼女は、一夏のすべてを滞在することはできないだろうが、一カ月はなんとかいるつもりだと「発表」した。びっくりしたのはナンシー・ギブニーだ。せいぜい二、三日の滞在だと思っていた。かくして、ナンシーが後に「恐怖と陽気の七週間」と名づけた、意見の相違、誤解、その他もっと悪いものが詰まった夏休みが開幕した。

控え目に言っても、オッペンハイマー夫妻は扱いやすい泊まり客ではなかった。キティは常に夜の半分は起きていた。そして、しばしば彼女の言う「膵臓発作」の痛みでうめくのだった。彼女の飲酒は、これらを悪化させるだけだった。キティとロバートはそろって、「ベッドでの飲酒、喫煙の偉大な信奉者であった」。毎晩ギブニー夫妻は、キティが台所をうろつき、酒のために貴重な氷を探し回っている音を聞いた。ナンシー・ギブニーは、ときどきロバートの「常習的悪夢」によって起こされた。不眠症でありながら、オッペンハイマー夫妻は正午まで起き上がらないことがしばしばだった。

ある八月の夜ナンシーは、台所で大きな音をたて懐中電灯で氷を探しているキティによって、三度も起こされた。最後に様子を見に起き上がったナンシーは、ついに怒りを爆発させた。「キティ！　一晩中飲む人に氷など要らないでしょう。部屋に戻ってドアを閉めてちょうだい。絶対に出てこないでちょうだい」

キティはしばらく彼女をにらんでいたが、それから懐中電灯で、ナンシーを思い切り殴った。一撃は、ちょうどナンシーの頬をかすめた。ギブニーは後に書いている。「わたしは、彼女の肩をしっかり抑え、追い立てるように『彼らの部屋』に戻した。すべてのドアをバタンと閉めると、バリケードを築いた」。翌朝ナンシーは、「この気がおかしくなった人たちがいなくなったら戻ります」と子供たちに告げると、ボストンの母を訪ねるために島を出た。オッペンハイマー一家は、ついに八月中旬に立ち去った。

その翌年、彼らは完成したビーチハウスを訪ねた。もっともなことだが、ギブニー夫妻との関係は、決して修復されることはなかった。オッペンハイマー夫妻とは二度と言葉を交わすことはなく、ナンシー・ギブニーは浜辺の自分のそばに、「私有地」の看板を掲げて日常的にキティを刺激した。ギブニー家の子供たちは、キティが浜辺を行ったり来たりしながら、看板を抜いては放り投げていたのを覚えている。

ナンシー・ギブニーはキティとは戦ったが、本当の嫌悪を拭いきれなかったのはロバートに対してであった。「わたしはキティに、ひそかな好意と尊敬さえ徐々に感じるようになっていました。もちろんそれを表には出さないようにしていましたけど。少なくとも彼女には絶対に狡猾《こうかつ》さはありませんでした。小さなライオンのように勇敢で、自分のチームにはきわめて忠実でした」。当初好感を持ったにもかかわらず、ロバートはうさんくさい人間だと、彼女は考えた。ナンシーのオッペンハイマーに対する認識は、ユニークなほど敵対的だった。あの夏の滞在に関するエッセイの中で彼女は、八月六日（広島原爆投下の第一四回目の記念日）について書いている。「この日はわれわれの客人にとって、喜びと興奮に満ちた思い出の一日であった。あの日家族水いらずのロバート・オッペンハイマーを観察しただれもが、彼の最高の時はいつであったか、分からない人はいなかった。彼は明らかに原爆を愛しており、その開発過程における彼の強大な役割をうっとりと思い出していた」

ロバートは、決して大きな声を出さなかった。事実、たった一回の忘れがたい例外を除いて、だれも彼が怒ったところを見た人はいなかった。新しいビーチハウスが完成してから数年、ロバートとキティは騒々しい大みそかのパーティーを主催するのが常であったが、ある時客の一人イワン・ジェイダンが、突然大声でオペラを歌い出した。ボブ・ギブニーにはこの歌が我慢ならず、オッペンハイマー・ビーチまで怒り狂ってやってきた。彼は銃を持っており、明らかに皆の注意を惹くため、空中に何発か発砲した。ロバートは猛烈に彼に食ってかかって、叫んだ。「ギブニー、二度とおれの家へ近づくな！」。その後ギブニー一家とオッペンハイマー一家は、互いに関係を絶った。彼らは弁護士を雇って、浜辺の権利のことで口論を続けた。両家の確執は、この島の伝説となった。

オッペンハイマー夫妻に対するギブニー夫妻の見方が、他のセントジョン生まれの人と同じというわけではなかった。一九五五年以降島に住んでいたにぎやかなカップル、イワンとドリス・ジェイダンはロバートを敬慕した。「彼の回りにいて、不快な思いをすることは決してありませんでした」と、ドリスは思い出す。「それは彼が持っていた物腰のおかげでした」。一九〇〇年ロシア生まれのイワン・ジェイダンは、一九二〇年代後半から三〇年代にかけて、ボリショイ劇団の第一リリックテナーであった。彼の地位にもかかわらず、ジェイダンは共産党に加わることを拒否し、一九四一年にドイツが侵攻してきたとき、彼と十数人のボリショイ団員はドイツ前線まで歩いて行き投降した。彼らは直ちに家畜運搬車に詰め込まれ、ドイツに連行された。一九四九年に、彼はなんとか西ドイツからアメリカ合衆国へ移民することができた。一九五一年にドリスと結婚し、カップルが一九五五年六月にセントジョンを訪ねたときイワンは、「わたしは、ここに住む」と宣言した。

オッペンハイマー夫妻に紹介されたとき、ジェイダン夫妻はこの新顔がドイツ語を話すことを知って喜んだ。イワンの英語はいつまでも基本英語の域を出なかったし、ドリスとは普段はロシア語で話した。騒々しくて、率直なイワンは、ちょっとした口実で歌い出すことができた。時には、むしろチクリとする言葉を口にすることもあった。自分がだれかの意見に賛成できない場合、彼は立ち上がってテーブルを離れることがあった。イワンはだれよりも徹底的に反ソビエトだった。しかしロバート裁判のすべてを知るにつけて、彼はオッペンハイマーの道徳的感性の中に、基本的に間違ったものを感じることはできなかった。イワンは滅多に政治を語らなかったが、ロバートと彼は、よく政治を話題にした。彼らは奇妙な組み合わせだったが、彼もロバートも明らかにお互いの付き合いを楽しんでいた。

「キティは、もちろん、ちょっと違っていたけど」と、ドリス・ジェイダンは回想する。「彼女は混乱していた。しかし彼ら（彼女とロバート）は、たとえ彼女が自分自身を見失ったときでも、お互いをとても庇い合っていました。彼女はまったく手に負えないことがありました。悪魔は彼女の一部を通して襲ってきました。そして彼女はそれを知っていたのです」。それでもドリスは彼女が好きだった。ある日キティはドリスに話した。「ドリス、あなた知っている？　あなたとわたしは共通したものがあるのよ。わたしたちは両方共、まったくユニークな人と結婚している。だから他の人とは違った責任を背負っているの」

島ではだれもがよく飲んだ。キティは大いに飲む反面、何日も引き続いて素面《しらふ》でいられた。「わたしはキティの、いわゆる酔っ払っているという状態はほとんど、あってもほんの数回しか、覚えていません」。オッペンハイマー夫妻の隣人サブラ・エリクソンの回想である。ドリス・ジェイダンは言う。「彼女は、ご主人の人生にとって、ものすごい悩みのたねでした。そして、彼女はそれを知っていました。しかし、彼女がいなかったら彼はあれだけのことを成し遂げられなかったことを、彼女は知っていたと思います。彼女は、ロバートを愛していました。それは間違いありません。しかし、彼女は複雑な性格でした。公平に見て彼女は、ロバートが持つことができた最良の妻であったかもしれません」。ロバートに関しては、もう一人のセントジョン島住人シス・フランクが言う。「献身的に彼女を信頼していました。彼の目からすると、彼女のすることに間違いはなかったのでしょうね」

キティは、何時間も庭造りに打ち込んだ。セントジョンは、彼女の蘭にとって天国であった。「庭に無駄なスポットがあるなと思っていると、一週間もしないうちにみごとな花が咲いている。彼女は蘭にかけてはすばらしかった」。シス・フランクが言った。しかし彼女は、キティが一人のときに小屋に近づくのは怖かった。キティは何か気に入らないことがあると必ず、痛烈で「悪意ある」言葉を投げつけるからだった。「わたしは、それを聞き流すことを学びました。なぜなら、それ以外の大部分の時間は、普通の彼女だったのですもの。わたしには、彼女の動きが分かりました。次に何が起こるか予想できたのです。あれほど不幸になれるなんて、なんとひどい人生でしょう」

「ロバートは、非常に控え目な男性でした」と、フィンランド生まれの若い美人インガ・ヒリビルタは回想した。彼女は一九五八年以降島を訪問していた。「わたしは、大好きでした。一種の聖人のようだとわたしは思いました。彼の青い目は、すばらしいの一言でした。相手の心の奥まで読むことができるような感じでした」。彼女と夫のインムは、一九六一年十二月二十二日のクリスマス・パーティーで、オッペンハイマー夫妻に出会った。ホークスネスト湾のビーチハウスに招じ入れられた二十五歳のインガは、あれほど有名な人がこんな素朴な暮らしをしていることに、強い印象を受けた。だがそれから彼女は、オッペンハイマーの生活は素朴だけでないことに気づく。ロバートは彼女に、「少しワインを召し上がりますか」、と聞きながら一本の高価なシャンパンを取り出した。オッペンハイマー夫妻は、シャンパンをケースで買っていた。

数日後ロバートとキティは、年越しパーティーを催した。彼らは、「ライムジュース」リチャーズ（年取った黒人の現地人）を雇い、舗装のない道路を淡緑色のランドローバーで、クルス湾からお客を輸送した。その夜オッペンハイマー夫妻は、ロブスター・サラダとシャンパンを出した。ライムジュースと彼の「ガチャガチャ・バンド」が、カリプソを演奏した。ロバートはインガとカリプソを踊り、その後皆で泳ぎに行った。「それは本当に、ネバー・ネバー・ランド〔架空の理想郷〕でした。夢のようでした」。インガは言った。その晩おそく、彼らは浜辺を散歩し、ロバートはいろいろな星座を指し示した。

「ライムジュース」は、オッペンハイマー夫妻の管理人兼庭師になった。オッペンハイマーたちが島にいないときは、ランドローバーをタクシーとして使い、観光客を島巡りのドライブに案内した。ロバートは明らかにこの老人が好きで、彼を助けたかった。トルトラ・ラムの密輸にランドローバーを使っているのも、見て見ぬふりをしてやるほどだった。

一九六一年初めのある夕方、イワン・ジェイダンがマホ湾を泳いでいるとき一匹の小さなタイマイを捕らえた。夕食のとき、イワンはもぞもぞ動いているカメを見せて、料理するつもりだと発表した。一瞬たじろいだロバートは、カメの命乞いをし、「ニューメキシコでのトリニティ原爆実験後に小さな生き物たちに起こった、恐ろしい出来事を思い出す」と皆に語った。そこでイワンは、自分のイニシャルをカメの甲羅に刻んで海に放した。

インガは感動した。「ますますロバートが好きになった」

別の機会に、オッペンハイマー夫妻はクルス湾を見下ろすジェイダン夫妻の家を訪れ、すばらしい日没を眺めていた。シス・フランクの方を振り向いて、椅子から立ち上がったロバートが言った。「シス、わたしと一緒に丘の端まで来てごらん。今夜は、グリーンフラッシュが見えるよ」。そして確かに、太陽が水平線に沈んだちょうどその時、シスは緑色の光のきらめきを見た。ロバートは静かに、今シスが見たものの物理的現象を説明した。セントジョンから見ると、大気中の層はプリズムのような役割をし、ほんの一秒間だけ緑のきらめきを発生させるのだ。シスは景色にぞくぞくし、ロバートの辛抱強い説明に魅せられた。

「彼は、気取らない男性でした」と、サブラ・エリクソンが回想する。毎年九月になると、オッペンハイマー夫妻は年越しパーティーのために、島内四〇人近くの友人に招待状を送るのだった。いろいろな人々が集まった。黒人もいれば白人もいたし、教育のある人も、無い人もいた。ロバートは区別しなかった。「その意味で、彼らは本当の人間であった」と、エリクソンが言った。

ギブニー夫妻の件は別として、ロバートの性格の最も穏やかな部分が、毎日セントジョン島で繰り広げられた。他人についての痛烈なコメントは、聞かれなくなった。「わたしがこれまでに会った中で、一番穏やかで、一番親切な男だった」と、ジョン・グリーンは言う。「どんな他人に対しても、これほど悪意を持たず、表明しない人をわたしは知らない」。めったに、たとえ遠回しにでも、自分の試練に言及することはなかった。しかしある日、人間を月に送るというケネディ大統領の約束に話が向いたとき、だれかがロバートに、「あなたは月に行きたいと思いますか」と尋ねた。ロバートが答えた。「さてね、わたしを月に送りたいと考えている人たちがいるのは、確かだが」

ロバートとキティは、島で過ごす時間がますます多くなった。復活祭、クリスマス、それに夏の相当期間、飛行機でやって来て滞在した。ある復活祭の週、彼らはロバートの幼なじみフランシス・ファーガソンを、同行するよう誘った。残念なことにロバートは、ひどい風邪を引いて、週の大部分をベッドにもぐり込んで過ごした。

しかしキティは完璧なホステス役を果たし、浜辺の長い散歩にファーガソンを連れ出した。植物学者としての薀蓄《うんちく》を傾けて、島のすばらしい植物体系を説明した。キティは常に、ロバートの幼なじみを好きになるよう努めてきた。しかしこのときファーガソンは、彼女の振る舞いがちょっと奇妙だと思った。「彼女は、わたしにイチャイチャする感じがあった」。彼は思い出した。

キティは料理がうまいふりをした。しかし彼女の料理はスタイルだけで、実質はほとんどゼロであった。ロバートは湾の中に魚用のわなを持っており、シーフード・サラダ、タコ、バーベキューにしたエビをたくさん食べた。土地の人のように、生のエゾバイを啜った。これは西インド諸島のカタツムリで、浜辺で集めることができた。ある年のクリスマス・ディナーには、シャンパンと日本の海苔が振る舞われた。ロバートは、ほとんど何も食べなかった。「なんてこと！」と、ドリス・ジェイダンが思い出した。「男が一日一〇〇〇カロリーしか食べないなんて、奇跡よ」

ピーターは、セントジョンへあまり行かなかった。彼は青年らしく、ニューメキシコの荒々しい山を好んだ。しかしトニーは、島を彼女の精神的な安住の地とした。「彼女は、非常にかわいらしかった」と、長年島に暮らしていた人が言った。彼女は土地の風習になじみ、そして程なく、西インド諸島で話されているクレオール英語カリプソを、ほぼ完璧にマスターした。彼女は、島のスチールバンド音楽が好きだった。若者のわりに、彼女は「生まじめな子で、美しくスムーズな顔立ち、もの悲しげな黒い目、長くつやのある黒髪、王女のような威厳ある礼儀正しさを持っていた」。非常に内気で、写真を撮られるのが大嫌いだった。有名な父と旅行したとき、どこへ行っても報道陣のフラッシュを浴びるのが嫌だったと、彼女はセントジョンの友人に話した。プライバシーを大事にした彼女にとって、セントジョンは理想的な場所だった。

「トニーは非常に柔軟で、非常に控え目だった」と、インガ・ヒリビルタは思い出す。インガはトニーの親友になった。「トニーは命じられたことは何でもやった。後で反抗することはあったが」。キティは彼女に大きく依存した。そしてタバコを取ってくるよう頼んだり、お手伝いのように扱ったりすることがしばしばあった。トニーは常に母の散らかした後から片付けて回った。そしてティーンエイジャーになると、彼女は必然的に母と争うようになった。「トニーと彼女の母親は、いつも激しく争っていた」と、シス・フランクが回想した。

セントジョンのある隣人は言う。「ロバートは、あまりトニーに注意を払わなかった。彼はトニーに思いやりはあったが、あまり彼女に構う風はなかった。彼女は、みんなの子供だったかもしれない」。他方もう一人の隣人スティーブ・エドワーズは、「ロバートは娘のことを深く気にかけており、誇りにしているのがすぐに分かった」と思っている。十七歳のトニーは、ほとんどの人に、賢いが控え目で、感受性があり、穏やかな、非常に昔風の家の子と映った。しばらくの間、イワン・ジェイダンの息子でロシア生まれのアレキサンダーが、彼女を追いかけた。「アレックスはトニーに夢中だった」と、シス・フランクが回想して言う。しかし、トニーがアレックスに関心を示し始めたとき、ロバートが介入した。そして、アレックスは彼女と比べて年をとり過ぎていると主張した。

ジェイダン一家との交際の結果、トニーは本気でロシア語を学ぶことに決めた。父親の語学の才を受け継いだトニーは、フランス語を専攻したが、オバーリン・カレッジを卒業するころには、イタリア語、フランス語、スペイン語、ドイツ語、ロシア語を話すことができた。そして、ロシア語は日記を書くときに使った。

ロバート、キティ、トニーはそろってヨットの操縦が得意だった。モーターボートより帆船を好む人々を、地元の人は「ボロ布の人々」と呼んだ。彼らはいったん航海に出ると、三、四日戻らなかった。ある日ロバートは単独でセーリングしていたが、日没にクルス湾の小さいマリーナに帰って来た。古い麦わら帽子のつばを額まで目深にかぶっていたため、港に係留されていたボートの舳先《へさき》の幅が見えず、衝突し自分のマストを折ってしまった。幸いにも、だれも怪我をしなかったが、それ以来家族の間にジョークが生まれた。「入港時には、帽子のふちを上げること」

ロバートは気楽な生活を送った。昼間はヨットに乗り、夜はいろいろなグループの島の友人を招待した。ホークスネスト湾での生活は、危険なくらい原始的なことがあった。ある日ロバートが一人で、灯油をランタンへ注いでいたちょうどその時、スズメバチが彼の手を刺した。驚いた彼は水差しを取り落とした。それはタイル張りの床の上で砕け、陶器の破片が短剣のように彼の右足を切った。破片は抜き出したが、血を洗い流そうと海まで足を引きずって行くころには、もう親指が動かないことに気づいた。彼の小型帆船はすでに装備されて、浜辺に錨で固定されていたので、彼はクルス湾のクリニックまでそれを走らせることに決めた。医者が検診した結果、陶器の破片がスパッと足の腱を切っていることが分かった。切れた腱は足の上の方へ、引っ張られていた。医者が腱を引っ張り出して、元どおりに縫い合わせる間、ロバートは文句も言えずに痛さを我慢した。「ヨットで湾を横切って来るなんて、どうかしていますよ」と、医者は彼をたしなめた。「あなたは運がいい。足をまるまる失うところでした」

朝方ヨットに乗ったり、浜辺を歩いたりした後、ロバートは会う人をだれかれ構わず、一杯飲みに誘うのだった。彼は未だにマティーニを飲んでいたが、その影響が出ているようには見えなかった。「わたしは、ロバートが酔っぱらっているのを一度も見たことがありません」と、ドリス・ジェイダンは言う。飲物から食事に変わり、ロバートは詩の暗唱を始めることがよくあった。低く囁くような声で、彼はキーツ、シェリー、バイロン、時にはシェークスピアを暗唱した。彼はオデッセイが好きで、翻訳された長い数節を暗記していた。彼は純粋な哲学者の王になっていた。そして、国外在住者、退職者、ビート族、原住民といった、ささやかな従者によって崇められていた。この世間離れした洗練された雰囲気にもかかわらず、彼は気持ちよく島の生活になじんでいた。「原爆の父」は、心のデーモンから逃れるのにぴったりな避難所を、やっとセントジョン島に見つけたようである。

第39章　それはトリニティの翌日にやるべきことだった

大統領閣下、本日この賞を下さるにあたっては、何がしかの慈善心と勇気を必要とされたものと、わたくしは考えます。

ロバート・オッペンハイマーから
リンドン・ジョンソン大統領へ向けたスピーチ
一九六三年十二月二日

民主党が政権に復帰した一九六〇年代初めまでに、オッペンハイマーはもはや政治的なのけ者ではなかった。ケネディ政権は、彼を政府部内に戻すことはしなかったが、それでも民主党のリベラル派は、彼のことを共和党過激派に迫害された名誉ある男性として尊敬した。一九六二年四月、元ハーバード学部長で、当時ケネディ大統領の国家安全保障アドバイザーであったマックジョージ・バンディは、四九人のノーベル賞受賞者に敬意を表す

る ホワイトハウスの夕食会に、オッペンハイマーを招待していた。この栄《は》えある夕食会で、オッピーは詩人ロバート・フロスト、宇宙飛行士ジョン・グレン、作家ノーマン・カズンズといった著名人と席を同じくした。ケネディが次のように冗談を言って皆が笑った。「これだけの才能、人間の叡智がホワイトハウスで一堂に会したのは、きわめて異例のこととわたしは思う。かつて例外があったとすれば、トーマス・ジェファーソンが一人で食事をしていた時くらいだろう」。その後、GAC時代の古い友人で、現在AEC議長を務めるグレン・シーボーグがオッペンハイマーに、保安許可を回復するためにもう一度聴聞を受ける気があるかと尋ねた。「あなたの命が危うくなります」と、ロバートは鋭く言った。

オッペンハイマーは、だいたい大学の制度内で公開講義を続け、主として文化や科学といった広範なテーマを取り上げた。政府と関連するすべての地位を奪われたので、彼の人間としての力は、今や完全に公的な知識人のそれであった。大量殺戮兵器の時代における人間の生き残りを考える、控え目なヒューマニストとして人々の前に現れた。雑誌《クリスチャンの世紀》の編集者が一九六三年に、彼の哲学的展望を形成した本を挙げてほしいと尋ねたとき、オッペンハイマーは一〇冊を挙げた。リストの最上位はボードレールの『悪の華』で、次がバガバッド・ギーターであった。そして、最後がシェークスピアの

『ハムレット』であった。

一九六三年春オッペンハイマーは、ケネディ大統領が彼に名誉あるエンリコ・フェルミ賞と、副賞五万ドル（無税）を贈ることを発表したと知った。これは政治的な名誉回復の、きわめて象徴的な出来事であるとだれもが思った。「むかつく！」と、ある共和党の上院議員がニュースを聞いて叫んだ。下院非米活動調査委員会に所属する共和党側のスタッフは、オッペンハイマーに対する一九五四年の保安規則違反告訴を一五ページにまとめて配布した。他方、ベテランのCBSキャスター、エリック・セバライドはオッペンハイマーを次のように表現している。「科学者でありながら、詩人のように書き、預言者のように話す」。そして今回の受賞は、国家的人物としてのオッペンハイマーの復活であろうと大歓迎した。リポーターがオッペンハイマーに感想を求めたとき彼は、次のように言って断った。「いいかい、今日はわたしが大きな口を利く日ではないよ。このように計らってくれた人たちを傷つけたくない」。政府に近い友人たち、マックジョージ・バンディ、アーサー・シュレディンガーが動いたことを彼は知っていた。

その前年同じ賞を授与されたエドワード・テラーは、すぐにオッペンハイマーに祝辞を書いた。「わたしは、あなたに何かを申し上げたい気持ちを持っていました。今回こそ、正しいことをしているとの確信をもって、それができる機会であると考えます」。実は多くの物理学者たちが、オッペンハイマーの保安許可回復を、ケネディ政府に静かに運動していたのだ。彼らは旧友のために、単なる象徴的な回復だけでなく、本当の名誉回復を望んでいた。しかしバンディは、それは政治的対価があまりに高いと考えた。事実オッペンハイマーのフェルミ賞受賞を政府が発表した後でさえ、ホワイトハウスの式典で大統領がじきじきに表彰するかどうかを決めるまでに、バンディは共和党からの反応を測っていたのである。

一九六三年十一月二十二日、オッペンハイマーは彼のオフィスに座って、十二月二日のホワイトハウスでの式典に備えて、受賞演説の草案に取り組んでいた。そのとき、オフィスのドアをノックする音が聞こえた。ピーターだった。たった今カーラジオで聞いたが、ケネディ大統領がダラスで撃たれたという。ロバートは目をそらした。その瞬間、バーナ・ホブソンが慌てて駆け込んできて叫んだ。「なんてことでしょう。先生お聞きになりましたか?」。ロバートは彼女を見て言った。「今ピーターから聞いたところだ」。他の人たちが到着したとき、ロバートはピーターの方を向いて、二十二歳の息子に一杯飲むかと尋ねた。ピーターはうなずいた。そこでロバートは、バーナが管理している大きなウォークインクローゼットまで歩いて行った。そこに若干の酒があることを知っていた。だがピーターの目には、ただそこに立ち尽くしている父の姿が映った。「腕をだらりと垂らし、薬指と親指を繰り返しこすりながら、酒瓶のコレクションを黙って見つめていた」。最後にピーターが言った。「酒はもういいよ」。彼らがそろって秘書の机を過ぎて出て行くとき、バーナはロバートが話すのを耳にした。「さあ、これで混乱が加速するぞ」。その後で、彼はピーターに話した。「今日の午後のような感じを受けたのは、ルーズベルトの死以来だ」。その翌週オッペンハイマーは他の多くの国民と同様、テレビの前に座って悲劇がさらに展開するのを観た。

十二月二日、リンドン・ジョンソン大統領は予定どおりに、フェルミ賞授賞式を開催した。ホワイトハウスのキャビネットルームで、大柄なジョンソンの横に立ったオッピーは、小柄にさえ見えた。その様子は、「暗く固い石のようで、ほとんど生きているようには見えなかった。緊張からか悲劇的でさえあった」。対照的にキティは明らかに大喜びで、「喜びの見本」のようだった。デビッド・リリエンソールには、表彰式全体が、「オッペンハイマーを襲った憎悪と醜さを償っている」ように思えた。ピーターとトニーが参列する中、ジョンソンは二、三の言葉と共に、メダル、表彰状、五万ドルの小切手を手渡した。受賞スピーチ中でオッペンハイマーは述べた。「以前、大統領トーマス・ジェファーソンは、しばしば科学の同胞精神について書きました。わたしたちは、その科学の同胞精神を実証して来なかったことを、わたしは知っています。それは、共通するあるいは交差する科学的な関心が不足しているからではありません。一つの理由は、無数の他の男女と共に、現代の大きな事業に携わっているからです。その事業とは、生活と自由を持続し拡大できるか、幸福を追求し、歴史の偉大な調停者として戦争に依存することなく生きることができるか否か、テストするという事業です」。そして彼はジョンソンに向かって言った。「大統領閣下、本日この賞を下さるにあたっては、何がしかの慈善心と勇気を必要とされたものと、わたくしは考えます。それは、われわれの未来にとって、良い前兆のように思われます」

次いでジョンソンは、「本日の栄誉を分け合うべきレディ、オッペンハイマー夫人」として、丁重にキティを称えた。それからジョンソンは、「博士、ご覧のとおり夫人はしっかり小切手を握っておられますぞ」とからかって、大笑いになった。テラーは参会者の中にいた。二人の男が向かい合って立ったとき、皆が固唾《かたず》を呑んで見守った。表情ひとつ変えないままのキティを脇に、オッペンハイマーは笑顔を見せて、テラーと握手をした。《タイム》誌のカメラマンがその瞬間を捉えた。

その後、服喪中のケネディ未亡人は、彼女の個室でロバートに会いたいと伝えた。ロバートとキティは、二階でジャッキー・ケネディに改めて挨拶した。亡くなった夫は自分でこの賞を手渡したいと、どれほど望んでいたか分かっていただきたいと、ジャッキーはオッペンハイマーに言った。ロバートは後にこのときのことを、深く感動したと真情を述べている。

しかし、ワシントンにおけるオッペンハイマーの人物評価は、未だ二極化していた。少なくとも一人の共和党の政治家ボーク・ヒッケンルーパー上院議員は、ホワイトハウスでの式典をボイコットすると公に発表していた。そして、共和党からの批判に応じる形で、ジョンソン政府は翌年からフェルミ賞の賞金を二万五〇〇〇ドルに下げることに同意した。もちろんルイス・ストローズは、ロバートが半分名誉回復したことによって大恥をかき、怒りの手紙を《ライフ》誌に寄せた。オッペンハイマーの受賞は、「わが国を守る安全保障システムに、強烈な一撃を加えた」と書いた。

オッペンハイマーに対するストローズの敵意は、一九五四年の聴聞会以降深まる一方だった。それから一九五九年に、すべての古傷が再び口を開けた。それはアイゼンハワー大統領が、ストローズを商務長官候補に指名したときであった。激しい票獲得競争において、中心的争点はオッペンハイマー聴聞会であり、ストローズは四九票対四六票の僅差で負けた。それからストローズは、マックジョージ・バンディやアーサー・シュレディンガーといったオッペンハイマー擁護者によって働きかけられたとして、クリントン・アンダーソン上院議員と当時のジョン・F・ケネディ上院議員を非難したが、事実そのとおりだった。「大統領に反対票を入れるには、極端なケースが必要だ」、とケネディが抗議したとき、「これこそ極端なケースです」と、マック・バンディが答えた。バンディはケネディの前に、オッペンハイマー事件におけるストローズのふとどきな行いを開陳した。事情を確信したケネディは投票方針を変え、そしてストローズは認証を失った。「みごとなショーである。生きているうちに復讐を遂げられるとは夢にも思わなかった」と、バーニス・ブロードはオッピーに電報を打った。「キリスト者の心を一時棚上げして、犠牲者のもがき苦しむさまを楽しもう。すばらしい時間を過ごしている。君にここにいてほしかった！」。七年たっても、オッペンハイマーの影響力を目にすることがあり、ストローズはこぼすのだった。「オッペンハイマー一派は、義務を果たした人間に対して、未だに報復を続けている」。この事件は、ストローズとオッペンハイマー両者にとって、墓場までついて回るものとなる。

ロバートがフェルミ賞を獲得した後でさえ、テラーその他に対するキティの憤慨は揺るがなかった。一九六四年春のある午後遅く、彼女とロバートは、デビッド・リリエンソールと飲んでいた。ロバートは、ちょうど肺炎の恐ろしい発作から回復したところだった。

彼は最終的にタバコをやめたが、まだパイプはふかしていた。彼とキティは年をとった。ロバートは相変わらず象徴である平らなポークパイハットをかぶって、プリンストンの周辺を、良き時代を知っているキャデラック・コンバーチブルで走り回った。最後に会ったのは、ホワイトハウスのフェルミ賞授賞式であったと、リリエンソールが言ったとき、キティの黒い目に怒りが表れた。「あれはひどかった」と、彼女が鋭く言った。「あれには、何かひどいものがあった」。ロバートは頭を下げて座り、穏やかにつぶやいた。「非常にいいことも、若干はあった」。しかしその直後、テラーの名前が出た途端、ロバートの優しい宗教家のような態度が一変し、その目は本当の怒りで燃えた。「まだ傷が痛むのだ」と、リリエンソールは気づいた。「彼女(キティ)は、次のような観察をもって、その日の日記を締めくくっている。「彼女（キティ）は、人がめったに目にしない強い感覚で燃え上がる。それは大部分が、ロバートが経験したあの拷問に何らかの形で参加した者に対する、深い遺恨がかかわっている」

一九三〇年代と四〇年代に深く政治的に関与していた男にしては、オッペンハイマーは一九六〇年代の混乱からは妙に距離を置いていた。六〇年代の初めに、多くのアメリカ人が彼らの裏庭に核シェルターを掘り始めても、オッペンハイマーはそのようなヒステリーに対して決して反対意見を述べなかった。リリエンソールに説明を迫られたとき彼は言った。「今起こっていることについて、わたしができることは何もない。いずれにせよ、わたしは意見を述べるには、最も適していない人物だろう」。同様に、一九六五年から六六年にかけてベトナム戦争が拡大しても、彼は公の場で発言することはなかった。もっとも、ピーターと話したときのように個人的には、現政権の拡大路線に懐疑的なのは明らかだった。

一九六四年にオッペンハイマーは、広島原爆投下の決定過程の驚くべき新解釈に関する本の新刊見本を受け取った。元国防長官ヘンリー・スティムソンの日記および元国務長官ジェームス・バーンズ関係の国防省資料のような新しく公開が認められた文書を使って、ガール・アルペロビッツは、すでに戦意を失っていた日本に対して原爆を使うことをトルーマン大統領が決定した一つの要因は、ソ連に対する核戦略であったと主張した。著書『原子力外交／広島とポツダム／原子爆弾の使用と米ソ対立』は、論争の嵐を巻き起こした。アルペロビッツがコメントを求めたときオッペンハイマーは、そこに書かれたことが、「自分にとってはほとんど知らなかったことばかりである」と返事に書いている。しかしながら、あてつけがましく次のように付け加えた。「しかし、あなたの描いたバーンズ、あなたの描いたスティムソンはまさに面目躍如である」。彼は同書を巡る論争には巻き込まれないようにしたが、P・M・S・ブラケットの一九四八年の本『恐怖・戦争・原爆』の場合と同様、彼は明らかにトルーマン政権が、基本的に敗北している敵に原爆を使ったと今でも考えていた。

その同じ年、ドイツの脚本家兼精神科医ハイナー・キップハルトは、戯曲『ロバート・オッペンハイマーの問題に関して』を書いた。一九五四年の聴聞会記録をかなり引用したキップハルトのドラマは、最初ドイツのテレビで上映され、次いで西ベルリン、ミュンヘン、パリ、ミラノ、バーゼルのライブ・シアター用に製作された。これらヨーロッパの観衆は、米国の反共魔女狩りによって迫害され、告発者の前に弱々しく立つ現代のガリレオのような、キップハルト描くオッペンハイマーに魅了された。批評家に称賛されたこのドラマは、五つの主だった賞を獲得した。

しかし、オッペンハイマーがついに脚本を読んだとき、彼はその内容を非常に嫌って、訴訟すると脅す怒りの手紙をキップハルトに書いたほどだ（ストローズとロブは劇評を丹念にフォローし、しばらくはロンドンのロイヤル・シェークスピア劇団を、名誉毀損で訴えることも考えたが、弁護士たちは提訴を思いとどまるよう説得した）。オッペンハイマーは特に、戯曲の終末部分のモノローグを嫌った。劇作家はそこでオッペンハイマーに、原子爆弾を造ったことに対する罪の意識を表明させている。

「わたしは、多分われわれが科学の精神に対する反逆者ではないかと、疑問に思うようになった。われわれは悪魔の仕事をやってきた」。そのようなメロドラマは、何となく彼の試練の性格を安っぽくしてしまう。要するに彼は、この脚本を劣ったドラマと考えたのだ。それはまさに、曖昧さが欠けていたのである。

観衆はそうは思わなかった。一九六六年十月に、英国のプロダクションがロンドンで上演し、俳優のロバート・ハリスがオッペンハイマーの役を演じた。英国の劇評家は、このドラマが「われわれを激しく考えさせる」と書いた。ハリスはオッペンハイマーに手紙を書いて報告した。「観衆、特に若い人たちは真剣かつ熱狂的でした。そのことはわたしたちを驚かせるとともに喜ばせました」

オッペンハイマーは後に、脚本家は戯曲化の許可以上には何の罪も無いことを、しぶしぶ同意した。彼はキップハルトのドラマでは、フランス版の方が好きだった。それは脚本がほとんど聴聞会の資料に基づいていたからである。しかしそれでも、英仏両方の上演作品はどちらも、「そもそも道化芝居であったものを、悲劇に仕立て上げた」と不満であった。そのメリットが何であれ、キップハルトの戯曲は、オッペンハイマーを欧米の新世代の観衆に改めて紹介した。この劇は、結局ニューヨークで初公開され、BBCテレビのドキュメンタリードラマ、その他オッペンハイマーの人生を描いた映画などに発展した。

オッペンハイマーの人生をたどる他のメディア・プロジェクトもあった。一九六五年の広島原爆投下二十年記念日に、NBCテレビはドキュメンタリー「原子爆弾使用の決定」を放送した。ナレーションはチェット・ハントレーで、七月十六日のトリニティ実験に関するオッペンハイマーの回想と、オッペンハイマー自身によるバガバッド・ギーターの朗読が目玉であった。「今やわれは死となれり。全世界の破壊者となれり」別の機会にあるインタビュアーがカメラの前で、核兵器拡散を防止するためジョンソン大統領にソ連との対話を促す、ロバート・ケネディ上院議員の最近の提案をどう思うかと尋ねたとき、オッペンハイマーは激しくパイプを吹かして言った。「二十年遅かった。それは、トリニティの翌日やらねばならぬことだった」

ほぼこの前後に、付き合いも深く、彼に同情的なジャーナリストのフィリップ・スターンが、一九五四年の保安聴聞会に関する本に取り組んでいることを知った。双方の共通の友人がスターンを保証したが、オッペンハイマーはインタビューを受けないことに決めた。「この本の主題は、わたしがまったく無関心でいられない問題であり、同時にわたしの知らない大きな中心部分がある」と、彼は説明した。「この部分ほど有毒な飲み物はないと思う。わたしの協力、提案、暗黙の承認のない方が、スターンはより良い本を書くだろうと思う」。スターンの本『オッペンハイマー事件／保安と裁判』は、一九六九年に出版され、批評家の称賛を得た。*

一九六五年の春、研究所に新しい図書館が完成したのを見て、オッペンハイマーは喜んだ。それは大きな人工池に隣接して造られ、広い緑の芝生に囲まれたその図書館を、ロバートは自分の遺産の一つと感じていた。セントジョンの別荘を設計したウォーレス・ハリソンによる図書館は、ガラスのルーバーに角度を持たせた、革新的な屋根を持っていた。昼間は、これによって太陽光を十分取り入れることができた。しかし夜になると、図書館の電気照明が、空に向かって輝いた。遠くから見ると、空全体が大火によって照らし出されているように見えた。デビッド・リリエンソールが新しい図書館のセッティングの美し

＊スターンの本は今でも、オッペンハイマー保安聴聞会に関する最も完全な書物として生き続けている。その他のオッペンハイマー聴聞会を扱ったものの中で優れているのは、ジョン・メージャー『オッペンハイマーの聴聞会』（ニューヨーク：スタイン&デイ、一九七一年）、バートン・バーンスタイン『オッペンハイマーの愛国心および保安事件の再考』（スタンフォード大学法学評論第四二号、一九九〇年七月、一三八三－一四八四頁）、チャールス・カーティス『オッペンハイマー事件／保安システムの裁判』（ニューヨーク：チルトン、一九六四年）などがある。

さと、それが夜空に作り出す光景を称賛したとき、ロバートは彼に「得意げな少年の笑顔」を見せて言った。「図書館は美しい。セッティングも美しい。最も明らかな結果を、われわれがいかに予測していないかの具体例だ。これが大掛かりに起こったのが、ロスアラモスで造った原爆だ。図書館の天井についていえば、最高の光を正しい方向にほしかった。昼間にこれがすばらしいことは分かった。しかしわれわれ以外に、光は入ってくるだけでなく空に向かって出て行くということは、だれも予知しなかった」

新しい図書館に対する彼の満足の足を引っ張るものがあるとしたら、それは何人かの数学部門メンバーとの間で引きずっている確執だけだった。研究所のささいな駆け引きは、ときどき彼の怒りを爆発させた。「困ったことに、ロバートは論争好きです」と、一人の理事がルイス・ストローズに報告した。「彼は基本的に人間嫌いです。彼に辞任を求めるべきです」。ストローズはこのような報告を楽しんだが、オッペンハイマーを追い出すには、まだ票が不足だった。

だが同六五年春に、オッペンハイマーは研究所の理事会に対して、辞任する時が来たと決断した旨を話し、一九六六年六月の学期末をもって辞任する意向を示した。ストローズはその席でニュースを聞いた。オッペンハイマーは、決断の理由を三つ挙げた。まず、定年規則の六十五歳まで残すところ二年であるし、「なにもベルが鳴るまで待つ意味はない」こと。第二に、キティが「医者は不治であると言う病気にかかっている」こと（ストローズは個人的ファイル用のメモに、キティの病気は「アルコール依存症」と意地悪くラベルをつけた）。そのため、訪問客や研究員の面倒を見ることが不可能になったと、ロバートは言った。第三に、一部の研究員、特に数学部門と彼の関係が、「耐えられないほど悪化している」ことを挙げた。

ロバートとしては、外部への公表はその年のもっと遅い段階、おそらく秋に行いたかった。しかしまさにその夜、彼が別の研究員何人かを夕食に招待していたとき、キティが口を滑らした。ニュースが漏れることは間違いなかったので、理事会は素早く報道発表の原稿を作成し、記事は一九六五年四月二十五日（日曜日）に国中の新聞に載った。

オッペンハイマーは、辞任についてほとんど悔いはなかった。しかし現実問題として、ほぼ二十年間自宅としていたオールデン・メイナーからは出て行かなければならなかった。研究所の敷地内に彼のために新居を建設するか、あるいは別の形で住宅を提供することを、理事会が決議したと聞いて、ロバートは安心していた。オッペンハイマー夫妻は、建築家ヘンリー・ヤンデルを起用して、新しい家のモデルを作製した。モダンなガラスと鋼鉄の一階建て構造が、オールデン・メイナーから二〇〇ヤードほど行った敷地に建設される予定であった。しかし、個人的復讐としか言いようのない行為によってストローズは、理事として未だ残っているかなりの影響力を利用して、このプロジェクトを妨害した。一九六五年十二月八日、ストローズは彼の理事仲間に、この計画には「態度を決めかねている」と話した。オッペンハイマーを研究所の敷地内に住まわせること、ましていわんやオールデン・メイナーの隣に住むなど「間違い」であると、彼は主張した。もう一人の理事ハロルド・ホックシールドなどは、「プリンストン市内でさえ近すぎる」と口をはさんだ。ストローズは手っ取り早く、理事たちを説得して約束を取り消させた。翌日それを知らされたオッペンハイマーは、「ひどく腹を立てた」。それが理事会のはっきりした決定であるならば、プリンストンからも出ると彼は言った。ロバートが怒るのはもっともだが、カンカンになったキティは、その怒りを別の理事とその妻にぶつけた。この二人は、「きわめて不愉快な会話が続いた」と、ストローズに報告した。この件に関してストローズは完全に陰に隠れていたので、オッペンハイマー夫妻はストローズの関与を、ただ疑うだけだった。これが、十二月時点での状況であった。しかし、一九六六年二月までに、オッペンハイマーはどうにか理事たちを説得して、再び態度を翻させた。ストローズがむかつく中、オッペンハイマーは彼の希望する場所に家を建ててよいことになった。建設は一九六六年九月から始まり、翌年の春完成した。しかしオッピーがそこに住むことは、ついになかった。

一九六五年の秋に、オッピーは健康診断のため掛かりつけの医者を訪ねた。彼としては珍しいことだった。しかしその日帰ってきた彼は、医者から健康証明をもらったと発表した。「わたしはみんなより長生きするよ」と、彼はおどけて言った。しかしそれから二カ月後に、彼の喫煙性の咳は目に見えて悪くなった。その年のクリスマスにセントジョンでシス・フランクに、「ものすごく喉が痛い」とこぼした。そして少し考え込んで言った。「タバコの吸いすぎかもしれない」。キティは、ちょっと風邪をこじらせたくらいに思った。ついに一九六六年二月、彼女はニューヨークの医者へ彼を連れて行った。診断は明白かつ衝撃的だった。キティは、このことをバーナ・ホブソンに電話した。「ロバートは、ガンにかかっているの」と、彼女が囁いた。

四十年におよぶヘビー・スモーキングのツケは、彼の喉に来ていた。アーサー・シュレディンガーは、この「恐ろしいニュース」を聞くと早速手紙を書いた。「これから数カ月、あなたの苦しみは想像するにあまりある。あなたは、この大変な時代に生きるほとんどの人より大変な事態に直面して来た。そしてあなたは、道徳的な勇気、目標、規律を、われわれ皆に与えてくれた」

もはやチェーン・スモーカーではなかったが、オッペンハイマーは未だに彼のパイプは手放さなかった。三月になって、ニューヨークのスローン・ケタリング研究所で、喉頭部に手術を受けた。痛くて結果のはっきりしない手術だった。その後コバルト放射線治療が始まった。彼はまったく率直に、自分のガンについて友人に話した。彼はフランシス・ファーガソンに、「今以上に症状が進行しないという、かすかな望みを持っている」と、語った。しかし五月後半になると、彼が「衰弱している」ことはだれの目にも明らかだった。

一九六六年の美しい春の日だった。オールデン・メイナーに立ち寄ったリリエンソールは、ロスアラモス時代の秘書アン・マークスが、ロバートとキティを訪問しているのに出会った。リリエンソールは、ロバートの容貌にショックを受けた。「ロバート自身は、生まれて初めて不確かな将来に直面していると言ったが、顔面は蒼白でおびえている様子だった」。キティと二人だけで庭のまわりを歩きながら、リリエンソールは彼の状態について尋ねた。キティは凍りついたように唇を噛んだ。彼女らしくなく、言葉に窮する様子だった。リリエンソールがかがんで、静かに彼女の頬にキスすると、彼女は低いうめき声を漏らして泣き始めた。一瞬おいて、彼女はしゃきっと立ち上がり涙を拭くと、家の中に戻ってアンとロバートのところに行きましょう、と言った。「わたしは、これほど女性の強さに感じ入ったことはなかった」と、リリエンソールはその晩日記に記した。「ロバートは彼女の夫だけではなかった。彼は彼女の過去であり、幸せな過去、苦しかった過去であった。そして今彼は、彼女のヒーローであり、大きな『問題』であった」

一九六六年六月に、ロバートはプリンストン大学の学位授与式で名誉博士号を受けた。そこで彼は、「物理学者にして船乗り、哲学者にして騎手、言語学者にしてコック、すばらしいワインの愛好家にして、それ以上にすばらしい詩の愛好家」として認められた。しかし、彼は疲れ切り、力を使い切ってしまったように見えた。萎縮した神経に苦しみ、杖と補助具なしでは歩くこともままならなかった。

虚弱で、明らかに病気によってぼろぼろになったロバートであったが、それでもなぜか背丈は伸びているような感じがした。フリーマン・ダイソンはそれを次のように観察した。「体の力が衰える一方で、精神はより強くなった。彼は運命を優雅に受け入れた。彼は仕事をこなしていった。彼は決して不満を言わなかった。彼はまったく突然、単純な人間になり、だれに対しても感銘を与えようと努めることはなくなった」。それまでの彼は自己演出の才能に恵まれていたが、ダイソンが見るところ、今は「シンプルで、直接的で、断固たる勇気を持っていた」。リリエンソールによると、ロバートはときどき、「活発で、ほとんど陽気にさえ見えた」。

七月の中旬、医者は喉に悪性の跡は発見されないと言った。放射線治療は彼をへとへとに疲れさせたが、それは効果があったようだ。そこで彼とキティは、七月二十日にセントジョンに戻った。一年会わなかったうちに、彼は「幽霊、まさに幽霊」のように見えたと、島の友人は感じた。泳ぎに行きたいのだが、いつもあれほど暖かだったセントジョンの海が、その時はとても冷たく感じると、彼は静かにこぼした。その代わり、彼は何とか浜辺を散歩して、出会った人には、たとえ見知らぬ人でも礼儀正しく丁寧に挨拶した。シス・フランクの夫カールが、重い心臓手術の予後にあったのを知ったロバートは、見舞いに出かけた。「ロバートは、彼にとても親切だった」と、シスは回想する。「このひどいトラウマからカールを解放しようと、気を遣ってくれた」

ロバートは、プロテインを添加した流動食で生きていた。「あなたは分からないだろうが、チキン・サラダのサンドイッチを食べさせてくれたら、何でもほしいものを上げるよ」。インムとインガ・ヒリビルタの新しい家に、夕食に招かれたロバートであったが、ラム・チョップを食べることができず、なんとかコップ一杯のミルクを飲み干すのが精いっぱいだった。「とてもお気の毒でした」と、インガは言う。

ほぼ五週間後の八月末、彼とキティはプリンストンに戻った。ロバートの気分は前より良かった。彼はまだ喉が痛かったが、自分では前より丈夫になったと考えた。医者は再び喉を調べて、ガンの跡は見つからないと言った。「医者は本当にわたしが治ったと、確信していた」と、オッペンハイマーがある友人に手紙を書いた。プリンストンに戻ってわずか五日後に、彼はバークレーに飛んで旧友に会うために一週間を過ごした。九月に帰宅すると同時に、痛みが続くと医者に訴えた。「しかし医者はあまり完全に調べず、わたしの不快を放射線のせいだとした」

その秋の初め、オッペンハイマー夫妻は彼らの愛するオールデン・メイナーから出なければならなかった。研究所の新任所長に官舎を開けるためである。ロバートとキティは、物理学者C・N・ヤンが以前住んでいたマーサ通り二八四番地に、一時的に移ることを決めた。数年間空き家だった家は、どちらかというと薄暗かった。隣人は、フリーマンとインマ・ダイソンであった。ダイソン夫妻の若い息子ジョージは、オッペンハイマーが所長だったころの研究所の庭で、遊んで育ったことを覚えている。「先生にはとても強い印象を持っています。ぼくらが住んでいた世界の、慈愛に満ちた、しかし神秘的な統治者という感じでした」。しかし、そのオッペンハイマーが隣に引っ越してきたとき、「ぼくら子供には、王国を奪われ、隣の庭を歩き回る、青白く痩せた幽霊のように見えました」。

その後ロバートは、十月三日まで医者のところに行かなかった。オッペンハイマーは「文化的自由に関する会議」時代からの友人、（ニコ・）ナボコフに手紙を書いた。「その時までにガンは非常に明らかに、口蓋、舌の付け根、左エウスタキー管に転移していました」。それは手術不可能だった。そして医者は、週三回のベータトロンによる放射線治療を決めた。「まだ潰瘍の残っている喉に再び放射線を照射するのは、あまり気持ちのよいものでないことはだれでも知っている。まだ悪くはないが、将来にあまり確信は持てない」

彼は辞任とともに、早い死期にも直面することになった。十月中旬、リリエンソールは立ち寄って新しい状況を知った。昔は輝いていたロバートの青い目は、今は痛みでかすんでいるようだった。「ロバート・オッペンハイマー最後の一マイル」、後でリリエンソールは日記に書いた。「それは非常に短い一マイルかもしれない。キティは、涙を抑えるだけで精いっぱいだった」。十一月にロバートはある友人に手紙を送った。「わたしは、もうあまり話したり、食べたりできなくなった」。彼は十二月にパリを訪問したいと望んでいたが、医師団はクリスマスまで定期的な放射線治療を継続すべきだと主張した。パリへは行かずオッペンハイマーは、フランシス・ファーガソンやリリエンソールなど、古い友人たちと会って、自宅で過ごした。十二月初旬、フランクがコロラドから訪ねてきた。

一九六六年十二月の初めに、オッペンハイマーは彼の教え子デビッド・ボームから連絡をもらった。彼は職歴の大部分をブラジルで、その後英国で過ごした。ロスアラモスに関する、オッペンハイマー出演のテレビ番組と、キップハルトのドラマを見たと、ボームは書いて来た。「わたしは、むしろ当惑しました」と、ボームが書いた。「特に、罪は自分の側にあるというあなたの声明によって当惑しました。そのような罪悪感にさいなまれることは、残されたあなたの命の浪費であると、わたしは感じます」。それから彼は、ジャン・ポール・サルトルの戯曲をオッペンハイマーに思い出させた。それは主人公が責任を自覚することによって、最終的に罪の意識から解放されるという内容だった。「わたしの理解するところによれば、人は過去の行動に罪の意識を感じるが、それは人が今も残っている過去の自分から脱却したからです」。ボームは、単なる罪悪感は意味がないと思っていた。「あなたのジレンマが異様に難しいものであったことをわたしは理解できます。起こったことに対して、あなたがどのように責任があったかを評価できるのは、あなただけです」

オッペンハイマーは、すぐに返事を書いた。「あの戯曲のようなものは、長い間まわりでざわめいていた。ロスアラモスでわたしがやったこと、できたことに対して遺憾の意を表すること、これをわたしはやらなかった。実際、あれの白黒をはっきりさせて後悔することをしなかったという感覚を、さまざまな場所で、何度も繰り返して再確認してきた」。それから、発送する前に手直しした言葉の中で書いた。「未だに残っているキップハルトの脚本に対する不快感は、わたしが語ったとされる、長い即興のエピローグである。これは今言った後悔の念を確認するものである。責任と罪の意識についてわたし自身が有する印象は、常に現在に関係があった。そして、これまでの人生において、十二分にわたしの心を占めてきた」

《ルック》誌のトーマス・モーガンが、十二月初旬に研究所のオフィスでオッペンハイマーにインタビューをしたとき、オッペンハイマーの心に、このボームとのやり取りがあったことは十分考えられる。モーガンは、オッペンハイマーが窓の外の、紅葉した森と池を見つめているのを発見した。その時彼のオフィスの壁には、キティが馬に乗ってフェンスを優雅に飛び越えている、古い写真が掛かっていた。モーガンは、オッペンハイマーの死が近いことを感じることができた。「彼は今や非常に弱々しく、かつて天才カウボーイとしてあなたの印象に残っている、やせて、すらりとした面影はもはや消えていた。顔には深い皺が刻まれていた。髪は、ほとんど白い霧以上の何ものでもなかった。だが、彼のあの優雅さだけは漂っていた」。彼らの会話が哲学的になるにつれて、オッペンハイマーは「責任」という言葉を強調した。そしてモーガンが、オッペンハイマーにこの言葉をほとんど宗教的な感覚で使用していると示唆したとき、彼は同意した。「超越的な存在に帰することなく宗教的な概念を利用するときに使う、世俗的な工夫である。わたしはここで『倫理』という語を使用したい。倫理的な問題は、原爆プロジェクトに従事していたとき非常に強く感じていたものだが、わたしは現在、今までになくこういった問題について、はっきり意見を述べるようになった。現在では、わたしの人生を特徴付ける『義務』といった言葉を使わずに、人生を記述する方法を知らない。この言葉は、選択と行動、および選択したものが解決される緊張に関係するものである。わたしは知識について話しているのではなく、行動できることがもたらす制約について話しているのだ。権限のない責任など意味がない。あなた自身の行為に対してしか働かない力かもしれないが、増加する知識、財産、余暇が、責任を考えるべき領域をますます大きくしていく」

モーガンは書いた。「この独白の後、オッペンハイマーは彼の手のひらを上に向けた。長く細い指が、相手を彼の結論に包み込むようであった。あなたもわたしも、どちらも豊かではない、と彼が言った。しかし責任に関する限り、現在われわれは共に、飢餓レベルにある人々の最もひどい苦しみを軽減するべき立場にある」

これは四十年も昔、コルシカ島で読んだプルーストから学んだものを、別の形で表現したにすぎない。つまり、「自分が引き起こす苦しみに対して無関心であることは、恐ろしい恒久的な残虐性の形である」ということだ。無関心どころか、ロバートは彼が人生において他人に与えた苦しみを、はっきりと承知していた。それでも罪の意識に屈するのをいさぎよいこととしなかった。彼は責任を認めようとした。彼は、これまで責任を否定しようとしたことはなかった。しかし保安聴聞会以来、もはや無関心の「残虐性」と戦う能力または意欲はなくなったようだ。その意味で、ラビは正しかった。「彼らは目標を達した。彼らはオッピーを殺した」

一九六七年一月六日、ロバートの主治医は、放射線療法が彼のガンに効果がないことが分かったと告げた。その翌日彼とキティは、リリエンソールを含む何人かの友人を昼食に招いた。彼らには非常に高価なフォアグラ料理が出され、キティは完璧なホステスのように振る舞った。しかし、リリエンソールが帰ろうとしたとき、ロバートは彼にコートをかけてやりながら打ち明けた。「わたしは、あまり気分がすっきりしない。昨日医者から悪い話を聞いた」。それからキティは、リリエンソールをエスコートして家の外に出ると、突然すすり泣き始めた。「死が間近に迫っていることは新しい話ではなかったが、今日の話は何と空しく、何と残酷なことか」と、リリエンソールはその晩の日記に記した。「ロバートは、少なくともわたしと一緒のときには、覚悟のできた人間の目で死を見つめている。それは内面に向かった観照であり、しっかりと最後の現実を見つめる目である」

一月十日に彼は、ロスアラモス時代からの友人ジェームズ・チャドウィック卿に、自分が「喉頭ガンと闘っており、はかばかしい効果は出ていない」ことを手紙に書いた。彼は付け加えた。「それにつけても喫煙の害に関する、エーレンフェストの強烈な非難を思い出す。われわれは、幸運な時間を生きたと思わないかい？　非難をした人でさえ、愛情と輝きでいっぱいだったね」

一月末のある日、ロバートは十四年来の彼の秘書バーナ・ホブソンを呼び入れた。そして彼女にプリンストンから去るよう、静かに勧めた。ホブソンは、ロバートが所長を辞任したときに辞めるつもりだった。しかし、彼が病気だったこと、そしてキティが彼女にまだ非常に頼っていることを知っていた彼女は、決断が遅れていた。「先生がおっしゃりたかったのは、死期が迫っているということ、それから今辞めないと、キティを残して行くのが難しくなるよ、ということだったのは分かっていました」

一九六七年の二月中旬までに、ロバートは最期が近いことを自覚していた。「若干の痛みがある。わたしの聴力と言語能力は非常に落ちた」と、彼は友人への手紙に書いた。医師団はこれ以上の放射線照射は無理だと決め、強力な化学療法を命じた。しかし入院はせず、何人かの友人には来訪を歓迎すると伝言した。ニコ・ナボコフは何度もロバートの家に寄り、他の友人にも訪ねるよう訴えた。

二月十五日水曜日に、ロバートは精いっぱいの努力をして、翌年の客員研究員の候補を選ぶ委員会に出席した。フリーマン・ダイソンがロバートに会ったのは、これが最後だった。しかしオッペンハイマーは他のメンバー同様、多数の申請書に目を通す仕事を家に持ち帰った。「彼は話すのが大変困難になっていた」、ダイソンは後に書いているが、彼はそれでも「いろいろな候補者の長所、短所を正確に覚えていた。最後に聞いた彼の言葉は、『ウェインスタインにオーケーを出すべきだろうね。彼はいいよ』」であった。

その翌日、ルイス・フィッシャーが立ち寄った。近年、フィッシャーとオッペンハイマーは気の置けない尊敬しあう友人になっていた。有名な、世界を股にかけるジャーナリストであるフィッシャーは、『マハトマ・ガンジー伝』（一九五〇年）『スターリンの生涯とその死』（一九五三年）など三〇冊近い評判の本を出していた。ロバートは、特に彼の『レーニン伝』（一九六四年）が好きだった。キティは、ロバートの気晴らしに、今執筆中の本から何章か持ってきてくれるよう、フィッシャーに声を掛けておいた。

しかしフィッシャーがドアのベルを鳴らして数分待っても、だれも出てこないのであきらめて帰ろうとした。そのとき二階の窓をコツコツ叩く音が聞こえた。見上げると、ロバートが、戻るように合図している。しばらくたって、ロバートが玄関のドアを開けた。彼は聴力が非常に衰えていたので、ドアのベルが聞こえなかったのだ。

ロバートは不器用にフィッシャーのコートを脱がせようとし、それから二人の友人はガランとしたテーブルを挟んで座った。フィッシャーは最近トニーと話したことを伝えた。トニーはロシア語の特技を生かして、ジョージ・ケナンの研究を手助けしているという。

ロバートは何か話そうとしたが、「ひどくブツブツつぶやくので、五つの言葉のうち一つくらいしか理解できないと思ったほどだ」。彼がなんとか伝えようとしたのは、キティが夜よく眠れないので、今昼寝している。他にはだれも家にいない、ということらしかった。

フィッシャーがロバートに、書きかけ原稿の二章を手渡したとき、ロバートは二、三ページを読み始めて、フィッシャーに資料の出所を尋ねた。「ベルリンから？」と、彼が訊いた。フィッシャーは、そのページに資料の脚注を指した。「ここで彼は、とても優しく微笑んだ」と、フィッシャーは後に書いている。「彼は極端にやせて見え、髪はまばらで白かった。唇はカラカラで、ひび割れていた。彼は読んでいる最中もその他の時も、何か話すかのように絶えず唇を動かしていたが、しゃべりはしなかった。多分それがかっこ悪いと思ったのだろう、骨ばった手で口を隠そうとしていた。彼の爪は青白かった」

約二十分後、フィッシャーはもう暇乞いする時間だと考えた。帰りがけフィッシャーは、二階に通じる階段の二段目に、一箱のタバコを見つけた。三本のタバコが箱から近くのカーペットの上にこぼれていたので、フィッシャーは箱に戻そうと手を伸ばしてそれを拾った。彼が体を起こすと、ロバートが彼の脇にいた。彼はポケットに手を入れるとライターを取り出して、それに火をつけた。彼はフィッシャーがタバコを吸わないこと、これから外に出るということを知っていたが、このジェスチャーは本能的なものだった。彼は常に、客がタバコを取り出すと真っ先に火をつける習慣があった。「強い印象が残っている。彼は自分が考えるように動けないことを知っており、多分死にたいと思っていたのだろう」。フィッシャーは数日後に書いた。フィッシャーが断っても、ロバートはコートを着せると言ってゆずらなかった。そしてドアを開けると重い口で言った。「また、来たまえ」

フランシス・ファーガソンは、二月十七日の金曜日に立ち寄った。ロバートの症状がかなり悪化しているのが分かった。まだ歩くことはできたが、その時の体重は一〇〇ポンドを切っていた。彼らは一緒に食堂に座った。しかしすぐに、ファーガソンはロバートが元気なく見えたので、失礼するべきだと思った。「わたしは彼をベッドルームまでエスコートし、そこでさようならを言った。その翌日、彼の死を聞いた」

一九六七年二月十八日土曜日、午後十時四十分、ロバートは眠ったまま帰らぬ人となった。六十二歳であった。キティは後に、友人に打ち明けた。「彼の死は哀れでした。彼は最初子供に還り、そして幼児に還りました。彼は騒ぎました。わたしは、部屋に入ることができませんでした。部屋に入らなければならなかったのかもしれません。しかし、わたしはできませんでした。わたしには、それが堪えられませんでした」。二日後、彼の遺体は茶毘《だび》に付された。

ルイス・ストローズはキティに弔電を送って、「ロバートの死のニュースを聞き、深く悲しんでいる」と伝えた。国内外の新聞は、彼を称える長い弔文を掲載した。ロンドンの《タイムズ》は彼のことを、典型的な「ルネッサンス的教養人」と言った。デビッド・リリエンソールは、《ニューヨーク・タイムズ》の記者に次のように語った。「世界は、高貴な魂を、詩と科学を結びつけた天才を失った」。エドワード・テラーの言葉は、もっとさっぱりしたものだった。「ロスアラモス研究所の組織化にあたって、大きなそして非常に必要な仕事を、彼が成し遂げたことを心に留めたい」。モスクワではソビエトのタス通信が、「傑出した米国物理学者の最期」を報じた。《ニューヨーカー》は、「特別な身体的優雅さと優美さを備えた男性、知的ボヘミアンの感覚を持ち続ける貴族的男性」として彼を記述している。フルブライト上院議員は上院の議場におけるスピーチの中で、故オッペンハイマー博士について述べた。「彼の特別な才能が、われわれのために何をしてくれたかではなく、われわれが彼に何をしたかを、忘れないようにしよう」

一九六七年二月二十五日に執り行われたプリンストンでの葬儀の後、米国物理学会はワシントンで、春にもう一度追悼式を開いた。イシドール・ラビ、ボブ・サーバー、ビクター・ワイスコップ他数人が弔辞を述べた。その後ラビは、スピーチをまとめて出版した冊子のために序文を書いた。「オッペンハイマーの中で、低俗性の要素は弱かった。だが彼のカリスマ性の基礎にあったものは、スピーチやマナーに表現されたこうした精神の質と洗練性であった。彼は、決して完全に自己を表現しなかった。感受性と洞察力の深い部分が未だ明らかにされていないという感じを、彼は常にわれわれに持たせるのだった」

キティは夫の遺骨をホークスネスト湾まで運び、風雨の強いある日の午後、彼女と、トニー、セントジョンの友人二人（ジョン・グリーンと彼の義母イルバ・クレア・デナム）は、ビーチハウスから見える小さな島、カーバルロック目指してモーターボートを走らせた。カーバルロック、コンゴケイ、ロバンゴケイ三地点の中心に到着したとき、ジョン・グリーンはモーターを止めた。周辺は、水深七〇フィートであった。だれも声を立てない。ロバートの遺骨を海に撒布せずに、キティは骨壺ごと海中に落とした。しばらくの間浮き沈みする骨壺のまわりを、彼らはボートを周回させ、波立つ海の下に壺が消えるまで黙って見送った。「ロバートと相談したとき、これが彼の希望だったの」。キティは説明した。

エピローグ　ロバートは一人だけ

オッピーの死後一、二年の内にキティは、ロバートの親友で教え子のボブ・サーバーと一緒に暮らし始めた。友人が誤ってサーバーのことを「ロバート」と呼ぶと、キティは鋭く非難した。「彼をロバートと呼ばないで。ロバートは一人しかいないの」。一九七二年にキティは、すばらしい五二フィートのチーク製ケッチを買い、「ムーンレイカー」と名付けた。この名前は、大型帆走船の最上部の帆のことだが、気が触れた人のことも意味する。一九七二年五月キティはサーバーを説得して、一緒に世界一周の旅に出航する。しかし、あまり遠くまでは行けなかった。コロンビアの沖合でキティが病気になったので、サーバーは船を方向転換してパナマ港に向かった。キティは一九七二年十月二十七日、パナマシティのゴルガス病院で塞栓症により死んだ。彼女の遺骨は、セントジョン沖のカーバルロックの近くで撒かれた。ロバートの骨壺が一九六七年に海底に葬送された、同じ場所である。

フランク・オッペンハイマーは、追放から十年たった一九五九年に、コロラド大学が彼を物理学科に採用したとき、ついに学界に復帰した。一九六五年には名誉あるグッゲンハイム奨学金を獲得し、ロンドンのユニバーシティカレッジ（ＵＣＬ）で、泡箱の研究をする。その年ヨーロッパ滞在中に、彼とジャッキーは数多くの科学博物館を訪問した。彼らは特に「パレ・デ・ラ・デクーベルト」に感動した。ここでは、科学の基本概念を示すために模型を使っている。アメリカへ帰国と同時に彼とジャッキーは、子供たちと大人に物理、化学、その他の科学分野の「実践的な」経験をさせる、科学博物館の計画をスタートさせた。アイデアは固まり、いろいろな基金から資金援助を受け、フランクとジャッキー・オッペンハイマーの「エクスプロラトリウム」が一九六九年八月にオープンした。場所は、サンフランシスコで、一九一五年に建てられた、歴史的展覧会場、美術パレスを修復したところである。「エクスプロラトリウム」はまたたく間に、「個人参加方式博物館運動」のショーケースとなり、フランクはそのカリスマ的な館長になった。ジャッキーと息子マイケルは、フランクと力を合わせて働き、博物館は家族の事業となるが、おそらく世界で一番面白い科学教育博物館であろう。

ロバートが生きていたら、フランクを誇りに思ったことだろう。科学、技術、政治に捧げられた二つの人生の中で、二人の兄弟が学んだすべてが、「エクスプロラトリウム」に結実している。「エクスプロラトリウムの特徴は」と、フランクが説明する。「人々に自分たちの周りにある世界を理解できると信じさせることである。多くの人々が、ものを理解することをあきらめたと、私は思っている。そして、彼らが物理的な世界の理解をあきらめると、彼らは社会的・政治的世界の理解も同様にあきらめてしまう。われわれがものを理解することをあきらめたら、人類は衰えるばかりだとわたしは考える」。フランクは一九八五年の死まで、「慈悲深い専制君主」として「エクスプロラトリウム」の経営にあたったと言われているが、それは常に平等主義の考えに基づいていた。すなわち、「人間の知識は、少数者のための権力の道具ではなくなり、人類全体の力と喜びの源となる」という考えである。

ピーター・オッペンハイマーはニューメキシコへ引っ越し、父の残したサングレデクリスト山脈が見渡せるペロカリエンテの山荘に住んだ。長年にわたって、彼は三人の子供を育てた。二度離婚したが、最終的にサンタフェに住みついて、建設請負人兼大工として生計を立てた。ピーターは時折、地域の核廃棄物に関する議会工作の一環として、ドア・ツー・ドアで環境保護を訴える運動を行っているが、その場合でも原爆の父とのつながりを決して宣伝することはなかった。

トニーは父の死後、もがき苦しんだ。「トニーは常に、自分がキティより劣っていると感じた」と、サーバーが回想する。「キティはトニーの人生を強く管理したので、トニーは決して独立できなかった」。意志の強い母は、学校を卒業するよう彼女にプレッシャーをかけたが、彼女はしばらくするとドロップアウトした。彼女はしばらくニューヨークの小さなアパートで一人暮らしをしたが、彼女にはほとんど親友がいなかった。結局、彼女はアパートを出て、リバーサイド・ドライブにあるサーバーの大きなアパートの一室に住んだ。外国語の能力を生かして、一九六九年に国連で三カ国語の翻訳者として、臨時の仕事を得た。「彼女は、一つの言語から別の言語へ、まったく問題なしに移行することができた」と、サブラ・エリクソンが思い出して言った。「しかしなぜか知らないが、彼女は常に不運に見舞われていた」。この職場は、機密事項を取扱うので、保安許可を必要とした。FBIは徹底的な人物調査を行い、父親に関する古い嫌疑を引っ張り出した。うら若い女性にとっては苦痛に満ちた、そして皮肉な出来事であったに違いないが、保安許可はついに下りなかった。

トニーは結局セントジョンに戻り、ここを住まいとして引きこもった。「セントジョンにとどまったのは彼女の誤りだった」と、サーバーは言う。「つまり、あまりにも制約されている。そこには、同年輩の話し相手もいない」。二回結婚して二回離婚したトニーは、束の間の幸せしか楽しむことができなかった。自分が選んだキャリアをFBIによって否定され、彼女は再び立ち上がれなかった。

二度目の離婚の後、彼女はそのころ島にやって来たジューン・キャサリン・バーラスという、八歳年上の女性と親しくなった。バーラスや他の人にも、トニーは両親についてめったに話すことはなかった。「しかし彼女がお父さんのことを話すときはいつも、とても優しい話し方をした」。バーラスは回想する。彼女は、ロバートに買ってもらったポニーテール用髪飾りをよく身に付けていた。一度それをどこかに置き忘れて、とても動揺していたことがある。彼女は、一九五四年の聴聞会のことには極力触れないようにしていたが、「あの人たちが父を滅ぼしたの」、と口にすることがたまにあった。

しかし明らかに、彼女は未だに両親との問題を抱えていたのだ。しばらくの間、彼女はセントトマスで精神科医の診断を受けていた。彼女が友人のインガ・ヒリビルタに話したところによると、この診療経験で「幼いころの両親からの扱われ方に関して、彼女が抱えていた両親に対する憤懣」を理解することができたという。彼女は、鬱病の発作を患った。ある日、溺死による自殺を決心して、彼女はホークスネスト湾からカーバルロックへ向かって泳ぎ始めた。そこは、ロバートの遺骨が海底に眠っている場所だった。彼女は外海に出て、長い間まっすぐに泳ぎ続けた。後に彼女が友人に語ったところによると、突然気分が良くなり、岸に戻ったという。

一九七七年一月のある日曜日の午後、彼女はロバートがホークスネスト湾に建てた浜辺の小屋で首を吊った。彼女の自殺は、明らかに計画的だった。トニーは自分のベッドに、一万ドルの債券と、この家を「セントジョンの人々」に遺贈する旨の遺書を残していた。彼女は、島中の人々にかわいがられていた。「皆が彼女を愛していた」と、バーラスは言う。「でも、彼女はそれに気づかなかった」。何百人もの弔問客が集まった。あまりに多すぎて、何十人もがクルス湾の小さな教会の外に立たねばならないほどだった。

ホークスネスト湾の家は、ハリケーンにより吹き飛ばされて現在は残っていない。だが現在オッペンハイマー・ビーチと呼ばれているその場所には、地元の集会所が建っている。

訳者あとがき

著者はこの浩瀚《こうかん》な伝記をものするにあたり、「オッペンハイマー牧場」（ペロカリエンテ）から始まって、国内や海外にその足跡をたどるなど、オッペンハイマーとの「付き合い」は、本書の執筆に着手するまで二十五年間に及んだ。訳者はとてもそこまではいかないが、これまでの翻訳経験のうちでは最も長い時間を本書に注いだ。正直申し上げて訳者はオッペンハイマーの研究者でもなければ、核兵器の専門家でもない。しかし第二次世界大戦中から戦後にかけての部分では、当時われわれがニュースで目にし、耳にしていた政治家や外交官が何人も登場するので、不思議な親近感を覚えた。

たとえば戦争中のトルーマン大統領は、日本では「鬼畜米英」の筆頭であり、日本国民はもっぱら憎しみを煽《あお》られたが、これは戦時中のプロパガンダとして仕方がなかったことであろう。アイゼンハワー大統領は、ヨーロッパにおける赫々《かくかく》たる戦功をバックに、戦後のアメリカに帰国して大統領となった豪腕の人物と、われわれの多くは思っていた。

しかし本書を読み終えると、これら大統領が実に凡庸《ぼんよう》な人物であったことが明らかになる。オッペンハイマーが一番心を砕いた戦後世界における核兵器の取り扱いが、彼の望んだようにならなかった背景には、米ソの緊張関係というやむをえない歴史的必然（あるいは偶然？）があったとしても、また当時の米国エスタブリッシュメントの一部に暴走があったとしても、いやあったからこそ、時の指導者にいま少しの見識と理解力と、そして実行力があったらと考えるのは詮無いことだろうか。

原爆開発の時代については、戦時中で敵国の情報が日本に入ってこなかったのは当然であり、また自らが幼かったということで、訳者は自分の関心の薄かったことを正当化できるが、戦後のオッペンハイマー受難の事情については、自分の知識と関心が薄かったことに忸怩《じくじ》たる思いがある。学校で社会科学を学んでいるころであったから、新聞その他の報道も見聞きしたはずだ。それが記憶にあまり鮮明に残っていなかったことに驚いたのである。したがって今回の訳出は、不勉強であった自分への罪滅ぼしでもあった。

一つの国の命運を分けるのは指導者の質であるというような乱暴な言い方をしたが、実はもっともっと複雑なファクターが絡み合っていることを本書は教えている。それは社会的エスタブリッシュメントにおける権力闘争、人種差別問題だけでなく、個人的・生物学的資質などの些細《ささい》に見える差が、国家と個人の進路に大きな影を落とすことがあるという点だ。オッペンハイマーのケースでも、これらがどこかで絡み合っている。社会的・政治的な面は他の類書でも取り上げられているが、個人的出自、性格、家庭について、本書ほど深く検証したものは少ないだろうと思われる。訳者が親近感を覚えたのは、この個人的側面が丹念に描かれていることにもよるのだろう。

また本書には、アルバート・アインシュタイン、ジョン・フォン・ノイマン、ジョン・ナッシュ（「ゲーム理論」でノーベル経済学賞を受賞した天才数学者。ラッセル・クロウが主演してジョン・ナッシュを演じた映画『ビューティフル・マインド』が日本でも高い評価を得た）ほか錚々たる知の巨人たちが、オッペンハイマーの周りを彩る。耳になじんだ偉人たちのさりげない点描は、オッペンハイマーを「アメリカのプロメテウス」として鮮明に浮かび上がらせるとともに、読者には知的に贅沢《ぜいたく》な、ある種の充足感を与える要素となるのではなかろうか。

原爆被災から六十有余年。しかし世界政治ではいまだに「核」がキーワードになっている。中東、インド、北朝鮮までが核開発に走り、世界が慌て、脅威にさらされているのが実態である。オッペンハイマーとそのグループが掲げた理念が通っていたら、現在の世界はどのように変わっていただろうか。われわれすべてが、核問題の根源をもう一度見直してみる機会ではないだろうか。

「微妙で的確な描写……伝記と社会史という両分野において傑出した書」(『サンフランシスコ・クロニクル』)と評される本書は、現代人にとって必読の一冊と思われるし、上・下巻の大冊ではあるが、戦争を知らない若い人たちにも一読を勧めたい。

最後になったが、本書の刊行にあたりご助力くださった方々に感謝したい。本書の米国での高い評価を紹介してくださった平塚尚氏(米国マサチューセッツ州ウェルズリー在住)、校正などにあたっては、株式会社ゆうわーどの菅原浩氏、山田嘉代子氏、さらにこのような翻訳の機会を与えてくださったPHP研究所文芸出版部の兼田将成氏に、この場を借りて御礼を申し上げたい。

河邉俊彦

二〇〇七年七月

解説

クリストファー・ノーランはオッペンハイマーのどこに惹かれたのか

アメリカ思想史家・映画批評家
入江哲朗

本書『オッペンハイマー』は、カイ・バードとマーティン・J・シャーウィンが二〇〇五年に著した物理学者J・ロバート・オッペンハイマー（一九〇四〜六七）の伝記である。本書はピューリッツァー賞を受賞し、またクリストファー・ノーラン監督の映画『オッペンハイマー』（二〇二三）のベースとなったことでも注目を集めた。この映画は二〇二三年十二月に日本での公開が決定したため、ノーランの最新作を見るまえに予習しておきたいという気持ちから本書を手に取った方も少なくないだろう。

原著 *American Prometheus* は七〇〇頁を超えており、上中下の三巻に分かれた邦訳文庫版は、各巻に異なる書き手による解説を付している。この解説について言えば、主たる役割は、映画『オッペンハイマー』を見るまえに予習として——あるいは見たあとに復習として――本書を読むことは大いに有益だと読者にアピールすることにある。したがってまずは、本書からやや離れて、クリストファー・ノーランのフィルモグラフィーのなかに『オッペンハイマー』を位置づける作業から始めよう。

しかしそのまえに、いわゆるネタバレに関して付言しておく。映画のネタバレはこの解説から極力排されている。とはいえ本書も映画『オッペンハイマー』も実在の物理学者J・ロバート・オッペンハイマーの人生を主題としているからには、彼の人生上の出来事にこの解説も触れないわけにはいかず、それが映画でも描かれているという意味において映画の「ネタ」はこの解説にいくらか含まれている。事前の知識がまったくない状態でノーランの最新作を楽しみたい方は映画を見るまえにこの解説を読むべきではないが、そういう方はそもそも映画公開前に本書を手に取ることとさえないだろう。もっとも私としては、オッペンハイマーとは何者かをまったく知らずにいきなり映画を見ることはあまりお勧めしない。本書を通読しておけば映画『オッペンハイマー』がいっそう味わい深くなる――そう読者に信じてもらうための議論を、手短な（しかも映画のネタバレを避けねばならない）解説の範囲内で展開するというのが、ここでの私のもくろみである。

◇

クリストファー・ノーランの名が世に広く知られるきっかけとなった作品は、二〇〇〇年に公開された『メメント』である。同作はノーランが監督した長編映画としては二作目にあたる。ガイ・ピアースが演じる同作の主人公レナードは、本人曰く、新しい記憶を一〇分ほどしか保持できないという障害をある事件の後遺症として抱えており、同じ事件において彼の妻は強姦され殺害された。『メメント』の顕著な特徴は、「前向性健忘」と呼ばれる短期記憶障害を負う主人公による犯人の捜索を、その設定の特殊さと同程度に複雑な形式をとおして語っていることにある。同作の複雑な形式を簡単にまとめればこうなる。①白黒のシークェンスとカラーのシークェンスを交互に切り替えながら映画が進む。②白黒シークェンスはひとつまえの白黒シークェンスの続きを描く（時系列を順行しながら積み重なってゆく）。③カラー・シークェンスで描かれるのはひとつまえのカラー・シークェンスが描いた出来事の直前の出来事である（時系列を遡行しながら積み重なってゆく）。いましがた「設定の特殊さと同程度に複雑な形式」と述べたけれども、かりにノーランの狙いが、前向性健忘を抱えながら生きる人びとにとってのリアリティを忠実に表現することに置かれていたならば、『メメント』の形式は必要以上に複雑であまりに技巧的だということになるだろう。言うまでもなく同作の野心は、時系列の順行と遡行を交互に切り替えながらひとつの真理へ映画が収斂してゆくという形式面のアイデアにこそ存している。したがってあえて悪く言えば、形式面の野心を実現するためのだしとして前向性健忘——それを負いながら生きる人びとが実際にいるようなひとつの障害——が同作の設定に組み込まれており、このことを批判する声はノーランの耳にも届いているのではないかと思われる。とはいえ総じて言えば『メメント』は、特殊な設定と複雑な形式とを非常に巧みに連関させた作品として高く評価されている。たとえば精神科医の斎藤環は同作から「一種の機能美」を感じとっており、私自身もこの評価に同意する。

形式面の技巧性に対するノーランのこだわりは彼のフィルモグラフィーをとおして一貫している。二〇一〇年の『インセプション』は、夢のなかの夢のなかの夢に潜入するというミッションを映像化しており、そこでは、夢の階層が深まるにつれて時間の流れがいっそう遅く感じられると設定されている。この設定はおそらく、スローモーションを駆使した演出への意図から逆算して物語に導入されたのだろう。じじつ『インセプション』の醍醐味は、三層の夢の映像が異なる速度およびリズムで畳みかけられて見る者の現実感が揺るがされることにある。あるいは二〇一七年の『ダンケルク』は、第二次世界大戦下のダンケルクからの連合国軍の撤退を、一週間、一日、一時間という三つのタイムスケールが絡みあう複雑な形式をとおして描いており、二〇二〇年の『ＴＥＮＥＴ　テネット』に至ぎるのだが、後者の説明は紙幅を費やしすぎると時間が文字どおり（？）逆行するようになるのだが、後者の説明は紙幅を費やしすぎるため割愛せざるをえない。

ところで『インセプション』と『ダンケルク』は、三種の時間軸が交錯する点では共通している一方で、片や純然たるフィクションであり片や史実に基づくという差異を有してもいる。『テネット』はフィクションだが、時間の逆行は科学的に荒唐無稽というわけでは必ずしもないらしく、時間の逆行に科学的な説得力を持たせるためのアドヴァイスをノーランは物理学者のキップ・ソーンから得ていた。ソーンは、ノーランの二〇一四年の監督作『インターステラー』においても、ブラックホールの表現などに関する監修をおこなっていた。要するにノーランのフィルモグラフィーは、特殊な物語を複雑な仕方で描くことへのこだわりにおいて一貫しているものの、『インターステラー』以後は複雑性の源泉を、クリエイターのアイデアよりもむしろ現実そのもの――科学（ブラックホールの周辺で重力や時間がどう歪められているか）や歴史（ダンケルクからの撤退の前後で何が起こっていたか）――に求めるようになってきている。

以上の概観を経てようやく、本書『オッペンハイマー』がノーランの最新作の材料として選ばれたことの意義を論じられる。映画『オッペンハイマー』は、やはりあいかわらず特殊な物語を複雑な仕方で描いた作品なのだが、ここでは複雑性の源泉が、J・ロバート

・オッペンハイマーという実在の人間に求められている。オッペンハイマーがたしかに複雑な人間だったことは本書を読みはじめればすぐに明らかになる。しかし同時に、オッペンハイマーは量子力学の発展に寄与した物理学者であり、マンハッタン計画の一環として彼が率いた原子爆弾製造は広島および長崎への原爆投下という重大きわまりない歴史的帰結を伴ったのだから、そんなオッペンハイマーの複雑な人生を描く映画は、科学の複雑性と歴史の複雑性をともに取り込むという課題にも応えねばならない。こう書けば、『インターステラー』や『ダンケルク』を経たノーランがオッペンハイマーという主題にどれほどのやり甲斐を覚えたかを想像しやすくなるだろう。そして本書は、あまたあるオッペンハイマーの伝記のなかでもっとも詳細なのだから、自らの映画に取り込むべき複雑性を確認するためにノーランが何度も本書に立ち返ったというのも納得できる話である。

◇

本書の原著 *American Prometheus* には、"The Triumph and Tragedy of J. Robert Oppenheimer" という副題が付けられている。そして本書の序文は、オッペンハイマーの人生における「勝利」から「悲劇」への転換点があたかも「一九五三年のクリスマスを四日後にひかえた日」（上巻二五頁）に刻まれているかのように始まる。その日オッペンハイマーは、原子力委員会（AEC）の顧問としての彼の地位を問題視するある告発がなされたことをAEC委員長のルイス・ストローズから伝えられ、ストローズから渡された告発の書簡には、身に覚えのないものも含めた三四項目の嫌疑が列挙されていたのであった。AECは翌一九五四年に、オッペンハイマーに対する保安聴聞会を実施し、結果として彼の保安許可は取り消され、彼と米国の原子力政策との関わりは断たれた。保安聴聞会の様子は本書下巻に収められている第V部が克明に叙述している。たとえば第34章は、AEC側の弁護士ロジャー・ロブからの、オッペンハイマーはソ連を利するために米国の水素爆弾開発を遅らせたという嫌疑に基づく質問に、オッペンハイマー自身がどう答えたかを伝えている。道徳的な見地から水爆製造に反対したという記憶にまつわるオッペンハイマーの回答には次の一節が含まれる。「わたしは常に、それがひどい武器であると考えていたからです。たとえそれが技術的な見地から、甘く優しく美しい仕事であったとしても、それが恐ろしい武器であるという考え方は変わりません」（下巻二八七頁）。

水素爆弾という「原子爆弾より数千倍も破壊力のある武器」（下巻八八頁）は道徳的観点から見て「恐ろしい武器」（“a dreadful weapon”）であるとつねに考えていた――オッペンハイマーのこの言葉に嘘がないことは本書の全体で強調されている。しかし同時に、米国における最初の原爆製造のリーダーであったオッペンハイマーは、科学者として、水爆製造が技術的観点からは「甘く優しく美しい仕事」（"a sweet and lovely and beautiful job"）に見えうることも理解していた。この二面性は、オッペンハイマーが生涯をとおして抱えることとなったさまざまな二面性のひとつであるけれども、私見では、まさしくこの二面性こそが、オッペンハイマーという主題にクリストファー・ノーランを引き寄せた主要因だったのではないかと思われる。なぜなら先述のとおり、ノーランのフィルモグラフィーには「一種の機能美」を追求しつづけてきたという側面があるからであり、また他方で、特に『インターステラー』以後の彼は、技術的見地から「甘く優しく美しい」と言えるだけの仕事には飽き足らなくなっているからである。

さきほど、オッペンハイマーの人生が一九五三年十二月二十一日に「勝利」から「悲劇」へ転じたかのように本書序文に書かれていると指摘したが、もちろんこの始まり方は著者たちの意識的な戦術である。「勝利」から「悲劇」へというわかりやすい道筋を辿ったかにいっけん思われるオッペンハイマーの人生が、実のところいかに複雑かつ多面的であるかが、本書の全体をとおして徹底的に論じられている。原爆製造の成功という「勝利」の裏にあるのは、言うまでもなく、広島および長崎への原爆投下という「悲劇」である。理不尽な保安聴聞会によりオッペンハイマーの名声が決定的に傷つけられるという

「悲劇」についてはたしかに、彼の「勝利」と見なしうる余地をいっさい伴わなかったかもしれない。しかし本書の著者たちからすればそれは、やはり「悲劇」のひとことで済ませられるものではなく、「錚々たる俳優がシェークスピア的テーマに取り組む舞台」（下巻二九八頁）として再構成されるべきものであった。かかる複雑性、多面性、重層性ととことん向きあった結果ぶ厚くなった本書を、ではノーランはいかにして三時間の映画に変えたのか。

本書を映画化するというチャレンジのためにノーランが採った戦術の数々は実に興味深いのだが、詳細に立ち入ることはいまは控えねばならない。ただしひとつだけ、顔へのクロース・アップが映画『オッペンハイマー』で多用されていることは指摘しておこう。歴史的に特異な場面において登場人物たちの内面に生じている複雑なドラマの表現を、ノーランは、俳優たちの表情へ積極的に委ねたわけである。この難題に応えた俳優たちの仕事ぶりは賞讃に値する。しかし彼らの仕事ぶりのすばらしさは、彼らが演じている歴史上の人物たちに関する知識が皆無だと十分には味わえない。映画『オッペンハイマー』におけるノーランの諸戦術には全般的に、見る者の事前の知識を多少なりとも前提としているふしがある。逆に言えば、あらかじめ本書を読んでしっかり予習しておけば、映画『オッペンハイマー』を見るなかで「なるほどこれとあれをノーランはこう重ねたのか！」というような驚きをきっと何度も覚えるだろう。

最初に宣言したとおり、この解説はここまで主たる焦点を本書と映画『オッペンハイマー』との関係に据えてきた。最後に、映画を視野からはずして、本書との関連において読まれてほしい二冊の本の紹介でもってこの解説を締めくくろう。本書の著者たちは序文で、本書が「きわめて個人的な伝記」（上巻三一頁）であることを認めている。すなわち本書は基本的に、オッペンハイマーの人生のパーソナルな次元に定位している。しかし、オッペンハイマーは物理学史に重要な功績をいくつも刻んだ物理学者でもあるのだから、彼が（個人として何を為したかではなく）物理学者として何を成したかに主たる焦点を据えた伝記は本書とは違ったものになる。まさしくこの問題意識に基づいて書かれた、本書に負けず劣らず大部なオッペンハイマー伝が、レイ・モンク（Ray Monk）の *Robert Oppenheimer: A Life inside the Center*（二〇一二）である。同書は未邦訳であるが、彼が一九九〇年に著した哲学者ルートウィヒ・ウィトゲンシュタインの伝記は邦訳されており（『ウィトゲンシュタイン――天才の責務』全二巻、岡田雅勝訳、みすず書房、一九九四年）、この見事なウィトゲンシュタイン伝をとおしてモンクの伝記作家としての力量に感嘆した方は日本にも少なからずいらっしゃるだろう。

もうひとつ、伊藤憲二『励起――仁科芳雄と日本の現代物理学』（上下巻、みすず書房、二〇二三年）も強くお薦めしておきたい。物理学者の仁科芳雄（一八九〇〜一九五一）が太平洋戦争末期の日本で率いた「ニ号計画」はしばしば、「日本の原爆開発」とか「日本版マンハッタン計画」と称されるけれども、かかる理解がどの程度不正確であるかが伊藤による緻密な仁科芳雄伝で詳しく論じられている。すなわちオッペンハイマーと仁科の重なりは見かけほどには大きくない。しかしそうしたずれも含めて、両者の比較を本書『オッペンハイマー』および伊藤の『励起』から学びとることは、とりわけ原爆被爆国に生きる者にとって大いに意義深い作業となるはずである。

二〇二三年十二月

口絵・本文写真クレジット

〈上巻〉口絵写真提供

3頁　上・左右　Sonnenberg　下　JROMC
4頁　左上、下　JROMC　右　LANL
5頁　上　JROMC　下・左右　AIP
6頁　左上、中　NA　右　AIP
6-7頁　ボートの写真 AIP
7頁　左上　Caltech　右上　AIP　左下　Berkeley
8頁　上　BS　中　LANL　下　AIP
9頁　上　Berkeley　中　NA　下　AP
10頁　左上　Tatlock　右上　NAS　下　FBI
11頁　左上　Bancroft　右上　Voge　中　NA　下　BS
12頁　すべて　BS
13頁　上　BS　中、下　JROMC
14頁　すべて　JROMC

〈中巻〉口絵写真提供

3頁　すべて　LANL
4頁　左上　LANL　右上　NA　中　Berkeley　下　NA
5頁　上　AIP　中、下　LANL
6頁　上　NA　下　©Yamahata
7頁　上　AIP-PTC　中　UPI　下　Harvard
8頁　左上　NA　右上　AP　左下　Marks　右下　BS

〈下巻〉口絵写真提供

3頁　上　Getty　中　LANL　下　Harvard
4頁　上　BS　下　Whitehead
5頁　上　Sonnenberg　下　Eisenstadt
6頁　上　Richards　下　Eisenstadt
7頁　上　Getty　中、下　NA
8頁　左上　Herblock©　右上　NA　下　Getty

9頁　右上　UNC　右中、下　NA　左上　Northwestern　左下　Getty

10頁　上、中　BS　下　JROMC

11頁　上・左右　BS　下　JROMC

12頁　上　Bohr　下　JROMC

13頁　上　Steltzer　中　Getty　下　©Exploratorium

14頁　上　JROMC　中　Berkeley　下　Getty

15頁　上　Bukowski　中　BS　下　Hiilivirta

〈章扉〉写真提供

第Ⅰ部　AIP-BAS

第Ⅱ部　JROMC

第Ⅲ部　AP

第Ⅳ部　Eisenstadt

第Ⅴ部　Steltzer

※アルファベット表記は458-459頁のIllustration Creditsの（　）内の表記に基づく。

Illustration Credits

※本作品に収録・掲載された写真の権利は、以下の団体・個人の方々に属します。

American Institute of Physics, Emilio Segrè Visual Archives (AIP)
AP/Wide World Photos (AP)
The Bancroft Library, University of California, Berkeley (Bancroft)
Bird-Sherwin Collection (BS)
Joe Bukowski (Bukowski)
Bulletin of the Atomic Scientists, courtesy AIP, Emilio Segrè Visual Archives (AIP-BAS)
Courtesy of the Archives, California Institute of Technology (Caltech)
Alfred Eisenstadt/Time & Life Pictures/Getty Images (Eisenstadt)
Ernest Orlando Lawrence Berkeley National Laboratory, courtesy AIP Emilio Segrè Visual Archives, Physics Today Collection (AIP-PTC)
Nancy Rodger ©Exploratorium, www.exploratorium.edu
Federal Bureau of Investigation (FBI)
Courtesy of the Harvard University Archives (Harvard)
Herblock© 1950 The Washington Post Co., from *Herblock's Here and Now* (Simon & Schuster, 1955) (Herblock)
Inga Hiilivirta (Hiilivirta)
J. Robert Oppenheimer Memorial Committee Photographs (JROMC)
Yousuf Karsh/Retna Ltd. (Karsh)
Lawrence Berkeley National Lab (Berkeley)
Los Alamos National Laboratory Archives (LANL)
Anne Wilson Marks (Marks)
National Academy of Sciences (NAS)
National Archives (NA)
Niels Bohr Archive, courtesy AIP Emilio Segrè Visual Archives (Bohr)
Courtesy Northwestern University Archives (Northwestern)
Alan W. Richards, Princeton, N. J., courtesy AIP Emilio Segrè Visual

Archives (Richards)

Barbara Sonnenberg (Sonnenberg)

Ulli Steltzer (Steltzer)

Dr. Hugh Tatlock (Tatlock)

Time & Life Pictures/Getty Images (Getty)

United Press International, courtesy AIP Emilio Segrè Visual Archives, *Physics Today* Collection (UPI)

Courtesy of University of North Carolina Archives (UNC)

Herve Voge (Voge)

R.V.C. Whitehead/J. Robert Oppenheimer Memorial Committee (Whitehead)

Yosuke Yamahata, Nagasaki, August 10, 1945, National Archieves, ©Shogo Yamahata/courtesy: IDG Films, Photo restoration by TX Unlimited (Yamahata)

◎訳者略歴
河邉俊彦（かわなべ・としひこ）
1933年静岡県生まれ。一橋大学社会学部卒。日本アイ・ビー・エム株式会社、三菱自動車工業株式会社勤務の後、《日経サイエンス》の記事をはじめ、経済・法律・文化など多方面の翻訳を手がける。

◎監訳者略歴
山崎詩郎（やまざき・しろう）
東京大学大学院理学系研究科物理学専攻博士課程修了。東京工業大学理学院物理学系助教。著書『独楽の科学』『実験で探ろう！光のひみつ』、監修書『ノーラン・ヴァリエーションズ　クリストファー・ノーランの映画術』、映画『TENET テネット』字幕科学監修など。

本書は、二〇〇七年八月にPHP研究所より刊行された単行本『オッペンハイマー「原爆の父」と呼ばれた男の栄光と悲劇』に新たな監訳・解説を付して改題・文庫化したものです。

本書の原注は https://www.hayakawa-online.co.jp/oppenheimer よりご覧いただけます。

HM=Hayakawa Mystery
SF=Science Fiction
JA=Japanese Author
NV=Novel
NF=Nonfiction
FT=Fantasy

オッペンハイマー
〔下〕
贖罪

〈NF607〉

二〇二四年一月 二十日 印刷
二〇二四年一月二十五日 発行
（定価はカバーに表示してあります）

著者 カイ・バード
マーティン・J・シャーウィン
監訳者 山《やま》崎《ざき》詩《し》郎《ろう》
訳者 河《かわ》邉《なべ》俊《とし》彦《ひこ》
発行者 早川 浩
発行所 株式会社 早川書房
郵便番号 一〇一 - 〇〇四六
東京都千代田区神田多町二ノ二
電話 〇三 - 三二五二 - 三一一一
振替 〇〇一六〇 - 三 - 四七七九九
https://www.hayakawa-online.co.jp

乱丁・落丁本は小社制作部宛お送り下さい。
送料小社負担にてお取りかえいたします。

印刷・星野精版印刷株式会社　製本・株式会社フォーネット社
Printed and bound in Japan
ISBN978-4-15-050607-0 C0198

本書は活字が大きく読みやすい〈トールサイズ〉です。